HARALD MARTENSTEIN
LORENZ MAROLDT

Berlin in 100 Kapiteln

von denen leider nur 13 fertig wurden

Ullstein

Editorische Notiz:
Die Kap. 3, 4, 11 und 12 stammen von Harald Martenstein,
die Kap. 5, 6, 8, 9 und 10 von Lorenz Maroldt.
Die Kap. 1, 2, 7 und 13 wurden von beiden Autoren gemeinsam verfasst.

Der Liedtext auf S. 247 f. stammt aus »Schwarz zu Blau« von
Peter Fox (aus: *Stadtaffe*, Downbeat 2008; Text: Peter Fox und David Conen).
Der Liedtext auf S. 255 stammt aus »Wer schmeißt den da mit Lehm?«
von Claire Waldoff (o. J.; Text: Paul Ortmann)
Der Liedtext auf S. 263 stammt aus »Ich steh' auf Berlin« von Ideal
(Eitel Imperial 1980; Text: Anette Humpe)

MIX
Papier aus verantwor-
tungsvollen Quellen
FSC® C014496
www.fsc.org

ISBN 978-3-550-20010-6

3. Auflage 2020
© 2020 Ullstein Buchverlage GmbH, Berlin
Alle Rechte vorbehalten
Lektorat: Swantje Steinbrink
Gesetzt aus der Scala
Satz: Red Cape Production
Druck und Bindearbeiten: GGP Media GmbH, Pößneck
Printed in Germany

Inhalt

1

Wer wir waren

Die Autoren erzählen, wie sie nach Berlin
gekommen sind und warum.

Wenn ich im Ausland bin und dort erzähle, dass ich in Berlin lebe, kommt natürlich meistens die Frage nach der Mauer. Wie war das, als in Berlin die Mauer fiel? Wie haben Sie diesen Tag erlebt? Zweite Frage, in der Regel: Are you East German or West German?

Angela Merkel, East German, war in der Sauna, als die Mauer fiel. Ich war zu Hause. Meine damalige Frau und ich wohnten am Kottbusser Damm, gar nicht weit von der Grenze, in einer dieser schnell und billig ausgebauten West-Berliner Dachgeschosswohnungen aus den frühen Achtzigern. Sie sind in der Regel schön anzuschauen, diese Dachgeschosse. Baulich aber war unsere Wohnung totaler Murks. Die Heizung funktionierte nur hin und wieder, aus der Dusche tröpfelte es lauwarm. Von der bild-schönen Dachterrasse konnte man den Fernsehturm im Ostteil Berlins sehen und die Punks aus dem Westen, die an warmen Abenden auf dem Flachdach gegenüber feierten und Dosenbier tranken. Unsere Terrasse war allerdings selten benutzbar, weil der Abfluss für Regenwasser sich nicht etwa an der niedrigsten Stelle des Bodens befand, sondern an der höchsten. Im Hausflur lagen die Spritzen der Junkies.

Seit etwa einem Jahr arbeitete ich als Redakteur für den *Tagesspiegel*. Ich wollte unbedingt in Berlin leben, schon seit

1973, als ich zum ersten Mal dort gewesen war. In der *Zeit* hatte ich eine Stellenanzeige gelesen, Feuilletonredakteur gesucht, und bewarb mich. Hauptsache, Berlin.

In Stuttgart, bei der *Stuttgarter Zeitung*, schrieb ich damals eine Reportage nach der anderen. In Berlin sollte der Job hauptsächlich darin bestehen, Dreißigzeiler über die freie Theaterszene und Kulturpolitik abzuliefern. Ausgerechnet. Theater interessierte mich deutlich weniger als Film oder Literatur. Und, Herr im Himmel, was ist überhaupt Kulturpolitik?

Im Bewerbungsgespräch hatte ich natürlich so getan, als sei ich praktisch als Experte für Kulturpolitik auf die Welt gekommen. Irgendwie beiß ich mich schon durch, das sagen sich seit 150 Jahren ja fast alle Neuberliner.

Der *Tagesspiegel* zahlte auch schlechter als die *Stuttgarter Zeitung*, sogar inklusive der »Berlinzulage«. Die Bundesrepublik subventionierte alle Gehälter im wirtschaftlich darbenden und vom Osten umzingelten West-Berlin mit acht Prozent. Im Volksmund wurde das »Zitterprämie« genannt. Die meisten Arbeitgeber zogen diese acht Prozent einfach vom niedrigst möglichen Gehalt ab, die Zitterprämie brachte nur ihnen etwas.

Jetzt, im Herbst 1989, las ich wieder Stellenanzeigen. Ich wollte so schnell wie möglich wieder weg. Das eine Jahr, das du als Arbeitnehmer auf einer neuen Stelle aushalten musst, um zu beweisen, dass du kein Weichei bist, lag endlich hinter mir. Die Zeitung, bei der ich gelandet war, kam mir vor wie ein Museum für die Unternehmenskultur der Fünfzigerjahre. Als ich vor meinem ersten Arbeitstag anrief, um zu fragen, wann es morgens in der Redaktion losgeht, antwortete die Sekretärin: »Die Herren kommen nicht vor 13 Uhr.«

Wie bitte? Ich war jung, ich brauchte Action.

Beim *Tagesspiegel* schrieben sie noch auf klapprigen Schreibmaschinen, allein das war eine Zumutung, auch schon 1988. Redaktionskonferenzen, an denen das Fußvolk teilnehmen durfte, gab es nicht, stattdessen eine Rohrpost und staubbedeckte Papierstapel in sämtlichen Ecken. Die neuen Kollegen, meist Männer, pardon, Herren, füllten das Blatt bedächtig mit Agenturmeldungen, die sie in Zeitlupentempo redigierten. Jegliche Form von Originalität schien verboten zu sein. Nur im Lokalen und im Feuilleton durfte das Fußvolk – »Herrenvolk« passt hier wohl nicht – auch mal in die Tasten hauen. Der Leitartikel wurde stets von den Mitgliedern einer kleinen Gruppe eisgrauer Honoratioren verfasst. Er konnte sich an majestätischer Langeweile und inhaltlicher Schwere mit einer Rucksackwanderung durch die Wüste Gobi messen.

Diese Zeitung verdankte ihr Überleben meiner Ansicht nach vor allem ihrem Starautor Günter Matthes, einem der drei Chefredakteure. Matthes, der sich das Wort »Starautor« garantiert verbeten hätte, war schon um die 70, ein relativ kleiner, asketisch wirkender Mann mit intensiven Augen, die tief in ihren Höhlen lagen. Sein Sohn, der Schauspieler Ulrich Matthes, sieht ihm recht ähnlich. Günter Matthes schrieb, mit wenigen Ausnahmen, täglich die Lokalglosse. Sie war fast immer gut. Eine gute Glosse zu schreiben ist nicht einfach, dies täglich zu tun, heißt Hochleistungssport.

Matthes' Haltung war eine unbeirrbare, unaufgeregte Liberalität, er achtete auf gleichen Abstand zu den Scharfmachern von links und rechts. Der *Tagesspiegel* war, eigentlich nur seinetwegen, Leib- und Magenblatt des nicht sehr zahlreichen West-Berliner Bürgertums, das weder mit der linken *taz* noch mit den am entgegengesetzten politischen Ufer befindlichen Zeitungen des Springer-Konzerns etwas anfangen konnte.

Ich lernte ein Berlin kennen, das mir bis dahin unbekannt war. Ich dachte, Berlin sei total locker. Hier aber ging es so hierarchisch zu wie vielleicht einst am Hofe des Kaisers von China. Und die Tabus waren so zahlreich wie die Sommersprossen von Pippi Langstrumpf. Es war beim *Tagesspiegel* zum Beispiel streng verboten, »Westberlin« statt »West-Berlin« zu schreiben. »Westberlin« war ein DDR-Wort. Die DDR beharrte darauf, dass der Westteil der Stadt eine »selbständige politische Einheit« sei, das Wort »Westberlin« sollte dies ausdrücken. Auch die DDR träumte von einer Wiedervereinigung, nämlich davon, diese selbständige politische Einheit eines Tages zu schlucken. Als ich mal versehentlich »Westberlin« schrieb und das versehentlich gedruckt wurde, war Matthes sehr verärgert. Die Stimmung in der Redaktion war nach diesem Fauxpas etwa so, als hätte heute ein Autor versehentlich das Wort »Neger« verwendet. Ist dieser Autor einfach nur total blöd oder ist er mit dem Satan im Bunde?

Bis heute schaffe ich es nicht, dieses Wort, das W-Wort, zu verwenden. Wenn ich es täte, würde mich Günter Matthes' Geist in einem Albtraum heimsuchen.

Einer der Leitartikler, seinen Namen zu nennen verbietet die Pietät, pflegte beim Verfassen seiner Texte stets eine Flasche Whisky zu leeren. Ernest Hemingway hat mit diesem Rezept immerhin Weltliteratur geschrieben. Eines Tages, ich war noch ganz frisch, schütteten ein paar meiner neuen Kollegen seine gesamten Vorräte in den Ausguss und füllten die Whiskyflaschen mit farblich passendem Tee. Der arme Mann leerte zwei Flaschen, ohne dass ihm auch nur ein Anfangssatz eingefallen wäre, geschweige denn eine These. Dann schickte er einen Redaktionsboten zum Einkaufen. Die Täter wurden nie gefasst. Der *Tagesspiegel* dieser Ära erinnerte mich auch ein bisschen an den Film *Die Feuerzangenbowle*.

Ich war an jenem 9. November sehr müde. In der Redaktion wurde neuerdings viel diskutiert. Dass die Mauer fallen könnte oder sogar die DDR insgesamt am Ende wäre, kam niemandem in den Sinn. Die Experten teilten sich in zwei Lager. Die einen glaubten, dass die Reformer siegen und die DDR etwas mehr Reisefreiheit zulassen würde, etwas mehr

Meinungsfreiheit, mehr Markt, das jugoslawische Modell. Die anderen prophezeiten, dass bald Panzer rollen. Die SED würde darauf setzen, dass die Genossen in der Sowjetunion den Verräter Gorbatschow bald zum Teufel jagen. Niemand hatte genug Fantasie, auch ich nicht.

Ich saß also am 9. November auf dem Sofa und dachte an meinen Freund Michael. Was wird er sagen, wenn ich aus Berlin wieder abhaue? Er hatte mich mit Berlin angefixt. Nach dem Abitur war er nach Berlin gezogen, um Germanistik zu studieren, ein Projekt, das etwa zwanzig Semester dauerte und zu nichts führte. Als sein BAföG versiegte, hielt er sich mit Aushilfsjobs über Wasser, Möbelpacker, Zigarettenfabrik, Briefträger. Er war gut aussehend, klug und traute sich trotzdem nichts zu. Wir stammten beide aus eher kleinen Verhältnissen und fühlten uns beide auf dem humanistischen Gymnasium als Außenseiter. Wir waren beide gleichzeitig sehr links und hörten beide gleichzeitig damit auf.

Ich fuhr fast jedes Jahr für eine Woche oder ein paar Tage nach Berlin und schlief in seinen wechselnden 150-Mark-Einzimmerwohnungen oder WG-Zimmern mit Ofenheizung, auf Matratzen aus dem Sperrmüll. Ins Theater oder zu Konzerten ging ich selten, eher ins Kino. Meistens ließen wir uns durch die Nacht treiben, von Kneipe zu Kneipe, »Leuchtturm«, »Ruine«, »Leydecke«, »Slumberland« oder das »Bautzener Eck« in der Bautzener Straße, das nichts Besonderes war und gerade deshalb gut. Nach einer durchquatschten und durchtrunkenen Nacht, manchmal aufgelockert durch einen Joint oder eine private Party, blinzelten wir ins erste Morgenlicht. Das war Berlin. Intensiv und billig, wie eine Flasche Steinhäger.

Hin und wieder lernte ich eine Frau kennen, das war in Berlin viel einfacher als anderswo. Ich hatte keine feste Freundin und war begeistert. Aber es kam selten zu einem zweiten Treffen. Wenn ich eine Telefonnummer hatte und anrief, sagte die Frau meistens: »Du, das ist bei mir sehr kompliziert.« Michael hatte genau das, eine komplizierte Beziehung, die ständig flackerte wie eine Glühbirne mit Wackelkontakt. Auch das war Berlin. Fast alle waren auf der Suche, ohne genau zu wissen, wonach.

West-Berlin war ein Ort, wie es ihn in Deutschland nie zuvor gegeben hat und wohl auch nie wieder geben wird. Für uns war es ein Vergnügungspark, in dem wir unseren Erfahrungshunger stillten. Das Wort »Erfahrungshunger« ist der Titel eines Essays von Michael Rutschky über die Siebzigerjahre. Die wichtigste Parole hieß noch nicht »Emanzipation«, das kam später. Es ging um Selbstverwirklichung. Viele der alten Zwänge, die in unserer Kindheit noch mächtig waren, hatten sich aufgelöst, so kam es einem jedenfalls vor. Die Zukunft unserer Eltern war vorgeschrieben, durch Tradition und Regeln, unsere Zukunft dagegen war ein unbekanntes und vielversprechendes Land. Frauen, Männer, Arbeit, Biografie, Liebe, was bedeutete das? Nicht mehr das, was es früher bedeutet hatte, das war klar, aber was sonst? Wohin waren wir unterwegs? Welches Rollenmuster passte?

Wir probierten alles Mögliche aus, Drogenrausch, Ekstase, Armut, Radikalität, Zusammenleben, das war alles nur ein Spiel. Am Tresen versammelte sich eine bunte Mischung der verschiedensten Lebensträume. Wir dachten, wir seien eins, eine Generation. Aber in ein paar Jahren würden unsere Wege sich trennen, die einen würden Karriere machen, andere in ewiger Boheme verharren, manche würden Familien gründen, die denen ihrer Eltern gar nicht so unähnlich waren, andere blieben Aktivisten und verhärteten sich mehr und mehr.

Siebzigerjahre. Die Mauer stand, für ewig. Für uns, die erfahrungshungrigen Mittzwanziger in West-Berlin, waren schon einige Mauern gefallen. Aber auch auf uns warteten, wie auf die Ost-Berliner Demonstranten gut zehn Jahre später, am 4. November 1989, ein paar Enttäuschungen. Die Phase der Anarchie ist immer die schönste Zeit, aber sie ist begrenzt.

Dass ich über Stuttgart in Berlin gelandet war, verdankte ich auch dem Iwan. Als ich in Freiburg studierte, war ich bald Freiburger Korrespondent der *Stuttgarter Zeitung*, die als eines der besten deutschen Regionalblätter ziemlich renommiert war. Das klingt gut für einen jungen Studenten. Aber in Freiburg passierte nicht viel. Mit den Hausbesetzungen änderte sich das. Peter Schneider, ein literarisches Idol meiner Generation, reiste für eine Solidaritätsveranstaltung extra von Berlin nach Freiburg, unvorstellbar. Die Freiburger Straßenschlachten erregten bundesweit Aufsehen, viele Zeitungen wollten lange Reportagen. Iwan hieß in Wirklichkeit anders, aber er sah wirklich ein bisschen so aus wie der junge Lenin. Er war Pressesprecher der Hausbesetzerbewegung, wir verstanden uns gut, ich bekam Informationen, die andere nicht hatten. Iwan war sehr geschickt, er verriet nie zu viel. Ohne diese Exklusivgeschichten aus dem Inneren der Bewegung hätte ich wohl kein Angebot aus Stuttgart bekommen, für eine unbefristete Anstellung als Redakteur. Jahre später traf ich ihn wieder, er war jetzt Redakteur einer Zeitschrift des Burda-Verlages, Mode oder Frauen, das habe ich vergessen. Lenin und ich waren im gleichen Stall gelandet.

Bei Tag sah West-Berlin ziemlich deprimierend aus. So groß war der Unterschied zum Ostteil gar nicht, wenn man von den Renommierprojekten und dem Zentrum rund um den Kurfürstendamm absah. Die Einschusslöcher an den Häusern stammten von den gleichen Kalaschnikows. Auf den breiten Boulevards rollten relativ wenige Autos, S- und U-Bahn funktionierten viel besser als heute. Es gab auffällig viele alte Frauen, Kriegerwitwen, die riesige Altbauwohnungen besetzt hielten und oft mit einem Schäferhund zusammenlebten. Diese Hunde waren fast immer übergewichtig und meistens angriffslustig, sie hatten ein Bewegungsdefizit. Und sie produzierten unglaubliche Mengen Scheiße, denn sie wurden ja gut gefüttert. In Michaels Wohnungen stand meist eine Plastikwanne, fingerhoch mit Wasser gefüllt, in die man die verschmierten Schuhe hineinstellte. Nach einer Weile schabte man die aufgeweichte Scheiße mit einem Messer ab, das er anschließend, immerhin gespült, zu den übrigen Messern legte.

Kurz bevor ich nach Berlin zog, zog Michael zurück in unsere Heimatstadt. Wir waren jetzt Mitte 30, zu alt für Berlin, meinte er. Bald darauf wurde ich Vater, und das Leben änderte sich sowieso. Michaels komplizierte Beziehung bekam ihr Kind von einem anderen.

Ich schlief auf dem Sofa ein. Meine Frau weckte mich im ersten Morgenlicht und sagte, dass die Mauer offen sei. Es heißt oft, Günter Schabowski habe mit seiner Pressekonferenz und seinen etwas wirren, vielfältig interpretierbaren Äußerungen über eine Grenzöffnung die Mauer zum Einsturz gebracht. Aber eigentlich war es der Fernsehmoderator Hanns Joachim Friedrichs. Um 22 Uhr 42 sagte er im Westfernsehen: »Dieser 9. November ist ein historischer Tag. Die DDR hat heute mitgeteilt, dass ihre Grenzen ab sofort für jeden geöffnet sind.« Danach gab es kein Halten mehr.

So einfach war das also.

Ich fuhr mit dem Auto zum Grenzübergang Heinrich-Heine-Straße. Es war früher Morgen, immer noch wurde jeder Trabbi von einer Menschenmenge jubelnd willkommen geheißen, zum Teil unter Zuhilfenahme von Sekt-Piccolos und langstieligen Rosen. Ich lud ein paar DDR-Bürger zu einer Spazierfahrt durch den Westen ein, zwei Frauen in den Vierzigern und einen wortkargen, bereits erwachsenen Sohn. Dass viele Ostdeutsche schon sehr jung Kinder kriegten, war im Westen weitgehend unbekannt – ach, wir wussten damals noch so wenig voneinander.

»Ich zeig euch Kreuzberg«, sagte ich.

»Der Kudamm würd mich mehr interessieren«, sagte eine der Frauen.

»Das schaffen wir nicht. Die Straßen sind zu voll.«

Wir standen bald im Stau und kamen nur im Schritttempo weiter.

»Det hier is doch Kreuzberg, oder?«, fragte eine der Frauen.

»Ja«, sagte ich. Um uns waren gesichtslose Neubauten, die auch in der DDR so ähnlich standen.

»Kreuzberg hab' ick mir anders vorjestellt. Keene Türken? Wo issn die Szene? Was zeigt ihr denn im Westfernsehen fürn Quatsch?«

Die Passagiere stiegen nach ein paar Hundert Metern enttäuscht aus. Die Desillusionierung der Ostdeutschen begann für manche von ihnen schon in diesem Augenblick.

Dass die im Osten stärker berlinerten als die West-Berliner, wusste ich schon. Ich war oft im Ostteil. Für uns Bundesbürger ist das einfach gewesen, es gab nur den Zwangsumtausch. Die West-Berliner hatten einen Sonderstatus, für die war es komplizierter. Deshalb waren viele West-Berliner nie im Osten zwischen dem Mauerbau 1961 und 1989. Da waren Missverständnisse programmiert.

Ich ging im Osten billig essen, kaufte Bücher oder ging ins Kino. Der Osten erinnerte viele Westdeutsche an ihre Kindheit. Viele Menschen im Osten wollten, dass ihre Stadt möglichst bald so aussieht wie die Weststädte im Fernsehen, modern und proper. Aber ich fand Ost-Berlin niedlich und gemütlich. In beiden Teilen der Stadt stand die Zeit still, fand ich, aber im Osten war dieser Stillstand immerhin pittoresker. Ende Oktober war ich das letzte Mal drüben. In einer gut besuchten Kneipe, Schönhauser Allee, lief der Fernseher, natürlich das DDR-Programm. *Aktuelle Kamera*, die *Tagesschau* des Ostens. Alle schauten, niemand sagte was. Das war gespenstisch. Die politische

Lage war explosiv, aber noch wagte keiner, sich durch einen Kommentar zu erkennen zu geben. Die DDR-Bürger hatten gelernt, misstrauisch zu sein, auf irgendwelche Erklärungen von Politikern gaben sie gar nichts.

Ein Ost-Berliner Freund, der nach der Wende anfing, für meine Zeitung zu arbeiten, schrieb unter einem Pseudonym, für den Fall, dass die alte Führung doch wieder ans Ruder kommt und es den Kollaborateuren an den Kragen geht. Und das 1990. Er weigerte sich, seine Texte durchzutelefonieren, was beim *Tagesspiegel* noch üblich war. Jedes Mal reiste er mühsam von zu Hause an und gab das Manuskript persönlich dem Redakteur in die Hand. Wer zum Teufel sollte das Telefon abhören und sich für Texte interessieren, die am nächsten Morgen eh in der Zeitung stehen? Vielleicht bin ich im gleichen Maß zu vertrauensselig, in dem er damals zu misstrauisch war.

Der Regisseur Heiner Carow, East Germany, feierte am 9. November 1989 im ausverkauften Kino International die Premiere von *Coming Out*, dem ersten Spielfilm der DDR, der von Homosexualität handelte. Carow hatte sieben Jahre gekämpft, bis die Kulturbürokratie ihren Widerstand aufgab. *Coming Out* brach sogar noch ein zweites DDR-Tabu. Im Film waren rechtsextreme Skinheads zu sehen, die in einem S-Bahn-Wagen einen Ausländer verprügelten. Offiziell gab es in der DDR keine Neonazis, die Existenz von Homosexualität auch im realen Sozialismus wurde immerhin nicht gänzlich bestritten. Der Verbotsparagraf 175 war im Osten zwar schon 1968 abgeschafft worden, viel früher als im Westen, aber die Tabus und Schikanen blieben.

Die ideologischen Mauern waren ins Wanken geraten, wer sollte da den Fall der steinernen Mauer noch aufhalten? Aber, wie gesagt, man hat nie genug Fantasie, um sich eine große historische Wende vorzustellen.

Es gab zwei Vorstellungen von *Coming Out*, um 19 Uhr 30 und um 22 Uhr. Die Stimmung im Saal soll euphorisch gewesen sein. Danach zogen große Teile der Ost-Berliner Intelligenz, darunter auch Carow, zum »Burgfrieden«. In dieser vom Staat halbherzig geduldeten Schwulenkneipe waren einige Szenen von *Coming Out* gedreht worden. Sie lag fußläufig zum Grenzübergang Bornholmer Straße. Viele benutzten für den Weg zum Burgfrieden eines der vielen Schwarz-Taxis. Auch private Taxis waren etwas, das es eigentlich nicht geben durfte.

Wusste wirklich niemand, dass draußen, vor der Kneipentür, gerade das letzte Kapitel der DDR-Geschichte begann und das erste Kapitel des neuen Berlin? Zwei Journalisten, die dabei waren, schrieben später über diese Nacht einen Artikel für die Zeitung *Die Welt*. Irgendwann sei ein zerstrubbelter Mann in den Burgfrieden gestürzt, er brüllte: »Die haben die Mauer aufgemacht!« Niemand glaubte ihm. Der Wirt sagte: »Trink eenen, und denn isset jut.«

Schließlich waren die Wartburgs und Trabbis nicht mehr zu überhören, die sich draußen, dicht an dicht, viele mit heruntergelassenen Scheiben, Richtung Grenze schoben. Die meisten Partygäste beschlossen, im Burgfrieden zu bleiben. Die beiden Zeugen schilderten, was der DDR-Intelligenz in diesem Moment über die Lippen kam.

»Was wird jetzt aus uns Ostkünstlern?«

»Der Westen hat gesiegt.«

»Das geht alles zu schnell.«

»Aber wir laufen nicht über.«

»Jetzt sind wir von dem Ast gefallen, an dem wir 40 Jahre lang gesägt haben.«

Manche weinten. Man beschloss, die Geschichte noch einmal auszusperren, für diesen einen, letzten Abend. Richtig froh schien nur der kranke Drehbuchautor Wolfram Witt zu sein. Er hoffte, jetzt endlich leichter an Medikamente aus dem Westen zu kommen, die er dringend brauchte. Nach der Wende kam heraus, dass Witt für die Stasi gearbeitet hat.

Welcher Westler kann wissen, ob er das nicht auch getan hätte? Für die überraschenden Wendungen der Geschichte fehlt einem die Vorstellungskraft, und für das, wozu man unter gewissen Umständen imstande wäre, fehlt einem die Illusionslosigkeit, sich selbst betreffend. Am erstaunlichsten finde ich immer noch, dass ausgerechnet die DDR-Intellektuellen, die kritisch waren, die gegen Tabus und für Wandel kämpften, die der Stachel im Fleisch des Regimes gewesen sind, am Ende die Rolle des letzten Mohikaners spielten. Die Unpolitischen, die Angepassten und Gleichgültigen wechseln in Wendezeiten schnell die Seite, die Loyalität der Systemkritiker aber ist nicht zu unterschätzen.

Als ich am 10. November wieder nach Hause kam, war für mich klar, dass ich keine Stellenanzeigen mehr lese. Alles würde ganz anders werden. Berlin war jetzt die interessanteste Stadt Europas. Da möchte man doch dabei sein. Zum *Tagesspiegel* kamen viele neue Kollegen, die auch dabei sein wollten, die Lethargie war weg. Einer der Neuen war Lorenz Maroldt, er würde nach ein paar Jahren Chefredakteur sein. Er war kein Fan des West-Fußballklubs Hertha BSC und auch keiner des Ost-Klubs Union, er war Fan des 1. FC Köln. Allein daran merkte man, dass in Berlin jetzt Dinge möglich waren, die vorher undenkbar schienen.

*

Kurz nachdem ich im Sommer 1994 beim *Tagesspiegel* als Redakteur angefangen hatte, bekam ich eine Absage, und zwar vom *Tagesspiegel*. Typisch Berlin, dachte ich. Meine Bewerbung lag dort jahrelang rum, ohne Reaktion, jetzt sagten sie ab. Dabei hatte ich meinen Lebenslauf nur deshalb dorthin geschickt, weil der damalige Chefredakteur mich darum bat. Jetzt war ich endlich fest angestellt worden, von einer neuen Chefredaktion, hatte auch schon meine ersten Konferenzen überstanden und Texte redigiert – und die Assistentin des früheren Chefredakteurs, der jetzt Herausgeber war, schrieb mir: »Leider konnten wir Ihre Bewerbung nicht berücksichtigen. Zu unserer Entlastung schicken wir Ihnen hiermit Ihre Unterlagen zurück.«

Ich wunderte mich nicht wirklich, so war das hier in dieser Stadt nun mal. Aber ich war natürlich auch froh, dass ich meine neue Zeitung nicht mehr länger belasten musste. Später stellte sich heraus, dass der frühere Chefredakteur gleich nach der Wende vor allem Journalisten aus dem Osten suchte. Ich hatte damals beim Ost-Berliner *Morgen* als freier Mitarbeiter angefangen und war danach, als die Zeitung vom neuen Eigentümer eingestellt, also »plattgemacht« wurde, zur Ost-Berliner *Neuen Zeit* gegangen. Die war vor allem bekannt durch die kunstvoll gemalte Reklame auf einer Brandwand am Checkpoint Charlie. Die Redaktionen des *Morgen* und der *Neuen Zeit* saßen ein paar Hundert Meter weiter die Friedrichstraße hoch, aber zum Recherchieren kamen wir immer hierher an den Checkpoint Charlie und besetzten die ersten Telefonzellen im Westen. Nicht weil wir Angst davor hatten, abgehört zu werden, davon gingen wir sowieso aus, sondern um überhaupt erst einmal eine freie Leitung zu bekommen.

Der frühere *Tagesspiegel*-Chefredakteur dachte also, dass ich aus dem Osten komme, und dann stand in meiner Bewerbung: Geburtsort Köln, die Achtzigerjahre an der FU durchstudiert, und das auch noch am Otto-Suhr-Institut, international anerkannt für die Spezialisierung auf angewandte Revolutionswissenschaften. Kein Volontariat, nicht mal fürs Foto gekämmt, aktueller Wohnort Tempelhof. Und wahrscheinlich vor der Bundeswehr gedrückt. Solche Typen hatten sie hier schon genug.

Wegen der Bundeswehr bin ich damals nicht nach Berlin, da musste ich sowieso nicht hin: ausgemustert, T 5, für nichts zu gebrauchen. Die Ärztin beim Kreiswehrersatzamt hatte mir damals eine einfache Frage gestellt: »Wollen Sie, oder wollen Sie nicht?« Sie musste sich bei einer der vielen Friedensdemos einen Peace-Virus eingefangen haben. Ich wollte nicht, und sie hörte ein komisches Knirschen in meinem Knie, das war's. Ich kam nach Berlin also nicht als Bundeswehrflüchtling wie so viele andere – Berliner wurden damals ja nicht »gezogen« –, ich kam Anfang der Achtzigerjahre als Langeweile-Flüchtling, und ein wichtiges Argument dabei war: Es gab keine Sperrstunde in Berlin.

Die ersten ein, zwei Jahre pendelte ich an den Wochenenden nach Berlin, das fing schon in der Schule an. Einige von uns hatten noch vor dem Abi eine Decke, dicke Socken, den *Steppenwolf* von Hermann Hesse und das *Kursbuch – Revolte 81* in ihren Rucksack gestopft und waren ganz nach Berlin gezogen, die einen wegen Punk, die anderen wegen der Hausbesetzer. Und so gab es immer ein paar feste Anlaufpunkte: eine Ladenwohnung ohne Vorhänge oder Rollos, aber mit Vogelspinne in der Schöneberger Gotenstraße, eine düstere Hinterhauswohnung in der Görlitzer Straße in Kreuzberg, wo die Briketts in beiden Zimmern an den Wänden bis unter die Decke gestapelt waren, ein Erkerzimmer direkt an der Mauer in der Sebastianstraße, in das die Grenzer von ihrem Wachtturm aus glotzten. Es roch nach Ruß, es war duster, und es war arschkalt. Aber toll.

Nach Berlin zu kommen dauerte damals ewig, jedenfalls von Köln aus. Die Bahn brauchte sieben, acht Stunden, über die Autobahn ging es auch nicht schneller, und Fliegen war was für Popper mit Geld. In Helmstedt rissen die Grenzer in den Nachtzügen die Abteiltüren extralaut auf, wenn wir unsere Turnschuhe ausgezogen hatten, und unsere geliehenen Autos mit »Atomkraft? Nein danke«-Sticker auf der Heckklappe – also

Käfer, Bullis, R4 und uralte Leichenwagen von Daimler – wurden genau inspiziert, nicht ohne spitze Bemerkung: »Können Sie sich keinen eigenen Wagen leisten?« Immer waren Umzugskisten voller Schallplatten, Fotos und anderem Krempel drin, von denjenigen, die ihre Zimmer in Berlin bereits bezogen hatten.

Unser Soundtrack auf dem nächtlichen Transit: Kassetten mit Live-Aufnahmen von The Cure und Siouxsie, so düster wie die Gegend um Irxleben, Würgsleben und Murxleben oder wie die sachsen-anhaltinischen Dörfer eben hießen, durch die der Weg nach Berlin führte, nur unterbrochen von leuchtenden Inseln mit D-Mark-Shops, wo es den Bison-Vodka mit Grashalm günstiger gab als bei Bolle in West-Berlin.

Mit den Siebzigerjahre-Hippies, die eine halbe Generation vor uns nach Berlin gekommen waren, konnten wir nicht viel anfangen. Sie stammten oft aus Süddeutschland, einige waren sogar aus Stuttgart hergezogen, die Männer hatten ganz lange Haare und die Frauen ganz kurze oder auch keine. Die meisten schwäbelten ein bisschen, pflegten ihre Kefirkulturen und waren seit mindestens zehn Jahren in der Abendschule im Mehringhof angemeldet, schafften es aber meistens nur bis ins »Ex«, so hieß das dortige Kneipenkollektiv. Sie taten so, als gehöre die Stadt ihnen.

Dass die Stadt ihnen gehöre, meinten auch diejenigen, die hier aufgewachsen waren: die Urberliner. Für die Älteren unter ihnen schmeckte Berlin noch nach Luftbrücke, sie befanden sich im permanenten Widerstand gegen alle Kommunisten jenseits und diesseits der Mauer, und das waren eigentlich alle, die keine *B.Z.* lasen. Die jüngeren West-Berliner strebten wie ihre Eltern eine Karriere als Busfahrer oder Sachbearbeiter in der Kfz-Zulassungsstelle an und gingen zu Hertha oder ins »Sound«, wo sich Christiane F. ihren ersten Schuss gesetzt hatte. Und dann gab es auch noch die Achtundsechziger, unsere

Lehrergeneration. Die saßen am Savignyplatz bei der »Dicken Wirtin« und erzählten von der »Schlacht am Tegeler Weg«, so wie ihre Väter von Stalingrad. Sie alle dachten, die Stadt gehöre ihnen. Aber Berlin gehörte jetzt uns.

Und wir lernten schnell: In der Pankstraße geht nicht der Punk ab, auch wenn es dort ein Straßenfest gibt. Am Anhalter Bahnhof wird nicht getrampt, das macht man an der Auffahrt Dreilinden, es sei denn, es geht mit dem Auto zur Demo nach Brokdorf, dann ist der Treffpunkt der »Kuckuck«, und der ist am Anhalter Bahnhof. Alles klar. Kuckuck hieß das alternative Kulturzentrum in einem besetzten Haus. Die Fassade war spektakulär bemalt: Auf der linken Brandwand der drei Gebäudeflügel waren druidenartige Anarchisten an einem Schmiedefeuer zu sehen, einer trug eine kleine schwarze Bombe mit Lunte davon. Über ihnen blitzte das Besetzersymbol auf, die Spitze ragte, als Holzkonstruktion verlängert, weit über die Fassade hinaus. Das Bild auf der mittleren Wand zeigte am Boden den Müll der Stadt und glatte Neubaufassaden, darüber träumten sich bunte, bewohnte Seifenblasen dem Himmel entgegen. Gefühl und Härte, das Motto zur Zeit. Das Haus stand mitten in der Stadt auf freiem Feld, es hatte den Krieg überlebt, links und rechts davon war alles weggebombt worden.

1984 ließ der Senat, damals schwarz-gelb, den Kuckuck räumen, die Fassade wurde alsbald übermalt. Heute steht das Gebäude eingeklemmt und versteckt zwischen Billighotels, nichts weist auf seine Geschichte hin. Die »Property Service Group« machte nach der Wende ein »Projekt« aus dem Haus, mit »Neuaufteilung besonders großer Einheiten, um der Nachfrage auf dem Markt gerecht zu werden«, wie es heißt. Von meinem Büro im *Tagesspiegel* aus kann ich das Haus sehen, aber nicht wiedererkennen.

Gewohnt habe ich damals, um 1984, in Tempelhof, mit guten Freunden, kleinen Kindern und vielen Silberfischchen in einer WG. Das Haus war umzingelt vom gutbürgerlichen Berlin, in den Kneipen gab's Schinkenbrote zum Schultheiß. Raus nach Dahlem zur FU dauerte es ewig – zweimal umsteigen für eine Stunde Tyrannenmord bei Johannes Agnoli. Nachts zurück vom »Anfall« in der Gneisenaustraße dauerte es ebenfalls ewig, auch ohne Umsteigen, denn es fuhr ja nichts mehr. Also ging ich zu Fuß den toten Tempelhofer Damm runter. Der Umzug in die Urbanstraße war logistisch eine Erlösung, auch wegen der Nähe zum Karstadt am Hermannplatz. Der machte samstags erst um 14 Uhr zu, eine Stunde später als alle anderen Läden, und werktags um 18 Uhr 30. Aus heutiger Sicht unglaublich, dass damals niemand verhungerte.

West-Berlin war hoch subventioniert und machte dazu Schulden ohne Ende. Das hieß, der Senat warf das Geld anderer Leute mit beiden Händen aus dem Rathausfenster raus, so unablässig wie beim Karneval in Köln das Dreigestirn die Kamelle vom Prinzenwagen. Man konnte kaum verhindern, davon getroffen zu werden. Die Rechnungshofberichte jener Zeit lesen sich, als hätten die Gebrüder Grimm sie verfasst, das Erholungsheim der BVG am Stößensee hieß nicht umsonst »Klein Sanssouci«. Die Zustände waren so märchenhaft wie die Fantasie, neue Belohnungen zu erfinden für die Tapferkeit und den Mut, auszuharren in der umzingelten Mauerstadt. Wir waren baff. Wir hätten dafür bezahlt, hier sein zu dürfen. Aber wir gingen auch nicht in Deckung, als der Senat uns mit Geld bewarf.

In der Kulturverwaltung hatten ein paar Verwaltungsangestellte ihr Hobby zum Beruf gemacht und den »Senatsrock« erfunden. Der erste Rockbeauftragte war so begeistert von der Idee, dass er sich mit seiner eigenen Band an dem von ihm organisierten »Senats-Rockwettbewerb« beteiligte. Der Rockbeauftragte war auch sehr begeistert von sich selbst, er gewann den Wettbewerb und wurde gefeuert.

Aber der Senat rockte weiter. Er baute ein Tonstudio in Charlottenburg, stellte einen Techniker ein, finanzierte Aufnahmen und Tourneen mit allem Pipapo – Plakate, Busse, Hotels, Gage –, und auch der Senats-Rockwettbewerb lief weiter, mit Life-Konzerten im »Quartier Latin« in der Potsdamer Straße, dem vormaligen und heutigen »Wintergarten«. Die Ärzte haben hier 1984 den Wettbewerb gewonnen, die Rainbirds 1986, und auch »Tresor«-Gründer Dimitri Hegemann war als Bassist der Band Leningrad Sandwich unter den Siegern.

Als ich Jahre später beim *Tagesspiegel* anfing, der damals noch direkt gegenüber vom Quartier Latin auf der anderen Straßenseite hauste, war's vorbei mit dem Senatsrock, nicht nur für mich. Aber vorher haben wir noch abkassiert – Cash from Chaos. Ich hoffe, die Sache ist verjährt. Zumindest setze ich fest darauf, dass die Abrechnungen, die wir eingereicht haben, aus Versehen geschreddert wurden oder bei einem der Umzüge des Senatsrockbeauftragten vom Europacenter über Umwege zur Brunnenstraße vom Laster gefallen sind – es wären ja nicht die ersten. Jedenfalls haben wir uns damals als »Magoo Brothers« ein gutes Leben gemacht auf Kosten des Landes Berlin. Und falls jemand meint, mich am 1. Mai 1987 bei den Krawallen in Kreuzberg gesehen zu haben, oder wenn ich jemals erzählen sollte, dabei gewesen zu sein: Das stimmt nicht, da waren wir auf Tour, quer durch den Norden mit dem Ziel Amsterdam. Der Senatsrockbeauftragte kann das bezeugen, falls er die Akte noch findet. Sonst fragt Wigald Boning, der war dabei.

Die Neunzigerjahre begannen mit einer harten Entscheidung. Ich hatte direkt nach dem Fall der Mauer in Ost-Berlin Christiane »Bobo« Hebold kennengelernt, die für ihre Band Bobo in White Wooden Houses einen neuen Bassisten suchte. Schon ein paar Tage später spielten wir in einem Jugendklub in Seelow und dann in einem in Radebeul, die Gage gab's in

Ostmark, es war genug davon da, jedenfalls mehr, als wir ausgeben konnten. Ich war auch vor 1989 im Osten gewesen, bei Verwandten in Thüringen, zum Bummeln in Ost-Berlin – Einreise über den Tränenpalast, zwanzig Mark Zwangsumtausch. Das war spannend, aber jetzt wurde es aufregend. Geplant war eine große Tour, und ich wollte dabei sein. Einerseits.

Andererseits war ich endlich an meiner Diplomarbeit dran. Ende der Achtzigerjahre ging am Otto-Suhr-Institut der FU ja gar nichts, anstatt Vorträge zu halten, spielten wir beim großen Streikfestival 1988 im Henry-Ford-Bau. Alexander Christou von Tempel Fortune hat mir damals die Gitarre zertrampelt, absichtlich, ich habe ihm inzwischen verziehen. Aber jetzt musste ich endlich einmal zu einem Ende kommen, das Thema meiner Arbeit lautete: »Die staatliche Förderung von Rockmusik«, was denn sonst. Da kannte ich mich wenigstens aus. Und ich hatte mir dafür extra einen Commodore C 64 geliehen – einen eigenen Computer kaufte ich mir erst danach. Außerdem war nach Lektüre der Gliederung mein Erstbetreuer gestorben, ich war es ihm irgendwie schuldig, jetzt fertig zu werden.

Bis dahin hatte ich nur wenige Jobs gemacht, es war dafür einfach kaum Zeit. Einer der sinnlosesten bestand darin, in einem Transporter Retrolampen zwischen einem Werkstattladen in Charlottenburg und einem in Rheda-Wiedenbrück hin- und herzufahren. Berlin galt als »verlängerte Werkbank«, und das war wörtlich zu verstehen. Wenn in einer langen Produktionskette auch nur ein Teil davon in der Mauerstadt hinzugefügt wurde, gab's Steuererleichterungen und Investitionszuschüsse für den Unternehmer. Ich fuhr also die fast fertigen Lampen von Rheda-Wiedenbrück über die Transitautobahn nach Berlin, dort drehte in der Werkstatt jemand eine Schraube rein, dann fuhr ich sie wieder zurück.

Aber jetzt war die Uni erledigt und das mit der Musik irgendwie auch. Regine Günther, die mit mir in OSI-Seminaren saß, würde Jahre später Verkehrssenatorin der Grünen sein, und Sibylle Schmidt, in deren Kreuzberger Kulturladen »Block-schock« wir gerne spielten, würde irgendwann in der Neuköll-ner AfD-Fraktion ankommen und eine Vollbeleuchtung von Clubs zur Vermeidung sexueller Handlungen fordern. Ich be-gann damit, als Rechercheur für einen TV-Produzenten zu ar-beiten, den ich als Gastdozent aus einem Uni-Kurs kannte. *Ge-schäftemacherei mit Asylbewerbern* hieß meine Semesterarbeit, das Thema war irgendwie immer aktuell. Wir hatten damals betrügerische Anwälte und Ärzte aufgestöbert und nachts in Kneipen auf Rosenverkäufer gewartet, um sie zu ihrer Quelle zu verfolgen, einem ausbeuterischen Großhändler. Jetzt mach-te ich echte Geschichten fürs Fernsehen, und sie lagen in die-ser Zeit auf der Straße, genauer: am Alexanderplatz. Denn hier residierte die Treuhand.

Ich wollte trotzdem zur Zeitung, der ganze Produktions-aufwand war mir lästig. Der Produzent kannte jemanden vom *Spiegel*, der jetzt Chefredakteur beim Ost-Berliner *Morgen* war, und der schickte mich weiter zum Lokalchef, der früher das *DDR-Mosaik* betreut hatte und jetzt nicht wusste, wie er mit seiner kleinen Redaktion fünf Seiten Berlin füllen sollte. Ich hatte auch keine Ahnung, ich hatte ja nicht mal ein Volontariat. Er schaute in meine Mappe mit dem aufgeblasenen Lebenslauf, wiegte versonnen den Kopf, sagte mit leichter Wehmut: »Was ihr schon alles erlebt habt ...« – und schickte mich zum »Tag der offenen Tür« ins Rote Rathaus. Ich sollte mit möglichst vielen Leuten sprechen, »mit einfachen Bürgern«, und eine Reportage daraus machen. Traumjob.

Immerhin lernte ich an dem Tag auch den damaligen In-nenstadtrat Thomas Krüger kennen, der später als »ehrliche Haut« nackt auf einem Plakat für den Bundestag kandidierte, allerdings vergeblich. Heute ist er Präsident der Bundeszent-rale für politische Bildung, und ich bin der letzte Journalist, der ihn mit Trotzkisten-Vollbart sah: Wir trafen uns zufällig beim Umsteigen auf einem mittelamerikanischen Flughafen, er war auf dem Weg nach Kuba, und dort schloss er endgültig mit dem Sozialismus ab.

Der *Morgen* wurde bald darauf eingestellt, unter vielen Tränen, und ich zog ein paar Straßen weiter zur *Neuen Zeit*. In der Lokalredaktion war ich zuständig für Berlins Olympiabewerbung. Das war ein monatelanger Slapstick, so als hätten Didi Hallervorden, Harald Juhnke und Wolfgang Gruner Berlins Olympia GmbH besetzt. Das IOC wurde im gleichen Ambiente hofiert wie 1936, über die Mitglieder der korrupten Gesellschaft hatten Berlins Olympiawerber Dossiers angelegt: »Wer will Geld, wer will Weiber, wer will Jungs, wer will Drogen?« – das war der Suchauftrag für die Spione von der Spree. Dass Berlin scheitern könnte, kam niemandem in den Sinn, bis zur Blamage in Monte Carlo 1993. Danach wandte sich die Politik dem nächsten Projekt zu, einem Großflughafen. Die *Neue Zeit* wurde eingestellt, und ich zog zurück in den Westen, zum *Tagesspiegel*, wo ich nach Stationen in der Politik und im Reportage-Ressort 1997 selbst Lokalchef wurde.

Berlin war schon immer großartig und kleingeistig zugleich, eine Stadt zum Verzweifeln und Glücklichsein. Bereits vor hundert Jahren diagnostizierte der Arzt Albert Eulenburg den Berlinerinnen und Berlinern ein »gesteigertes und erhitztes Genusstempo«. Aber in den Neunzigerjahren gab Berlin alles. Der Kaisersaal des legendären Hotel Esplanade steht den Neubauplänen am Potsdamer Platz im Weg? Er wird mit einer spektakulären Luftkissen-Operation um 75 Meter verschoben, eine Weltsensation. Die Galeries Lafayette eröffnen in der Friedrichstraße eine Filiale? Die Lebensmittelaufsicht des Bezirksamts Mitte schließt die Gourmetabteilung mit der Begründung, der »Roquefort« sei verschimmelt – die ganze Welt lacht. Das stilprägende »Ahornblatt« an der Fischerinsel wird abgerissen und durch einen gesichtslosen Blockbau ersetzt – ein Trauerspiel. An den Ufern der Spree öffnen währenddessen wilde Bars und Cafés, die Weltjugendfestspiele der Neuzeit wollen gar nicht mehr enden.

Zehn Jahre waren vergangen, seit aus den Kellern vom »Fisch-Labor« und der »Turbine Rosenheim« ein neuer harter Sound nach oben drängte und wie ein Virus die Clubs der Stadt infizierte. Jetzt war er zum Mainstream mutiert, Hunderttausende tanzten zu Techno, die Love-Parade zog mehr Menschen nach Berlin als der Führerbunker. 1999 kamen 1,5 Millionen auf der Straße des 17. Juni zusammen, und wir planten etwas Besonderes für die Zeitung am Tag danach: Jede der zwölf Berlinseiten würden wir aufmachen mit einem Love-Parade-Foto, und das schon für die Frühausgabe. Zeitlich war das Harakiri, und natürlich gab's kurz vor Redaktionsschluss auch noch eine Repro-Panne: Alle Bilder erschienen monochrom, es war ein Desaster. Und es sah fantastisch aus. Am Montag fragte der Herausgeber, der mir nach der Festanstellung zu seiner Entlastung abgesagt hatte, ob ich verrückt geworden sei. Kurze Zeit später wurde ich in die Chefredaktion befördert.

In die Techno-Zeit fallen auch die letzten Zuckungen der prassenden Politik. In ihrer Hybris hatten die Regierungsparteien auch noch eine Bankgesellschaft gegründet, jetzt brach die Stadt unter der Last der Schulden zusammen. Berlin sei bankrott, stellte Gregor Gysi fest, da könne man die Stadt ja auch ihm überlassen. Bald darauf wurde er tatsächlich Wirtschaftssenator und Klaus Wowereit Regierender Bürgermeister, und Thilo Sarrazin drehte als Finanzsenator den Geldhahn zu. Es gelang ihm sogar, die Zusatzhonorare für jene Arien zu senken, die an der Deutschen Oper außerhalb der »Kernsingzeit« zum Vortrag gebracht wurden. Dass so etwas geht, also einfach die Zusatzhonorare für Arien zu senken – das hätte bis dahin niemand für möglich gehalten.

Am Ausgabenstopp dieser Jahre leidet die Stadt bis heute, vieles, was in Berlin nicht funktioniert, ist eine Folge der damaligen »Sparpolitik«. Aber nicht jeder spürt dieselben Mängel, die Stadt ist da sehr unterschiedlich, je nach Lebensphase, Verkehrsmittel und Wohnsituation. Berlin zieht Start-ups aus aller Welt an, aber die digitale Ausstattung der Stadt ist katastrophal. Berlin kann stolz sein auf seine prosperierende Wissenschaftslandschaft, aber in den Schulen gibt's Schimmel statt Schampus. Die einen finden keinen Kita-Platz, die anderen sehen ihren Club bedroht. Und durch die Windschutzscheibe sieht der Verkehr in Berlin ganz anders aus als vom Fahrradsattel. Nur vorm Bürgeramt sind wir alle gleich.

Vieles von dem, was sich in Berlin nie ändert, sehe ich heute anders als früher. Und zugleich sehe ich auch, dass sich vieles ändert, manches sogar zum Guten. Einiges ist auch gar nicht so schlimm. Angeblich wird hier alle 17 Minuten ein Fahrrad geklaut, bei mir war's nur eins in all der Zeit. Seit 20 Jahren wohne ich in der derselben kleinen Straße mit fünf Häusern auf der Nahtstelle zwischen Mitte und Kreuzberg. Also eigentlich ganz normal. Und doch ist die Stadt ziemlich verrückt, hier laufen sogar die Pandas rückwärts, und ein Neurologe stellt fest: Berlin lässt die Gehirne seiner Einwohner schrumpfen. Wir müssen uns also beeilen, damit dieses Buch fertig wird.

*

Werden wir mit unserem Buch Berlin gerecht? Was für eine Frage. Ist etwa Berlin zu uns gerecht? Na also. Ist Berlin wirklich so, wie wir es hier beschreiben? Sagen wir mal so: Der Regierende Bürgermeister würde sicher eine andere Geschichte erzählen. Das hier ist unsere.

2

Ins Scheitern verliebt

Die Berliner Mängelliste ist lang.
Hier eine Kurzfassung.

Als wegen der Coronakrise die Berliner Spielplätze offiziell geschlossen wurden, erschienen in unserer Gegend Mitarbeiter des Bezirks und knoteten Baustellenbänder um die Gittertüren. Bei Spielplätzen, die nicht umzäunt waren, flochten sie ihr Flatterband um die Spielgeräte. Ein paar Tage später waren die Spielplätze zu Hotspots für gelangweilte Jugendliche geworden, sie saßen auf den Klettergerüsten, rauchten und chillten.

Nachdem der Bund die Schließung aller Spielplätze empfohlen hatte, machte Berlin erst mal gar nichts. Viele Familien wohnten in kleinen Wohnungen, hieß es, die Kinder bräuchten die Spielplätze, sicher ein bedenkenswertes Argument. Fünf Bezirke sahen es anders und schlossen ihre Spielplätze trotzdem. Die Empfehlung der Gesundheitssenatorin, beim Spielen Distanz zu wahren, war von den Kindern überraschenderweise nicht befolgt worden. Welchen Sinn aber könnte es haben, Kitas und Kindergärten zu schließen, wenn die Virenübergabe dann eben am Klettergerüst stattfindet? Der Regierende Bürgermeister hatte in den Tagen zuvor immer wieder einheitliches Handeln der Länder gefordert. Nun zeigte sich, dass er nicht mal im eigenen Gärtlein den föderalen Wildwuchs unter Kontrolle hatte.

Am 10. März 2020, einem Dienstag, war längst klar, dass Corona eine schwierige Herausforderung würde und dass auch

Berlin sich dazu wohl irgendwie verhalten musste. Der Senat tagte und beschloss, nichts zu tun. Michael Müller wollte, siehe oben, die nächste Ministerpräsidentenkonferenz abwarten. Wer weiß, aus welcher Richtung der Wind da wehen würde.

Der öffentliche Druck und der aus den eigenen Reihen, auch der SPD, wuchs allerdings ununterbrochen. Nun verkündete Müller, der öffentliche Nahverkehr werde eingeschränkt. Die Verkehrssenatorin ließ wissen, dass sie gegen diese Maßnahme sei. Am Freitag rang sich der Senat dazu durch, Bars und Kneipen zu schließen, allerdings erst in der darauffolgenden Woche. Berlin und seine Virenpopulation sollten vorher noch einmal ein gemeinsames Ausgehwochenende feiern. Anders sei das rechtlich gar nicht möglich.

Weil klar war, dass diese Party für lange Zeit die letzte sein dürfte, war es Freitagnacht überall rappelvoll. Am Samstag aber fiel dem Senat auf, dass in Bayern die Lokale bereits geschlossen waren, auf dem Wege der Verordnung, der auch Berlin zur Verfügung steht. Nun wurden die Kneipen also doch geschlossen. Auch an den Schulen und in den Kitas bekam das Coronavirus noch einmal eine faire Chance, sich auszubreiten. Geschlossen wurden sie nicht etwa am Montag, sondern erst am Dienstag. Nachdem am 15. April die Bundesregierung und die Ministerpräsidenten Lockerungen der Corona-Regeln vereinbart hatten, beschlossen 15 Länder bereits am nächsten Tag die notwendigen Verordnungen. Nur die Hauptstadt nahm sich Zeit bis zur darauffolgenden Woche.

Berlin, so viel steht fest, wird auch diesen Senat überleben.

2017 hatte die Stadt noch andere, überschaubarere Sorgen. Auf dem Boulevard Unter den Linden war hinter zerbeulten Absperrgittern ein roter Teppich ausgerollt, in der Staatsoper wurden Ehrengäste erwartet. Über sieben Jahre hatte sich die Restaurierung des Rokoko-Baus hingezogen, die Baukosten waren um das Doppelte auf mehr als 400 Millionen Euro gestiegen.

Ein Untersuchungsausschuss hatte sich tief in den sumpfigen Boden gewühlt, auf dem das Musikhaus ruht, und dort die bekannte Berliner Mischung aus Hemdsärmeligkeit und Fatalismus gefunden. Tja, wurde halt ein bisschen mehr. Schicksal!

Zum Tag der Deutschen Einheit sollte nun endlich alles fertig sein und Wiedereröffnung gefeiert werden. Es reichte dann doch leider bloß zu einem »Präludium«. In ein paar Tagen, erfuhren die Gäste, müsse das Haus wieder schließen. Die Techniker waren nicht fertig geworden, es fehlten noch ein paar Freigaben der Behörden, vor allem die für den Brandschutz. Die zur Wiedereröffnung geplante Uraufführung musste bedauerlicherweise ebenfalls entfallen, der Komponist war erkrankt. Stattdessen wurde, als Provisorium zum Präludium, eine Tragödie geboten: *Faust*-Szenen von Schumann. Und so schallte an diesem Abend von der Bühne in den blattgoldenen Saal Berlins heimliche Hymne, gedichtet von Goethe: »Alles Vergängliche ist nur ein Gleichnis; das Unzulängliche, hier wird's zum Ereignis.« Der Nachhall dieser Worte war durch eine kostspielige Anhebung des Daches um exakt 0,7 Sekunden verlängert worden.

Das ist Berlin. Was ist nur los hier?

Seit elf Jahren gibt es an der Freien Universität das »Institut für Schulqualität«, dort wurden allerhand Methoden zur Evaluation entwickelt. Trotzdem landet Berlin im deutschen Bildungsmonitor zuverlässig auf dem letzten Platz. Wer in Berlin über das Regierungsviertel hinaus spaziert, dem fallen überquellende Mülleimer ins Auge, Dreckhaufen auf den Straßen, verwahrloste Parks und tote Ratten. Die Bezirksämter schaffen es nicht, Geburtsurkunden zeitnah auszustellen, heiratswillige Paare campieren in der Morgendämmerung vorm Rathaus, Tote dürfen nicht unter die Erde, weil die Ämter überlastet sind. Die Zustellung einer Sterbeurkunde kann 38 Tage dauern, in Pankow überreichte ein Bote die Papiere in der letzten

Sekunde bei der Trauerfeier in der Friedhofskapelle. Die Software, die im Standesamt jede Ansprache verweigert, heißt übrigens »Autista«. Der Hersteller beteuert, überall anderswo funktioniere sie. Bloß nicht in Berlin.

Selbstverständlich verlief auch die Bundestagswahl 2017 nicht störungsfrei: 46 Hausmeister hatten sich geweigert, einen außerplanmäßigen Sonntagsdienst anzutreten und die zu Wahllokalen umfunktionierten Schulen aufzuschließen. Erst zwei Tage vor Ultimo wurde gemeldet: »Die Wahl ist gesichert.« Eine Schlagzeile, die es nur in Berlin gibt und die dann doch ein bisschen voreilig war. Aus ganz Deutschland lagen die Ergebnisse vor, da wurde in Berlin noch immer gezählt – wegen »Softwareproblemen«. Am frühen Morgen meldete dann auch Pankow Vollzug.

Was stimmt nicht mit Berlin?

Diese Stadt ist ins Scheitern regelrecht verliebt, könnte man sagen. Und trotzdem verlieben sich immer mehr Menschen in diese Stadt. Zum Beispiel wir, die Autoren dieses Buches. Seit Jahrzehnten leben wir hier, arbeiten als Kolumnist und Chefredakteur beim *Tagesspiegel*, verfolgen und beschreiben den alltäglichen Wahnsinn dieser Metropole und ihre Unzulänglichkeiten, die nicht selten das Ergebnis von organisierter Unzuständigkeit sind. Hier dauert es drei Jahre, einen Zebrastreifen auf die Straße zu pinseln. Vier Jahre, die Statik einer Ampel zu berechnen. Sieben Jahre, eine Oper zu sanieren. Auch die Pergamon-Baustelle auf der Museumsinsel wird zur Permanentbaustelle, ein Monument ihrer selbst, mit mehreren Jahren Verzug und der obligatorischen Kostenverdoppelung. Ursache soll ein historisches Pumpwerk sein, das der unterirdischen Arbeit im Wege steht. Und, nicht zu vergessen, hier braucht man mehr als ein Jahrzehnt, um einen Flughafen zu bauen. Vor acht Jahren platzte die geplante Eröffnung, wir haben unsere Einladungskarten zur Party noch.

Dass die Stadt Probleme hat, einen Flughafen zu bauen oder eine Oper zu sanieren, wäre erträglich, wenn wenigstens die tausend kleinen Dinge des Alltags funktionierten, etwa die Anmeldung eines neuen Autos. So etwas kann hier viele Wochen in Anspruch nehmen. Die Autohändler bekommen die verkauften Modelle nicht vom Hof, die Käufer wissen nicht, wohin damit. Auch der Neubau von Wohnungen, dringend nötig, verläuft ähnlich schleppend wie das Flughafenprojekt, obwohl guter Wille zumindest bei einigen der handelnden Personen vorhanden zu sein scheint.

Nirgendwo sonst in Deutschland sind die Wartezeiten beim Bürgeramt länger, die Schulen maroder, die Baustellen chaotischer, die Verantwortlichkeiten verworrener als bei uns in der Bundeshauptstadt. Hebammen warnen Hochschwangere vor Berlinbesuchen, im Ernstfall gibt es womöglich keine Betten und Ärzte. Wohnungsangebote finden sich kaum. Als Ersatzangebot gibt es, reichlich und gratis, Bannflüche der Berliner Politiker gegen die Profitgier privater Investoren. Die Bausenatorin etwa sagt: »Wir leben bis zum Hals im Kapitalismus. Das ist das Problem.«

Aber im Sozialismus war's hier auch nicht so doll. Und jetzt? Die FDP hat den Senat gefragt, ob er die Meinung der Senatorin zum Kapitalismus teile. Die Antwort lautete: »Der Senat hat sich zu diesem Grundproblem noch keine abschließende Meinung gebildet.« Wir werden uns also auch hier gedulden müssen.

Viele Berliner haben den Eindruck, dass sie und ihre profanen Bedürfnisse von den Regierenden regelrecht verachtet werden. Denen geht es offenbar um höhere Ziele als um Geburtsurkunden oder Mülleimer. Welche Ziele das sein könnten, weiß niemand. »Kiffen und den Verfassungsschutz abschaffen«, sagte der Innensenator über seine politischen Fernziele, als er glaubte, dass niemand ihm zuhört.

Die Verachtung ist mittlerweile gegenseitig. An der Potsdamer Brücke wurde 2019 wegen Bauarbeiten die Abbiegespur gesperrt, nur Busse durften durch. Alle anderen mussten einen lästigen Umweg in Kauf nehmen. Viele Automobilisten ignorierten das Verbot einfach, Verkehrsschilder haben in Berlin allenfalls dekorative Funktion. Einerseits ist die Polizei infolge Personalausdünnung zu entkräftet, um sich derlei Dingen mit der gebotenen Sorgfalt zu widmen. Andererseits wächst der Volkszorn, weil es in Berlin eine Koordination der zahllosen Baustellen nicht mehr zu geben scheint. Verschwörungstheorien grassieren: Sind Sadisten am Werk? Oder die Grünen? Oder beide?

Um nach etlichen schweren Unfällen das Abbiegeverbot durchzusetzen, musste diese Kreuzung rund um die Uhr von bewaffneten Polizisten verteidigt werden. Das sinnvolle Verbot, auf Bürgersteigen Rad zu fahren, wäre wohl höchstens unter Einsatz der Bundeswehr durchzusetzen, es existiert nur noch auf dem Papier. Für das Verbot, Autos auf Radwegen abzustellen, gilt das auch. Einem genervten Radfahrer, der rücksichtslos parkende Autofahrer anzeige, warf das Ordnungsamt »eine systematische und damit rechtlich unzulässige Verkehrsüberwachung« vor. Dies sei »Staatsaufgabe«. Anzeigen von »Hilfssheriffs« werde man »nicht als Anzeige werten«.

Aber wo ist der Staat?

Im März 2017 eröffnete der wunderschöne Pierre-Boulez-Saal in der Barenboim-Said-Akademie. Anschließend herrschte an Veranstaltungsabenden in der Französischen Straße das Chaos, wegen wild parkender Autos. Akademie-Direktor Michael Naumann beantragte deshalb eine Halteverbotszone, der Antrag des Ex-Kulturstaatsministers wurde abgeschmettert. Die Sachbearbeiterin teilte mit, ihr sei es »auf Grund anderer termingebundener Aufgaben nicht möglich, kurzfristig Anträge zu prüfen«, und: »Schon allein das Prüfverfahren nimmt einige Monate in Anspruch.« Auf die anschließende Beschwerde Naumanns meldete sich dann ein anderer Sachbearbeiter mit folgendem Hinweis: »Eine Anordnung von Halteverboten wird kaum dazu führen, dass das Auftreten von Falschparkvorgängen verhindert werden kann.« Dass solche Verbote in Berlin ernst genommen würden, halte er ohnehin und »aus jahrelanger Beobachtung heraus für sehr unwahrscheinlich«. Die Kapitulationserklärung endet mit der üblichen Maßregelung: »Das von Ihnen beobachtete Fehlverhalten der Verkehrsteilnehmer legen Sie bitte nicht der Straßenverkehrsbehörde zur Last.«

Vor diesem Hintergrund kann der auswärtige Beobachter vielleicht verstehen, warum die amtliche Mitteilung »Berlin geht fünf Tage gegen Falschparker vor« den lokalen Zeitungen eine Meldung wert ist. »Raserhauptstadt« ist Berlin übrigens nicht, diesen Titel trägt wissenschaftlichen Untersuchungen zufolge Hamburg. Rasen ist aufgrund des Verkehrsaufkommens bei uns auch nur in den frühen Morgenstunden möglich. Doch was Aggression und Anarchie angeht, lässt sich Berlin von niemandem toppen. Eine Lehrerin schreibt: »Wir mussten heute aus Sicherheitsgründen unsere Schülerlotsen abziehen. Die zuständige Polizeibeamtin will und kann die Verantwortung für die Kinder nicht mehr übernehmen.«

Seit einiger Zeit kann man beim Ordnungsamt Meldungen auch online einreichen. Den Bearbeitungsstand markiert eine digitale Ampel, meist steht sie auf gelb, oft noch Wochen später. Eine Beschwerde über illegale Feuerwerke im Bereich des Osthafens, gemeldet Ende August, befand sich Ende September immer noch im gelben Status »Bearbeitung«. An Silvester sind Feuerwerke sowieso legal und die Sache hat sich erledigt.

Andere nutzen das Tool zur Denunziation. So ist dort mit Nennung von Namen und Adresse zu lesen, bei welcher Familie in Lichtenberg »seit mindestens fünf Jahren ein Hund mit dem Namen Atze« lebt, »welcher nicht angemeldet ist«. Außerdem bekomme das Tier »viel zu wenig Auslauf«. Das Amt meldete hier ausnahmsweise: »Erledigt«. Der Fall wurde nämlich an die Steuerbehörde weitergereicht.

Am häufigsten wird Müll gemeldet, sehr viel Müll. Den stellen die Leute hier einfach auf die Straße. Das ist natürlich verboten, aber, wie so vieles, egal. Wir haben nachgeschaut, was an einem ganz normalen Tag allein in Neukölln neu auf die Liste kam, jeweils mit genauer Adresse: Sperrmüll, Staubsaugerteile, Glas, Einkaufswagen, eine Couch, Pflastersteine, Metall, Bauschutt, Hausmüll, Dämmwolle, Autoreifen, ein Schilderfuß, ein Monitor, noch eine Couch, Plastik, Farbeimer, Verpackungsmaterial, eine Mikrowelle, Matratzen, eine Klappliege, Holzteile, Waschmaschinen, Kleinmobiliar, Kleidungsstücke, Dämmplatten, Kühlschränke, Teppiche, Kisten, Kartons, Autoreifen, eine Babybadewanne, Styroporplatten, Wäscheständer, Stuhlteile, Elektroteile, Taschen, Holzregale, Müllsäcke, Standfüße, Holzplatten, ein Schrank, ein Bettgestell, ein Schreibtisch, Mülltüten, Elektroschrott, Bretterstapel … Es hört gar nicht mehr auf. Und das ist nur das, was gemeldet wird. Neukölln bekämpft die Lawine jetzt mit Schildern, auf denen zur Überraschung der Anwohner »Müllablagerung verboten« steht.

Vielerorts findet sich die Politik mit den Unzulänglichkeiten nicht mehr nur ab, sondern widmet sie um, zum Ereignis. Die Stadt bekommt den Drogenhandel im Görlitzer Park nicht in den Griff. Also teilt sie politisch korrekt mit: »Wir werden uns auf die Weiterexistenz des Handels einstellen müssen. Keine Gruppe soll als Problemverursacher gesehen werden. Menschen, die derzeit den Park nutzen, sollen nicht verdrängt werden.« Die Dealer sind jetzt also Teil des offiziellen Erholungsprogramms. Sie halten Radfahrer auf den Parkwegen an und ermahnen sie, umsichtig zu fahren. Von besonders jung aussehenden Kunden verlangen sie den Ausweis. In den

Berliner »Spätis«, Rund-um-die-Uhr-Kiosken, werden extralange Blättchen für den original Kreuzberger Joint »Görlitzer Park« verkauft. Immerhin funktioniert hier die heimische Wertschöpfungskette: Produziert werden sie von einer Firma in Pankow.

Wer über den Zusammenbruch der Berliner Staatlichkeit schreibt, darf der Fairness halber zwei Tatsachen nicht unerwähnt lassen. Erstens: Fast jedes Problem, das in Berlin zu beobachten ist, gibt es auch in anderen großen Städten. Der Bau der Elbphilharmonie in Hamburg hat ebenfalls eine ganze Weile gebraucht und deutlich mehr gekostet als geplant. Der Bau des Stuttgarter Bahnhofs wurde von Juchtenkäfern gebremst, die kamen bestimmt nicht aus Berlin. Die Kölner haben beim U-Bahn-Bau aus Versehen ihr Stadtarchiv in die Erde versenkt. In Berlin aber gibt es alle Probleme gleichzeitig und in verschärfter Form, mit steigender Tendenz.

Zweitens: Schuldzuweisungen an bestimmte Parteien oder einzelne Politiker führen nicht weit. Egal, wer in Berlin regiert hat, und das waren einige, deutlich besser wurden die Zustände nie. Ein wenig erinnert Berlin an eine WG, wo sich der Abwasch in der Spüle bis an die Decke stapelt und man sich jeden Abend ergebnislos über die Schuldfrage streitet. Aber niemand spült ab.

Und doch strömen sie alle hierher, zu uns nach Berlin: die Jungen, die Schönen, die Abenteurer, die Bunten, die Touristen, die Start-up-Unternehmer, die Glücksritter und die Ruheständler.

Berlin ist die Heimat der Heimatlosen. Die Attraktivität der Stadt ruht auf stabilen Fundamenten, die nicht leicht kaputt zu kriegen sind: das einmalige Kulturangebot, das zauberhafte Umland mit seinen vielen Seen, die wunderbaren Altbauwohnungen, inzwischen teuer, aber immer noch billiger als in Paris oder London, das Nachtleben, die intellektuelle Offenheit, das

Flair aus ganz Europa, die Aura. Die Aura stirbt zuletzt, wie bei einem alten Schauspieler. Nacht für Nacht ziehen abenteuerlustige Touristen durch die Kneipenviertel, die britischen Junggesellenabschiede sind legendär, der Alkohol ist für diese Klientel unfassbar billig.

Die Touristen sind ein erheblicher Wirtschaftsfaktor, in Berlin heißt das: Man mag sie nicht. Um die Touristenschwärme gleichmäßiger über das Stadtgebiet zu verteilen, hat sich die Senatsverwaltung für Wirtschaft eine echt berlinische Problemlösung einfallen lassen: die App »Going local«. Sie soll die Touristen von den touristischen Highlights und Kneipenmeilen fernhalten und in die Außenbezirke locken, Spandau vielleicht oder Marzahn. Ein Sprecher sagt: »Berlin hat so viel zu bieten, es müssen nicht immer alle zur gleichen Zeit an die gleichen Orte kommen.« Das muss man sich mal für Paris vorstellen – die Idee, man könnte die Touristen mithilfe einer App überreden, nicht den Eiffelturm und Saint-Germain zu besuchen, sondern mit der Metro in die Banlieue zu fahren.

In Berlin heißt die Banlieue Hellersdorf. Dort wurde ein neuer Lehrer von seinen Kollegen mit den aufmunternden Worten begrüßt: »Ihre Schüler werden zum Großteil kriminell, arbeitslos oder landen auf der Straße.« Und dort, auf den Straßen, hinterlassen sie dann die Zeugnisse des Berliner Bildungssystems. An eine Charlottenburger Mauer sprayten sie »All Cops are Basdarts«, das ist nicht etwa eine Anspielung auf die von der Polizei bevorzugte Pfeilsportart, sondern ein Ergebnis des Berliner Englischunterrichts. Der Ordnungsstadtrat weigert sich übrigens, das Graffito beseitigen zu lassen. Seine Begründung, per E-Mail an einen Bürger geschickt: »Da der von Ihnen zitierte Schriftzug sehr allgemein gehalten ist und keine Person namentlich beleidigt wird, liegt hier wahrscheinlich keine Notwendigkeit vor, tätig werden zu müssen.« Tätig werden zu müssen ist in den Behörden offenbar eine Horror-vorstellung, in Anbetracht ihrer Personalstärke sollte man aber nicht zu streng über sie urteilen.

Für die Schulen, vor allem die Schulgebäude, wurde lange wenig bis gar nichts getan. Das sieht mittlerweile nicht nur hässlich aus, sondern ist auch gefährlich. Im Begehungspro-tokoll einer Pankower Schule liest man folgende Zustands-beschreibung: Nach 2006 fielen beide gesetzlich vorgeschrie-benen Brandschauen aus, es gibt weder einen ersten noch einen zweiten Fluchtweg, die unteren Stockwerke haben keine Rauchmelder. Die gibt es nur im Dachgeschoss, aber das ist aus Brandschutzgründen gesperrt. Es fehlen erforderliche Trenn-wände, die Treppenaufgänge sind für eine schnelle Evakuierung zu schmal. Der Baustadtrat versprach, »kompensatorische Maß-nahmen« einzuleiten, was immer das heißen mag.

Die Bezirke sagen: Der Senat ist schuld, wir haben zu wenig Personal. Der Senat sagt: Die Bezirke können nicht mit Geld um-gehen. Einig ist man sich nur in einem, man ist nicht zuständig.

Eigentlich wäre in Berlin etwas Pragmatismus bitter nötig. Andererseits gilt Professionalität als verdächtig. Ein Baustadtrat der Grünen gab auf, nachdem seine Fraktion ihm vorgeworfen hatte, »zu sehr fach- und sachgerecht zu arbeiten«. Das macht der Innensenator offenbar besser, denn sein Polizeipräsident lobte ihn mit den Worten: »Er mischt sich nicht in fachliche Dinge ein.«

Berlin bekommt gut vier Milliarden Euro aus dem Länder-finanzausgleich, einerseits. Andererseits hat Berlin, mit mehr als 57 Milliarden Euro verschuldet, in den vergangenen Jahren 2,2 Milliarden an »Außenständen« nicht eingetrieben. Unbe-zahlte Bußgelder, Gebühren, Rechnungen und Steuerzahlungen wurden von der Finanzverwaltung zum Teil »vorläufig« abge-schrieben, zum Teil auch »endgültig«. Immerhin ist klar, woran das liegt. Es gibt erstens in den verschiedenen Verwaltungen kein einheitlich funktionierendes »Forderungsmanagement«, zweitens keine einheitliche Software, drittens hat niemand einen vollständigen Überblick über den Stand der Verfahren und viertens ist nicht einmal bekannt, wie viele Mitarbeiter mit dem Eintreiben von Außenständen beschäftigt sind (oder eben auch nicht).

Wozu diese organisierte Unzuständigkeit führt, lässt sich auch auf der Straße sehen. Als im Sommer 2016 nach einem längeren Regenguss der Gleimtunnel überflutet war, durchquerten ihn die Anwohner schwimmend oder im Kanu. Kurz darauf hieß es, jetzt werde saniert. Tatsächlich war der Tunnel auch im Dezember noch dicht, die Anwohner suchten im Keller nach ihren Schlittschuhen. Der Stadtrat von Pankow wartete zur Freigabe der neuen Verkehrsführung auf eine förmliche Anordnung des Bezirksamts Mitte, das Bezirksamt Mitte verwies auf die Zuständigkeit der Verkehrslenkung des Senats, der Senatsverwaltung war die Straßenbeleuchtung zu dunkel, sie gab die Sache zurück an den Stadtrat von Pankow. Aber der wartete ja immer noch auf die Anordnung des Bezirksamts Mitte. Bei der neuen Verkehrsführung handelt es sich übrigens um einen Kreisverkehr.

Was ist bloß los mit Berlin?

Wenn Menschen über unsere Stadt nachdenken, dann landen sie oft beim berühmtesten Satz, der jemals über Berlin geschrieben wurde: »Berlin ist dazu verdammt, immerfort zu werden und niemals zu sein.« Ein Lob drückt dieser Satz nicht gerade aus. Verdammtes Berlin? Verdammt von wem, und warum?

Das Zitat ist nicht aktuell, es stammt aus dem Jahr 1910 und ist der Schlusssatz des Buches *Berlin. Ein Stadtschicksal* von Karl Scheffler. Sein Autor wurde 1869 in Hamburg geboren. Mit Anfang 20 zog er in die Hauptstadt. Er hielt es so wie wir und viele andere heutige Berliner, er wollte unbedingt in dieser

Stadt leben, nirgendwo sonst. Scheffler wurde einer der einflussreichsten Kunstkritiker Berlins, er schrieb für die *Vossische Zeitung* und war Chefredakteur der Fachzeitschrift *Kunst und Künstler*. Den Impressionismus verteidigte er leidenschaftlich gegen die Konservativen, die Avantgarde der Weimarer Republik mochte er nicht. Als die Nazis an die Macht kamen, wurde er als unverbesserlich bürgerliches Element kaltgestellt, er zog sich an den Bodensee und ins Schweigen zurück. Nach dem Krieg schrieb er wieder.

Schefflers Berlinbuch ist keine angenehme Lektüre für den Berliner. Es übertrifft an Hass und Häme so ziemlich alles, was heutige Autoren, zum Beispiel wir, über Berlin zu schreiben wagen. Scheffler konnte auch sehr persönlich werden: »Es ist Einem zuweilen, als bestände die ganze männliche Einwohnerschaft nur aus Bauunternehmern und deren Gehilfen. Eine unendlich dilettantische und fahrige Kommunalpolitik hat nie frei und groß gewollt, sondern immer nur gemusst. Ein Haufen profitgieriger, geistig verblödeter und roher Spekulanten hat die Stadt angelegt, unwirtlich, anmaßend und hässlich.« Und so weiter. Aber Scheffler lebte trotzdem gern hier.

Diese Stadt lässt einen eben nicht mehr los, oft lebenslang und zuweilen auch darüber hinaus. Das Berliner Traditionsunternehmen Gasag versicherte einem Toten per Brief: »Auch an Ihrem neuen Wohnort sind wir gerne für Sie da.« Die Familie hatte dessen Vertrag unter Vorlage der Sterbeurkunde gekündigt.

Wer in Berlin wohnt, weiß, dass offizielle Öffnungszeiten oft nur als Annäherungswerte gelten. Typisch sind Hinweise auf verschlossenen Türen wie »Aufgrund eines Heizungsausfalls bleibt das Amtsgericht geschlossen« oder »Leider haben wir heute genug Umsatz«. Wenn eine U-Bahn-Linie wegen notwendiger Reparaturen lahmgelegt ist, wird mit einiger Wahrscheinlichkeit die Straße, über die der Schienenersatzverkehr rollen soll, zur gleichen Zeit aufgerissen. Die Verkehrsbetriebe warnen dann ihre Kunden: »Die BVG empfiehlt, die Ersatzbusse zu meiden.«

Am U-Bahnhof Brandenburger Tor ist die Rolltreppe nach offiziellen Angaben in jedem Jahr seit der Eröffnung 2008 sechs Monate lang eine Stehtreppe gewesen. Die BVG erklärt dazu: »Die Fahrtreppengetriebe erreichen derzeit nicht die geforderten Ansprüche an Belastbarkeit und Verschleißfestigkeit«, mit anderen Worten: Sie ist kaputt, weil sie kaputt ist. Andere Fahrtreppen und Aufzüge sind jahrelang ganz außer Betrieb. Ab und zu wird das Schild ausgewechselt, auf dem ein lustiger Maulwurf den angepeilten Fertigstellungstermin verkündet. Wer nachfragt, hört: »Im Zuge des Aufzugsaustausches gab es zunächst Planungsschwierigkeiten. Zusätzlich kamen weitere technische Klärungsbedarfe und Mängel hinzu.«

Legendär ist auch der hohe Krankenstand in der Berliner Verwaltung. Auf 40 krankheitsbedingte Fehltage pro Jahr kommen sie durchschnittlich in Neukölln, in Charlottenburg-Wilmersdorf sogar auf mehr als 47. Außerhalb der Verwaltung sind es nur 20. Wenn eine alleinerziehende Mutter nach dem Schicksal ihres drei Monate alten Antrags auf Unterhaltsvorschuss fragt, bekommt sie zu hören: »Hier sind alle krank. Wenn's Ihnen nich schnell genug geht, könn' Se ja aushelfen kommen.«

Was sind das für Menschen, die sich so etwas tagtäglich antun? Wer sind sie, diese Berliner? Wir werden ihren Stärken und Schwächen ein Kapitel widmen, aber einer von ihnen, auch er ein Zugezogener, soll jetzt schon zu Wort kommen. Der Extaxifahrer und Außenminister a. D. Joseph Martin Fischer sagte nämlich: »Die Berliner Verwaltung ist etwas, an das man sich eigentlich nicht gewöhnen kann. Berlin als Stadt aber ist unglaublich, ich will hier nicht weg.« Ja, so geht es den meisten. Und wenn der Regierende Bürgermeister Müller meint: »Die Stadt funktioniert in weiten Teilen sehr gut«, sagen seine Bürger: »Humor hat er wenigstens.«

Ein herrlicher Indikator für das Berliner Selbstbild ist die Komparsenbörse: »Für ein Nachmittagsmagazin eines namhaften Senders sind wir auf der Suche nach einer hässlichen Familie.« Die Firma konnte sich vor Bewerbern kaum retten, die Anzeige war schon nach wenigen Stunden wieder gelöscht. Auch die Rekrutierung von »Freaks und Punks« und »markanten, ausgefallenen, gelebten Typen« sowie »auffällig tätowierten Frauen & Männern und Babys« für einen Film über den Weltuntergang war rasch abgeschlossen. In Weltuntergang sind wir gut. Unseren Stolz bewahren wir geplagten Stadtbewohner uns durch Selbstironie und Schlagzeilen wie diese: »Berliner Wissenschaftler entwickeln Superwaffe gegen den Weltuntergang.« Wer braucht da noch einen funktionierenden Flughafen?

Dabei gibt es »den Berliner« und »die Berlinerin« natürlich gar nicht. Grob gesagt leben hier zwei Gruppen. Da sind einerseits jene, die auf keinen Fall auffallen wollen, sie nennen ihre Kinder Alexander oder Marie, das sind die zurzeit häufigsten Vornamen in der Stadt. Und dann gibt es andererseits jene, die um jeden Preis auffallen wollen. Wie ein Blick in die Registratur zeigt, nennen sie ihre Jungs Heavenly, Beloved, Sunday, Winono, Prince-Glorieux, Wealth, Lord, Desire, Good, Excellent, Wildwind, Sturmius, Rebelle, Sittich, Sturmhart, Ulysses, Legolas, Rochus oder Evidence. Die Mädchen müssen mit den Namen Summer-Juli, Himmelblau, Shaked, Cinderella, Peace, Neumann, Dudu, Parfaite, Poppy, Anmut, Goodness, Gala, Berlin, Aphrodite, Purity, Victory, Arielle, Karma, Oceania oder Rocket durchs Leben gehen. Alles beantragt, genehmigt und eingetragen. Für den Nachschub an Exzentrikern ist gesorgt.

Berlin, so Schefflers Kernthese aus dem Jahr 1910, ist eine Kolonistenstadt. Damit meinte er: In diese Stadt kommen seit Jahrhunderten Menschen, um dort ihr Glück zu suchen. Sie sind Goldgräber, Eroberer und Pioniere. Sie benutzen die Stadt, sind vielleicht von ihr fasziniert, aber sie lieben Berlin nicht. Berlin ist ihr Mittel zum Zweck. Berlin bringt Arbeit, vielleicht Ruhm und Reichtum. Aber Berlin hat keine innere Mitte, keine Identität, kein sicheres Bewusstsein seiner selbst, wie Paris oder London oder sogar München es haben. Es kommen, so Scheffler, »energische, willensstarke, beutehungrige und freiheitsdurstige Menschen, erblose Söhne, Unterdrückte, Besitzlose und Solche, die zu Hause nicht im besten Ruf standen. Und dann der große Haufen Vertriebener«. Nicht, die schon jemand sind, rücken an, sondern jene, die etwas werden wollen. Der klassische Neu-berliner will Fuß fassen, er kämpft für sich und seine Zukunft, die Stadt ist nur sein Spielfeld. Er tut nichts für sie.

Solche Urteile sind immer ungerecht, sie treffen nicht in jedem Fall zu. Aber wer Scheffler liest, der erkennt das Binde-glied zwischen den Türken, die in den Sechziger- und Siebzi-gerjahren kamen, den Juden und den Hugenotten, Strandgut des Dreißigjährigen Krieges, den Arbeitern aus Polen, denen, die sich zu Mauerzeiten vor der Bundeswehr drückten, den Vietnamesen von Ostberlin, den Alternativen und den linken Kleinstadtflüchtlingen aus Süddeutschland, den Start-up-Un-ternehmern, den jungen Amerikanern, Briten und Spaniern, den Künstlern und Lebenskünstlern, den Flüchtlingen aus Le-nins und den Glücksrittern aus Putins Russland, den Vertrie-benen, den Flüchtlingen und Migranten neuerer Zeit und den ehemaligen Bonner Regierungsbeamten. Sie alle waren und sind, auf die eine oder andere Art, Kolonisten. Im Lauf der Zeit könnten sie vielleicht zu etwas Neuem, Selbstbewusstem zu-sammenwachsen, zu einer Stadtgesellschaft. Aber so viel Zeit hat Berlin nie gehabt.

Die Ostberliner sind die größte Kolonistenkohorte. Sie leben zwar schon immer hier, sie sind nicht zugereist wie die Schwaben oder die jungen Amerikaner. Aber auch von ihnen haben viele das Gefühl, heimatlos zu sein. Die Idee, vom Westen überrannt und kolonisiert worden zu sein, ist selbst bei den Jüngeren erstaunlich oft anzutreffen, sie wird vererbt wie das türkische Brauchtum bei den Zuwanderern aus Anatolien. Die Linke tut viel dafür, diese Idee am Leben zu halten. Der Satz »Ich bin aus dem Osten« gehört noch heute zu den Standards im ersten Gespräch mit einer neuen Bekanntschaft aus Sachsen oder Mecklenburg. 1910 hätte man gesagt: »Ich bin aus Schlesien.« Wer sieht sich wirklich, in erster Linie, als Berliner? Das gibt es natürlich, aber viel seltener als in anderen Städten.

Na ja, die Busfahrer haben den Ruf, echte Berliner zu sein. Wenn jemand fragt: »Fahren Sie Steglitz?«, brummen sie: »Nein, ich fahr' Bus«. Auch Müllwerker sind oft echte Berliner. Echte Berliner gibt's auch auf den Flohmärkten der Stadt. Die Frage nach dem Preis einer Axt wird dort mit einer Gegenfrage gekontert: »Woll'n Se damit Ihren Mann erschlagen? 16 Euro, dit sollte Ihnen die Sache doch wert sein.« Auch bei der Polizei gibt es noch echte Berliner. In einer Einheit kursierten offiziös wirkende Wappen, die zwei kopulierende Bären mit Bierflasche in der Hand und Polizeimütze auf dem Kopf zeigen. Dem Polizeischüler, der zur Freude seiner Kollegen als Darsteller im Film *Pimmel Bingo 8* Ganzkörpereinsatz zeigte, wurde von seinem Dienstherrn bescheinigt: »Hat dem Ansehen des Berufsbeamtentums nicht geschadet.«

Oft ist gesagt worden, dass Berlin kein selbstbewusstes Bürgertum mehr besitze, diese Schicht, die anderen Weltstädten ihr Gesicht gab und ihr Selbstbewusstsein prägte, wie etwa die hanseatischen Familiendynastien in Hamburg. Die Berliner Juden und die meisten Intellektuellen wurden von den Nazis vertrieben, danach die Unternehmer im Osten von den Kommunisten und im Westen von der wirtschaftlich unergiebigen Insellage. Wenn Schefflers Analyse stimmt, dann hat es ein

Bürgertum nie oder höchstens in Ansätzen gegeben. Heimat war immer anderswo. Berlin war der Ort, wo das Leben einen hingespült hat.

In anderen Städten war es mitunter die Religion, die eine Stadtgesellschaft über Jahrhunderte zusammenschmiedete. Dieser Kitt funktioniert auch noch dann, wenn der Glaube nachlässt. Berlin war immer religiös indifferent, das war einer der Gründe für seine Anziehungskraft auf Kolonisten. Diese transzendente Leerstelle wurde, glaubt Scheffler, vom Preußisch-Soldatischen gefüllt, vom Drill. Rituale stiftete hier das Militär mit seinen Paraden. Preußens Identität beruhte nicht zuletzt auf der allgemeinen Wehrpflicht, jeder Mann ein Soldat, die ganze Stadt eine Garnison. Nach 1945 war diese Idee gründlich diskreditiert, die Volksarmee der DDR wurde nie ein Identifikationsobjekt. Berlin hatte kein nennenswertes Patriziat, keine Kaufmannsdynastien, auch der Adel war weniger selbstbewusst als anderswo, die preußischen Könige ließen das nicht zu.

Wer also hielt die Stadt zusammen? Wohl das Beamtentum. Berlin war Beamtenstadt. Die Fürsten brauchten fleißige und gehorsame Verwalter, diesen Typus, diese Mentalität hat Berlin tatsächlich mit großem Erfolg hervorgebracht. Der preußische Beamte tat zuverlässig, was ihm gesagt wurde. Er hasste es, selbst Verantwortung zu tragen, aber einen klaren Befehl pflegte er, ohne dabei groß nachzudenken, akribisch zu befolgen. Das war eine ideale Startvoraussetzung für die Nazis, später auch für die SED.

Aber man sollte den preußischen Beamten nicht Unrecht tun. Eine funktionierende, pflichtbewusste Verwaltung ist eine wunderbare Sache, solange es nicht Mörder oder Ideologen sind, von denen die Anweisungen kommen. Die Mentalität des kleinen Beamten der Kaiserzeit scheint das zu sein, was alle historischen Katastrophen am besten überstanden hat. Diese Mentalität lebt und regiert. Man spürt sie, wenn inmitten des

Berliner Chaos das Ordnungsamt ausrückt und nachmisst, ob irgendwo ein Kneipentisch fünf Zentimeter zu weit in die Straße ragt. Man spürt sie auch im Kongresszentrum ICC, einem Koloss, der seit Jahren leer steht und wohl noch viele Jahre mit jährlich fünf Millionen Euro am Leben erhalten wird wie ein hirntoter Patient. Das funktioniert vorbildlich, die Teppichböden werden regelmäßig gesaugt. Aber niemand ist in der Lage, eine Entscheidung zu treffen oder sie gar durchzusetzen. Die Stadt hat kein Geld für eine Sanierung und keine Idee, was mit dem Bauwerk anzufangen wäre. Ein Beratungsunternehmen hat vor einiger Zeit eine Analyse erstellt, es riet zu einem privaten Investor. Die SPD war gegen einen Investor, dies ist in Berlin häufig der Fall. Was tun? Der Senat beschloss, erneut »die Interessenlage« auszuloten, Kosten: fünf Millionen. Ziel: einen Investor zu finden, den die SPD dann vermutlich ablehnt. Das Parlament ist skeptisch, dort hat aber auch niemand eine Idee. Jemand müsste kommen und eine Anweisung geben, aber der König ist nicht mehr da und Gott schweigt, wie immer. Egal, was man tut, es gibt Vor- und Nachteile. Die Beamten sind ratlos und lassen erst mal weitersaugen. Seit 2019 steht das ICC unter Denkmalschutz, das heißt, es wird, ungenutzt und groß wie ein Eisberg, in Berlin überdauern bis zu dem Tage, an dem auf Erden keine Staubsauger mehr hergestellt werden.

Man spürte diese Mentalität auch am Flughafen BER, wenn wieder eine Katastrophenmeldung von der Baustelle eintraf. Alle duckten sich routiniert weg. Von Zeit zu Zeit wurde ein Sündenbock gefeuert. Wer weiß, ob jemals geklärt wird, wer letztlich die Verantwortung für dieses Desaster trägt. Unser Tipp: Der Flughafenbau dürfte als eine Art Naturkatastrophe in die Berliner Geschichte eingehen.

Berlin ist ein Obrigkeitsstaat ohne Obrigkeit. Auf diesen Nenner könnte man es vielleicht bringen. Aber wenn man lange genug baut, dann ist man halt irgendwann fertig, sogar in Berlin.

Der Regierende Bürgermeister Michael Müller reist gern. Einmal fuhr er mit großer Delegation nach Los Angeles. Anlass war die Amerika-Premiere von *Babylon Berlin*, einer vielgelobten Fernsehserie von Tom Tykwer, die wieder einmal das Berlin der Zwanzigerjahre hochleben lässt, den guten alten Mythos. Müller hielt im legendären Universal-Theater eine kurze, spontane Rede: »I hope you become a taste of Berlin«, rief er, die Leute applaudierten, es war nicht perfekt, aber es wirkte sympathisch. Am nächsten Tag flog er zurück, Landung in Tegel, auf jenem Flughafen also, den der Senat nach Eröffnung des BER schließen wollte, obwohl eine Mehrheit in der Stadt für seine Offenhaltung war. Der Flughafen Tegel gilt als eine der wenigen Berliner Institutionen, die halbwegs funktioniert haben. Wie gesagt: halbwegs. Müller stand fast eine Stunde am Gepäckband, bevor die ersten Koffer anrollten. Die mit »Priority«-Badge kamen selbstverständlich als allerletzte. Müller himself became a taste of Berlin.

Trotzdem ist Berlin natürlich großartig – eine Weltstadt, die einzige, in der Deutsch die häufigste Sprache ist, ein Ort, an dem jede Person ihr Ding machen kann, wie immer dieses Ding aussieht, eine Stadt der Künste, der Freiräume und des Vergnügens. Das klingt alles ein bisschen abgedroschen, aber es stimmt doch. Berlin lebt von seiner Substanz und von seinem Mythos, etwas Neues ist schon länger nicht mehr dazugekommen. Ein irgendwie gearteter Ehrgeiz ist nicht erkennbar. Und wenn tatsächlich etwas passiert oder passieren soll, dann steckt immer private Initiative dahinter, eigentlich ein gutes Zeichen. Bürgersinn hatte Karl Scheffler am alten Berlin schmerzlich vermisst.

Eine Bürgergruppe will die Spree in ein Badegewässer verwandeln, die ganze Stadt eine Strandbar. Das Stadtschloss wurde nach langem Kampf des berlinverliebten Hamburger Unternehmers Wilhelm von Boddien als Ort der Weltkulturen wiederaufgebaut, jede Woche eröffnet ein interessantes Restaurant, eine Galerie, ein schräges Unternehmen, das gibt es. Initiativen sind hier immer umstritten, immer bekommen sie Gegenwind, sie stoßen auf antikapitalistisches Misstrauen oder auf Desinteresse. Begeisterung für das Neue hat die von sich selbst und ihrem Alltag erschöpfte Stadt längst verlernt. Alles soll bleiben, wie es ist, aber auch das will nicht mehr gelingen.

Das, was funktioniert – und sogar bestens –, sind die großen Erzählungen aus der Vergangenheit. Der Mauerfall, 1968, die Blockade. Kennedy, »Ich bin ein Berliner«, Sven Regeners West-Berlin, Weizenbier mit Herrn Lehmann. Und natürlich die Mutter aller Mythen, die Zwanziger, Babylon Berlin, jetzt im Fernsehen. Das beliebteste Sprachbild für diese Ära ist »Tanz auf dem Vulkan«. Heute tanzt Berlin auf Müllsäcken und Anträgen. Der Bau eines babylonischen Turms scheiterte hier schon im Vorfeld, am Brandschutz.

Das Institut der deutschen Wirtschaft hat den »Wohlstandseffekt« der europäischen Hauptstädte für die jeweiligen Länder berechnet, die Daten stammen aus dem Jahr 2015. Das nicht ganz unrenommierte Institut behauptet: Würde man Athen aus dem griechischen Bruttoinlandsprodukt einfach herausrechnen, dann wäre jeder Grieche auf dem Papier um 20 Prozent ärmer. Frankreich ohne Paris? Minus 15 Prozent, pro Einwohner. Ähnliches gilt für Prag und Tschechien. Sogar das von Dauerkrisen geschüttelte Rom bringt, trotz der Konkurrenz von Mailand und Turin, jedem Italiener in der Statistik ein Wohlstandsplus von fast zwei Prozent. Berlin war die einzige europäische Hauptstadt, deren spurloses Verschwinden das Bruttoinlandsprodukt pro Einwohner leicht gesteigert hätte.

3

Die Bürgschaft

Eine leider unvollständige Beschreibung der
jüngeren Berliner Skandalgeschichte und der Versuch,
ein Handlungsmuster zu erkennen

Der Skandal, so eine verbreitete Definition, ist ein Geschehen, das bei vielen Menschen Aufregung hervorruft. Insofern ist unser Leben eine Kette von Skandalen. Etwas zum Aufregen findet sich immer. Die Skandalschwelle variiert naturgemäß je nach kultureller Prägung. Auf der Spitze der größten Pyramide von Gizeh hatte Ende 2019 ein dänisches Paar Sex oder tat zumindest so. Dies wurde in Ägypten nicht etwa als Skandal wahrgenommen, sondern als »Kriegserklärung«. Der Däne sagte, was weltweit in solchen Fällen immer gesagt wird: »Das war die dümmste Idee, die ich jemals hatte. Ich bin traurig darüber, dass viele Leute so wütend sind.« Immerhin hätten seine Partnerin und er auf der Pyramide keinen Joint geraucht, offenbar war dies zeitweise im Gespräch gewesen. Die Dänin äußerte sich nicht.

In Berlin hätte es der gleiche Vorgang, etwa in einer voll besetzten S-Bahn, bestenfalls auf eine der hinteren Seiten der Boulevardpresse geschafft. 2017, vor dem G20-Gipfel in Hamburg, hatten die hanseatischen Ordnungskräfte für die sich bereits abzeichnende Straßenschlacht mit Gegendemonstranten drei Hundertschaften aus Berlin zur Unterstützung angefordert. Am Vorabend fand in der Unterkunft eine Party statt, mit rund 200 Teilnehmern. Es wurde viel getrunken und in diesem Fall auch etwas geraucht, mindestens Wasserpfeife. Ein Paar liebte sich vor den Augen der Kollegen. Eine Polizistin, nur mit einem Bademantel bekleidet, führte den Kollegen interessante Spiele mit ihrer Dienstwaffe vor, wie man sie nicht bei den Schießübungen lernt. Aber die fallen in Berlin sowieso oft aus. Irgendwann im Verlaufe des fröhlichen Abends stellte sich eine ganze Menge Berliner Polizisten, gut sichtbar, an den Maschendrahtzaun, der die Partyzone umgab. Die Berliner führten den Hamburgern etwas vor, das im Berliner Polizeijargon »Pissen im Zugverband« heißt.

Das alles wäre halb so schlimm gewesen, wenn das Fest nicht bis zum frühen Morgen gedauert hätte, wenn nicht im gleichen Quartier eine Einheit aus Wuppertal untergebracht gewesen wäre und wenn die bedauernswerten Wuppertaler nicht bereits früh um halb vier hätten ausrücken müssen, sehr müde und vorbei an den feiernden, ihr Leben in vollen Zügen genießenden Berlinern. Die Hamburger Einsatzleitung bat daraufhin die Berliner Hundertschaften, von ihrer Mitwirkung an der Straßenschlacht abzusehen, allein schon der Promille wegen. Sie wurden zurück nach Babylon geschickt, so heißt Berlin ja in einer erfolgreichen Fernsehserie.

Zu Hause richtete ihnen der daheim gebliebene Teil der Berliner Polizei eine spontane Willkommensparty aus, über deren Verlauf leider nichts durchgesickert ist. Eine der später aus Polizeikreisen vorgebrachten Entschuldigungen lautete, es habe in dem Hamburger Quartier »keine Fernseher« gegeben – als ob die *Tagesthemen* es an Unterhaltungswert mit einer Party dieses Kalibers aufnehmen könnten!

Die Polizisten verwiesen zu Recht auf die Tatsache, dass »niemand verletzt« wurde. Die Dienstpistole der Kollegin war offenbar während ihres spielerischen Einsatzes jederzeit gesichert, so schlecht kann die Ausbildung an der Waffe also nicht gewesen sein. Auf der offiziellen Facebookseite der Berliner Polizei kamen fairerweise auch die Beschuldigten zu Wort: »Ja, wir haben gefeiert! Dabei wurde getrunken, getanzt, gepinkelt und scheinbar auch ›gebumst‹. In unserer Einsatzkleidung stecken Menschen.« Das hofft man. Aber um sich wirklich ganz sicher zu sein, was in der Einsatzkleidung steckt, muss man sie logischerweise ausziehen.

Viel passiert ist den Polizisten nicht, personelle Verluste könnte sich die dünn besetzte Berliner Polizei auch gar nicht leisten. Aber – war das wirklich ein Skandal?

Dieses Wort war in den letzten Jahren einer rapiden Inflation ausgesetzt. Wer »Die Skandale des Oliver Kahn« googelt, erfährt, dass der verdienstvolle Torhüter einmal auffällig früh die Weihnachtsfeier des FC Bayern verlassen hat, angeblich, weil seine kleine Tochter krank war. Später wurde Kahn in einer Disko mit einer Frau gesehen, die weder seine Tochter war noch die ihm angetraute Kindsmutter. Skandale sind solche Ereignisse nicht, höchstens Fehltritte oder unangemessenes Verhalten.

Ein echter Skandal zeichnet sich durch Fallhöhe aus. Jemand missbraucht Macht. Jemand, der in seinem Umfeld Vertrauen und Reputation genießt, erweist sich als skrupellos. Ein echter Skandal war zweifellos das Verhalten des Filmproduzenten Harvey Weinstein. Ein echter Berliner Skandal war es, als zahlreiche Fälle von Kindesmissbrauch ausgerechnet an der renommiertesten Schule der Stadt herauskamen, dem katholischen Canisius-Kolleg.

An solchen echten Skandalen hat Berlin so viel zu bieten, dass eine vollständige Chronik leicht auf 1000 Seiten anschwellen könnte. Man kann sagen, dass dabei die Geschädigten in der Regel die Steuerzahler waren. Der klassische Berliner Skandal hat mit politischen Intrigen zu tun, mit geschmierten Bauprojekten und mit faulen Krediten oder Bürgschaften. Dies ist über viele Jahrzehnte mit einer beinahe gespenstischen Konstanz so geblieben, unabhängig davon, wer gerade regierte. »Filz wird zu Beton«, auf diesen Nenner hat es Werner van Bebber im *Tagesspiegel* gebracht.

Berlin ist groß. Die Welt der Berliner Politik aber ist klein und überschaubar und beruht noch mehr als anderswo auf persönlichen Verbindungen. Berlin ist vielfältig und unüberschaubar. Aber in der Politik gab es über Jahrzehnte immer nur zwei Machtfaktoren, meistens die SPD, manchmal die CDU. Berlin ist knapp bei Kasse, aber es gab immer andere, die auch für absurde Rechnungen geradestanden, im Westteil bis 1990 der Bund, später dann der Finanzausgleich der Länder. Wenn man sich über Berliner Skandale aufregt, sollte man sich klarmachen: Sie kamen immerhin ans Licht. Wahrscheinlich gibt es auch bei den Berliner Skandalen eine Dunkelziffer, aber vieles ist ja doch bekannt geworden. In der DDR und während der Nazizeit stand über Skandale fast nie etwas in der Zeitung, weil alle, die hätten reden können, mindestens mit ihrer Freiheit spielten, oft mit ihrem Leben.

Avalon: So hieß das Mutterschiff von Sigrid Kressmann-Zschach. Die nachgeordneten Firmen wurden von ihr lateinisch durchnummeriert, sie hießen Secunda, Tertia, Quarta. Avalon heißt in den nordischen Mythologien die sagenhafte Insel der Seligen. Ein Ort, an dem niemals etwas schiefgeht. Herrscherin von Avalon war eine schöne Fee, in der Sage heißt sie Morgana, in Berlin wird daraus Sigrid.

Vor ihrem Fall galt Sigrid Kressmann-Zschach als erfolgreichste Bauunternehmerin Europas. Ihre Avalon zog allein im Jahr 1971 ein Auftragsvolumen von 1,8 Milliarden Mark an Land, den größten Teil davon in Berlin. Die Chefin persönlich entwarf dem Geschmack der Zeit entsprechende Scheußlichkeiten wie etwa das Kudamm-Karree. Sie war Architektin und Bauherrin, sie baute und spekulierte auf Gewinn. Beides war ihr in beinahe märchenhaftem Ausmaß möglich, weil sie die Verhältnisse und die Entscheidungsträger in West-Berlin besser kannte und besser zu handhaben wusste als ihre Konkurrenten. »Sie«, schrieb damals der Berliner Korrespondent der *Zeit*, »hatte als Einzige in der Stadt den Überblick«.

Zu den rund 300 Arbeitnehmern ihrer diversen Firmen gehörten zwei Mitglieder des Abgeordnetenhauses sowie der Schwiegersohn des Finanzsenators. Wenn irgendwo ein dickes Ding geplant wurde, sicherte sie sich rechtzeitig die alles entscheidende Parzelle.

Mit den Gesetzen von Angebot und Nachfrage hatte der Bauboom dieser Jahre wenig zu tun. Ob die Häuser gebraucht wurden, wozu auch immer, war eine Frage von nachrangiger Bedeutung. In seinem Bestreben, der Frontstadt West-Berlin Gutes zu tun, hatte der Bund beste Voraussetzungen für ein Sumpfklima geschaffen. Das Zauberwort hieß »Sonderabschreibungsmöglichkeiten«. Es zu erklären, würde lange dauern. Wie bei einem Kettenbrief glaubten jedenfalls alle Beteiligten, auf wundersame Weise schnell reich werden zu können, und wie bei einem Kettenbrief klappte es eine Zeit lang sogar. Erst beim Steglitzer Kreisel war, wie in der Endphase jedes Kettenbriefs, die Angelegenheit eine Nummer zu groß geworden, um noch zu funktionieren.

Dass dieses weder schöne noch originelle Bauwerk jeden Kostenrahmen sprengte und niemals profitabel sein konnte, nicht einmal annähernd, hat auch mit Frau Kressmanns Honorarvorstellungen zu tun: 40 Millionen Mark bewilligte sie sich selbst als Lohn für ihre Architektentätigkeit. Ihr deutlich berühmterer Kollege Scharoun hatte sich für die Staatsbibliothek mit 15 Millionen begnügt. Die Stadt verliert bei diesem Projekt Millionen, 323 sind es angeblich. Ein paar Hundert Leute verlieren ihren Job. 90 Investoren verlieren ihr Geld. Sigrid Kressmann-Zschach verliert vor allem ihren Ruf, einen nicht unbeträchtlichen Teil ihres Vermögens kann sie retten. Ihr Name wird zum Symbol für halbseidene Machenschaften (etwas Strafbares wird ihr nie nachgewiesen). Die Verhältnisse allerdings, die ihren Aufstieg möglich machen, hat sie nicht zu verantworten.

»Mein einziges Handicap: Ich bin eine Frau.« Dieser kokette, ein wenig selbstmitleidige Satz gehörte in den Tagen der Krise zu Kressmann-Zschachs Lieblingsformulierungen. Glaubte sie wirklich, dass ein Mann mit einer Baupleite in der Größenordnung von 300 Millionen durchgekommen wäre? Wer sich durch das umfangreiche Archivmaterial kämpft, das Kressmann-Zschachs Wirken in der Presse hinterlassen hat, der kommt um die Tatsache ihres Frauseins allerdings kaum herum.

Kein Artikel, in dem ihre Weiblichkeit nicht die tragende Rolle spielte. Kein Text, der nicht ihre blaugrünen Augen oder ihren Minirock erwähnte. Sie war »die schöne Sigi«, die »sächsische Blondine«, weil in Leipzig geboren, oder die »Bau-Beauty«. Die Fotos enttäuschten dann eher. Sigrid Kressmann-Zschach war keine atemberaubende Schönheit, hässlich war sie allerdings auch nicht. Sie war aber, in Anbetracht ihres Erfolges, noch jung, Mitte 40, als ihr Imperium zusammenbrach.

Das Baugewerbe ist eine Männerbranche. Und dieser Skandal fand zu einer Zeit statt, in der erfolgreiche Frauen, eine noch seltene Spezies, sich zu tarnen pflegten. Erfolgreiche Frauen versteckten sich in grauen Kostümen und hinter putzigen Rüschenblüschen. Davon hielt Sigi gar nichts. Mit ihrem kleinen Handicap, dem Frausein, ging sie auf eine Weise um, die ihre Zeitgenossen als provozierend empfanden. Einerseits galt sie als tüchtig, selbstbewusst und kompetent, diese Eigenschaften wurden ihr von der Öffentlichkeit durchaus zugestanden. Andererseits spielte sie bei Bedarf das Weibchen, das heißt, sie flirtete, auch in Geschäftsverhandlungen, und bei einem Flirt musste es nicht bleiben. Sie kämpfe »mit den Waffen einer Frau«, diese etwas unklare Formulierung fand sich in nicht wenigen Berichten über Sigrid Kressmann-Zschach. Die Waffen einer Frau, das klingt fast so, als ob keiner sich wehren könnte. Gewalt hat sie nie angewendet und, so weit bekannt, auch keinen Druck.

Sie war 21, als sie nach Berlin kommt, und besaß schon ein Architekturdiplom aus der DDR. Ihre erste Ehe hielt nicht lange. Von einer mies bezahlten Stelle als Zeichnerin führte ihr Weg schnell ins eigene Architekturbüro. Sie spezialisierte sich auf Altbaufassaden. Es war die Zeit, in der überall der als unmodern oder, heutige Sprache, uncool empfundene Stuck von den Häusern weggeputzt wurde. Ihr zweiter Ehemann, Willy Kressmann, genannt »Texas-Willy«, 23 Jahre älter als sie und Besitzer Ehrfurcht gebietender Theo-Waigel-Augenbrauen, übte für die SPD das Amt eines Kreuzberger Bezirksbürger-meisters aus. Auch diese Ehe hatte eine kurze Verfallszeit: zwei Jahre.

»Männer, Geld und Häuser kann man nie genug haben«, diesen Spruch verwendete sie oft, ein Macho-Spruch, ins Weib-liche gewendet. Immer trat sie forsch auf, nicht etwa dezent. Sie gab sich amerikanisch, fast schon wie eine – männliche – Figur aus der Fernsehserie *Dallas*. Jede Menge Liebhaber, ein Chauffeur, ein Haus am Lago Maggiore, Nachbar war der be-rühmte Autor Erich Maria Remarque. 8500 Quadratmeter Park mit ständig kreischenden Pfauen rund um ihre Villa am Ha-lensee. 25 Negligés, 65 Handtaschen. Solche Details steckte sie den Zeitungen und Illustrierten, die sie dann auch in der Nähe morgenländischer Monarchinnen wie Farah Diba und Soraya einsortierten. Wer etwas galt in West-Berlin, muss mindestens einmal in ihrem Pool geschwommen haben.

Auch das männliche Verhaltensmuster, sich als Erfolgsprä-mie eine junge Geliebte zu gönnen, wurde von Sigrid mit pro-vozierender Offenheit kopiert. Der wirklich recht junge Mann, den sie später zu ihrem dritten Ehemann macht, wurde in der Presse hartnäckig »der Sizilianer« genannt, obwohl es sich um einen in Köln gebürtigen Kunstmaler handelte, allerdings italienischer Abstammung.

Dieses Herzeigen und Protzen passte nicht gut nach West-Berlin, wo nach der Vertreibung der jüdischen und dem weitgehenden Rückzug der nichtjüdischen Bourgeoisie die kleinen Leute den Ton angaben. Der Grimm, den ihr Lebenswandel auslöste, konnte sich nicht einmal Luft machen, denn sie arbeitete ja hart, das konnte niemand bestreiten. Ihr Fall wurde vom Publikum also mit allgemeiner Erleichterung aufgenommen und der üblichen Schadenfreude.

Nach der Kreisel-Pleite geschah auch politisch das Übliche, vom Abgeordnetenhaus wurde ein Untersuchungsausschuss einberufen. Das gleiche politische Milieu, das jahrelang dem künstlichen Bauboom mindestens zugeschaut hatte, wenn es nicht sogar von ihm profitierte, sollte nun einen Schlamassel aufklären, an dem es selbst unmöglich unschuldig sein konnte. Was Kressmann-Zschach anging, herrschte stadtweit ein Klima der Feindseligkeit. Auf das Haus am Halensee wurde ein Brandanschlag verübt. Ihre Auftritte vor dem Untersuchungsausschuss müssen allerdings Meisterstücke gewesen sein. Sie wählte dafür einen dezenten braunen Seidenjersey, blass war sie, die Hände zitterten leicht. Chronisten zählten durchschnittlich neun Zigaretten pro Stunde. Sie gab sich charmant und konziliant, wo die Sachlage es gestattete, konnte sich aber immer dann nicht erinnern, wenn Erinnerung von Schaden gewesen wäre. Meist war sie die einzige Frau im Saal. Die Vernehmungen dauerten bis zu sechs Stunden.

Dr. Klaus Arlt, SPD, 52 Jahre alt, verheiratet, Berliner Oberfinanzpräsident und somit höchster Steuerbeamter der Stadt, verhalf dem Ausschuss zum populären Höhepunkt seiner Tätigkeit, wieder ganz im Stil von *Dallas*. Im für die Affäre entscheidenden

Jahr 1969 war Arlt Senatsdirektor in der Finanzbehörde und rechte Hand des Finanzsenators. Die Verhandlungen zwischen der Avalon und der Stadt über das Kreisel-Projekt wurden von Arlt geführt. Mit Sigrid Kressmann-Zschach verbrachte der Beamte zu dieser Zeit innerhalb weniger Wochen zwei Kurzurlaube, den ersten in einer gemeinsamen Suite des vornehmen Wiener Hotels Sacher, den zweiten in einem Doppelzimmer des weniger vornehmen Gasthofs Tanne im Harz. Die Rechnungen zahlte Frau Kressmann.

In seiner ersten Vernehmung belog Arlt den Ausschuss in dieser Sache, was man in Anbetracht seiner Situation verstehen konnte, was aber in Anbetracht der Beweislage eine äußerst unkluge Taktik darstellte. Das alles wäre zumindest eine Spur weniger peinlich gewesen, wenn Arlt nicht kurz vor diesem Auftritt in einem Interview gesagt hätte: »Mein oberstes Gebot ist Ehrlichkeit.«

Von nun an mussten sich im Untersuchungsausschuss alle Zeugen, sofern männlich, recht direkte Fragen nach der Art ihrer Beziehung zu Sigrid Kressmann-Zschach gefallen lassen. Sigrid galt jetzt endgültig als skrupelloser Vamp, der von den Waffen einer Frau einen für brave Beamte hochgefährlichen Gebrauch macht. Sie selber schwieg vornehm, was Arlt angeht. Es darf angenommen werden, dass ihr der keineswegs unansehnliche Dr. Arlt ganz einfach gefallen hat – Männer, Geld und Häuser kann man nie genug haben. Dass er ihr zudem nützlich sein konnte: umso besser. Lief denn nicht fast alles in West-Berlin nach diesem Prinzip? Die richtigen Leute kennen, einander nützlich sein?

Eine Frau hat Karriere gemacht. Mit Sex! Da können die Männer nicht mit, aber so etwas rächt sich. Am 13. Dezember 1973 meldete *Bild* den »Sturz einer Karriere-Frau«, die »Frau vom Bau ist vom Gerüst gestürzt«. Warum? Ein Projekt ist ihr »über den blond gelockten Kopf gewachsen«. Folglich hatte sie

»eins auf den Hut bekommen«. Unter einem Foto stand: »Die Waffen dieser Frau sind stumpf geworden.«

Diese atavistischen Ängste vor den immerhin seit Jahrtausenden legalen Waffen der frechen Sigrid machen sie uns heute ein bisschen sympathisch. Geblieben ist der Hang der Berliner zu großen Häusern und großen Sprüchen. Wenn Sigrid Kressmann-Zschach nicht 1990 gestorben wäre, mit erst 61 Jahren, dann hätte sie bestimmt versucht, am Potsdamer Platz mitzumischen oder, warum nicht, am Flughafen BER. Es wäre das perfekte Comeback gewesen.

Etwa zehn Jahre waren seit Kressmanns Fall vergangen, als der weniger glamouröse, aber für die politisch Handelnden noch etwas unangenehmere Skandal um Dietrich Garski die Stadt erbeben lässt. Garski war, wie Kressmann-Zschach, in Personalunion Architekt und Bauunternehmer. Auch er verfügte über ein schwer durchschaubares Firmenimperium, allerdings mit nur 200 Beschäftigten. Die Zeiten hatten sich geändert. Saudi-Arabien war, wie man heute gern sagt, ein neuer Hotspot für die Baubranche. Für Projekte bei den Saudis, unter anderem angeblich eine Militärakademie in Riad, gelang es Garski, eine Bürgschaft des Landes Berlin zu ergattern. Berlin garantierte für 112 Millionen in mehreren Tranchen. Um Garskis Kreditwürdigkeit stand es allerdings nicht zum Besten, außerdem lief gegen ihn ein Verfahren wegen Steuerhinterziehung. Für Garski sprach seine Mitgliedschaft in der FDP, die damals mitregierte. Nicht nur zur FDP, auch zu den Saudis galt, ein paar Jahre nach der Ölkrise, ein gutes Verhältnis als politisch wünschenswert. Ein großer Teil der Kreditsumme, die Rede ist von 60 Millionen, soll denn auch als Schmiergeld an saudische Entscheider geflossen sein, »im Wüstensand versickert«, so formulierte es der *Spiegel*.

Die Garskihilfe ist eine echte Chefsache gewesen. An dem entscheidenden Gespräch nahmen nicht nur der Finanzsenator Klaus Riebschläger (SPD) teil und Wirtschaftssenator Wolfgang

Lüder (FDP), sondern auch der Regierende Bürgermeister Dietrich Stobbe (SPD) in Person. Wenig später war Garski pleite, man schrieb 1980. Berlin musste bürgen, das ist schließlich der Sinn einer Bürgschaft. Der Schaden betrug mindestens 93 Millionen Mark. Stobbe warnte vor »Skandalisierung«, diese Warnung stieß in der Bevölkerung auf taube Ohren. Wieder wurde der übliche Untersuchungsausschuss einberufen.

Der Eifer dieses Ausschusses wurde dadurch gebremst, dass die Entscheidung für die Garski-Bürgschaft im zuständigen Parlamentsgremium einstimmig gefallen war, auch die CDU stimmte dafür. Die CDU konzentrierte sich trotzdem darauf, alle Schuld am misslichen Verlauf der Dinge bei SPD und FDP zu suchen, während die SPD im Untersuchungsausschuss immer wieder die Schuld der Banken hervorhob. Finanzsenator Riebschläger ist am Ende trotzdem zurückgetreten – freiwillig! – und musste, als Abfindung und zur Strafe, den schlechter bezahlten Posten eines SPD-Fraktionsvorsitzenden übernehmen.

Stobbe blieb.

Er wollte die Affäre zu einer Kabinettsumbildung nutzen. Bei der Abstimmung im Parlament fielen allerdings sämtliche neuen Senatoren bis auf einen durch. Ein Teil der Regierungskoalition meuterte. Da war es auch um Stobbe geschehen. Leider fiel den Affärenwirren auch Bausenator Harry Ristock zum Opfer, als Stimmungskanone und SPD-Urgestein so etwas wie der Heinz Buschkowsky dieser Ära.

Über Sigrid Kressmann-Zschach dachte man nach der Garski-Affäre in der Stadt wieder etwas positiver. Der Steglitzer Kreisel wurde jedenfalls fertig gebaut, während Garski vor allem Luftschlösser errichtet hatte. Außerdem hatte sie sich gestellt und einem feindseligen Ausschuss mutig ins Auge geblickt. Dietrich Garski aber ist spurlos verschwunden.

Erst 1983 wurde er auf der Karibikinsel St. Martin entdeckt. Er kehrte nach dieser Erholungspause freiwillig nach

Deutschland zurück, obwohl er zahlreiche gefälschte Pässe besaß, es also nicht nötig hatte. Dort wurde er, umfassend geständig, wegen Untreue und Kreditbetrugs zu drei Jahren und elf Monaten Haft verurteilt. Schon nach einem Jahr war er Freigänger, ein paar Monate später wurde er entlassen und startete nach einer gewissen Pause eine zweite Karriere in der Immobilienbranche der Postwendezeit. Offiziell war er jetzt aber nur Berater. Die Firmen gehörten diesmal seiner Ehefrau. Vielleicht, weil sein Name in Berlin ungute Erinnerungen weckte, vielleicht aber auch aus echter Zuneigung zu seiner Geburtsstadt, womöglich aber auch angelockt vom Zauberwort »Aufbau Ost«, konzentrierte sich Garski jetzt auf Potsdam. Dort tat er sich bei der Sanierung des Holländischen Viertels hervor und soll, vor dem wohlverdienten Ruhestand, überhaupt recht einflussreich gewesen sein.

Nach Stobbe wurde der ehrenwerte Hans-Jochen Vogel für kurze Zeit Bürgermeister, aber er konnte die SPD bei den Wahlen nicht retten. Die CDU kam ans Ruder, die FDP blieb am Ruder, die ebenfalls kurze Amtszeit des ebenfalls ehrenwerten Richard von Weizsäcker begann. Beide waren Importe, keine Berliner Gewächse. Als Weizsäcker von seiner Partei zu Höherem berufen wurde, übernahm wieder die Berliner Truppe das Ruder, und mit ihr dräute der nächste Bauskandal. Diesmal ging es nicht so langweilig zu wie bei Garski, nun kam auch wieder Erotik ins Spiel und sehr viel Halbwelt. Wer hätte gedacht, dass erst die CDU regieren musste, damit ein Bordellbesitzer namens Otto Schwanz zur stadtbekannten Figur mit politischer Aura wurde?

Schwanz, gelernter Fliesenleger, hatte seine politische Heimat in der Wilmersdorfer CDU. Er besaß ein DDR-Dauervisum und stand in Geschäftsbeziehungen mit dem DDR-Devisenbeschaffer Alexander Schalck-Golodkowski, dabei drehte es sich um Spirituosenhandel im beiderseitigen Interesse. Einige

Zeit arbeitete Schwanz als Leibwächter für Hans Helmcke, der eine zweifellos ebenfalls interessante Figur der West-Berliner Geschichte ist, man nannte ihn »The King of Puff«.

Von einer mutmaßlich erschlichenen Erbschaft hatte sich Helmcke die Pension Clausewitz in Kudamm-Nähe gekauft, die ein gut frequentiertes Bordell für Berliner Prominente war, angeblich auch für Politiker. In der Presse wurden Namen wie Heinrich Albertz (SPD) und Erich Mende (FDP) genannt. Die Stasi, zu der Helmcke über seinen Freund Schalck-Golodkowski ja auch Connections hatte, soll die Pension Clausewitz ebenfalls genutzt haben, aber zu Spionagezwecken. In einem Verfahren ließen sich diese Vorwürfe nicht belegen, aber für eine Verurteilung Helmckes wegen landesverräterischer Beziehungen reichte es immerhin und auch zu einem Spielfilm über die Pension Clausewitz. Heute arbeitet dort ein Orthopäde.

Helmcke saß nur drei Monate, danach diversifizierte er seine Geschäfte. Er kontrollierte zwar weiter das Rotlichtmilieu, aber stieg auch in den Drogenhandel ein, ins Glücksspiel und in die Immobilienbranche. Es war unvermeidlich, dass er Sigrid Kressmann-Zschach kennenlernte. Männer kann man nie genug haben, aber Hans Helmcke war kein guter Griff.

In das Steglitzer Kreisel-Projekt investierte er drei Millionen. Als sich die Pleite abzeichnete, wurde er sehr wütend und setzte auf Sigi einen Killer an, obwohl ihr Tod ihm finanziell wohl nichts gebracht hätte. Es war Ehrensache. Zu etwa der gleichen Zeit machten iranische Zuhälter Helmcke seinen Rang als King of Puff streitig, überhaupt, die Konkurrenz nahm zu. Auch hier wählte Helmcke die resolute Lösung. Er schickte seine kleine Armee zu den Iranern, angeführt von einem Feldherrn namens Klaus Speer, die vier Iraner niedermähte. Dass drei von ihnen überlebten, war nicht der Plan. Die Bleibtreustraße, wo dieses Scharmützel 1972 stattgefunden hatte, trug daraufhin im Volksmund jahrelang den Spitznamen »Blei-streustraße«. Aber das half sowieso alles nichts, denn wenige Jahre später wurde Hans Helmcke, im Auftrag eines anderen Konkurrenten, mit seiner eigenen Krawatte erdrosselt. The King had left the building. Der Mordauftrag gegen Sigi kam nie zur Ausführung.

Das also war die harte Schule, in die Helmckes ehemaliger Leibwächter Otto Schwanz gegangen war. Und in die Schule der Wilmersdorfer CDU natürlich.

Der Diplompolitologe Wolfgang Antes hätte es in Berlin weit bringen können, womöglich bis zum Regierenden Bürger-meister. Er saß eine Weile im Abgeordnetenhaus, 1981 wurde er Baustadtrat in Charlottenburg, ein aus Gründen, die wohl nicht näher geschildert werden müssen, in Berlin traditionell begehrtes Amt. Vor allem aber war Antes Vorsitzender des wichtigen CDU-Kreisverbands Charlottenburg. So einer gehört automatisch zur Führungsreserve der Partei. Dann taucht eine anonyme Anschuldigung auf.

Jemand behauptete in einem Brief, der in der Charlotten-burger CDU kursierte, dass Antes bei der Pachtvergabe eines Lokals 50 000 Mark Schmiergeld kassiert habe, und zwar aus den Händen eines Zuhälters namens Otto Schwanz. Bei dem Lokal handelte es sich um das »Café Europa«, sehr günstig gelegen zwischen Gedächtniskirche und Europacenter. Antes erstattete Strafanzeige und erklärte, er kenne keinen Schwanz. Nach und nach tauchten Dokumente auf, die ihn belasteten, sogar eine eidesstattliche Versicherung. Aus Gründen, die bis heute nicht ganz klar sind, schien der aufsteigende Polit-Stern Antes sich bei mindestens einem Geschäftspartner unbeliebt gemacht zu haben. Als er im November 1985 festgenommen wurde, lag nicht etwa ein Haftbefehl vor, sondern deren drei.

Antes sprach von einer »Kampagne«, an seine Frau schrieb er aus der Haft, er sei Opfer »des größten Justizskandals der

Nachkriegszeit«. Im April 1986 begann der Prozess. Antes strotzte vor Optimismus und zeigte im Gerichtssaal das Victory-zeichen, zwei erhobene Finger, wie einst Winston Churchill. Er war gut vernetzt, was sollte passieren? Der Prozess nahm allerdings einen nicht nur für ihn sehr unschönen Verlauf.

Eine Berliner Immobiliengröße nach der anderen gestand, Antes bestochen zu haben, insgesamt kamen 600 000 Mark Bestechungssumme zusammen. Wo das Geld geblieben war, schien zunächst auch ziemlich klar. Antes hatte eine schöne alte Mühle gekauft, ausgebaut und aufwendig restauriert, Kosten: 760 000 Mark. Berliner Stadträte müssen nicht hungern, aber so viel verdienen sie auch wieder nicht. Antes gestand, zumindest das, was sich beinhart beweisen ließ. Auch die 50 000, die Otto Schwanz ihm gezahlt hatte, gestand er. Immerhin gab es einen Zeugen, der ihn und den Geldkoffer gefahren hatte. Antes wurde selbstverständlich verurteilt, fünf Jahre Haft, aus gesundheitlichen Gründen bekam er allerdings sofort Haftver-schonung. Den Gerichtssaal verließ er als freier Mann, heute ist er Mitte 70. Die Mühle, zwischenzeitlich beschlagnahmt, durfte er behalten, in der Zwischenzeit hatte ihr Wert sich ver-doppelt.

Zu seiner Verteidigung erklärte Antes unter anderem, er habe das Schmiergeld »für Parteiarbeit« verwendet. Ab diesem Punkt wurde die Sache recht unangenehm für die Berliner CDU. Da war nämlich nicht nur die Mühle. Antes hatte Beträge für angebliche CDU-Mitglieder bezahlt, die nur noch Kartei-leichen waren, und auf diese Weise die Mitgliederzahl seines Kreisverbands künstlich aufgebläht – auf Englisch: gepimpt. Das brachte Delegiertenstimmen auf Parteitagen und festigte seine Macht. Die Affäre gewann weiter an Fahrt, als ein Berli-ner Makler in seiner Tiefgarage niedergeschossen wurde und sofort einen seiner Geschäftsfreunde beschuldigte, in diesem Fall wohl einen ehemaligen Freund.

Bei den Ermittlungen kam nicht nur ein an Klarheit kaum zu überbietender Brief an Antes ans Licht (»Wie du weißt, habe ich Dir 200 000 Mark bezahlt. Besorge mir den versprochenen Erbbaurechtsvertrag sowie die Baugenehmigung, sonst werde ich ungemütlich«). Es fanden sich auch immer mehr Hinweise auf ein weitverzweigtes System der Korruption, bei dem Antes nur der mutmaßlich ungeschickteste Teilnehmer war, weil er sich irgendwie einen Feind gemacht hatte, der ihn hochgehen ließ. Bald gab es zahlreiche Beschuldigte, die in einem Artikel der Zeit nach Berufsgruppen und Tätigkeiten aufgegliedert wurden. Es waren deren im Wesentlichen sechs: Bezirksbürgermeister, Baustadträte, Bauunternehmer, Architekten, Steuerberater und Bordellbesitzer, die weibliche Form oder das Gendersternchen wären hier unangebracht. Der Zeit-Autor Michael Sontheimer nannte dies »einen Querschnitt durch die betuchte Gesellschaft der Stadt«, leicht übertrieben, immerhin tauchten weder Kirchenfürsten noch Künstler in der Liste auf.

An Versuchen, den Schaden zu begrenzen, fehlte es nicht. Ein Redakteur des SFB-Fernsehens, dem vom Senatssprecher »Rufmord« vorgeworfen wurde, durfte daraufhin nicht mehr über den Fall Antes berichten. Trotzdem regnete es politische Rücktritte. Drei Senatoren waren nicht mehr zu halten, darunter der Innensenator Heinrich Lummer. Ihm wurde vorgeworfen, er habe einem Autohändler zum billigen Erwerb von 2000 landeseigenen Wohnungen verhelfen wollen, wissend, dass seinem Parteifreund Antes für das Einfädeln dieses Deals fünf Millionen als Schmiergeld versprochen waren. Immerhin gab es einen Zeugen.

Überhaupt watete Lummer geradezu in Skandalen, unter anderem soll er als Innensenator dem Nachrichtendienst BND als Informant gedient haben, was er nicht durfte. Rechtsradikalen habe er Geld für das Überkleben von SPD-Wahlplakaten gezahlt.

Typisch für Berliner Skandale ist das Phänomen der weichen Landung. Wer über Affären stolpert, darf auf einen neuen Posten oder sogar Beförderung hoffen. Lummer zum Beispiel wurde mit einem Bundestagsmandat für den während der Affäre erlittenen Stress entschädigt. In der CDU stieg er nach seinem Rücktritt als Innensenator zum stellvertretenden Landesvorsitzenden auf. Bald darauf wurde er Präsident des Institutes für Demokratieforschung in Würzburg, ein Amt, für das wohl kaum jemand so qualifiziert war wie er.

Beinahe täglich entdeckten die Ermittler neue Straftaten. Der Chef der eigens gebildeten »Soko Lietze« sagte: »Wir sind auf so ziemlich alles gestoßen, was das Strafgesetzbuch hergibt, außer Vorbereitung eines Angriffskriegs.«

Von den Parteien war naturgemäß vor allem die CDU betroffen, sie regierte ja gerade. Den Wahlkampf, der sie zur Regierungspartei werden ließ, hatte sie unter anderem mit heftiger Kritik am »SPD-Filz« bestritten. Nun kam heraus, dass Hunderttausende Mark an nicht deklarierten, also schwarzen Parteispenden aus Unternehmerkreisen an die Anti-Filz-Partei CDU geflossen waren, der Himmel mochte wissen, welche Motive diese Spender hatten. In geringerem Umfang waren auch SPD und FDP in den Genuss des warmen Regens gekommen. Wieder trafen sich sämtliche Böcke im Untersuchungsausschuss und betrieben gemeinsam Gartenpflege.

Der Bauunternehmer Kurt Franke führte seine Zahlungen in einer Kladde penibel auf, als Zahlungsgrund notierte er zum Beispiel »eine Art Dankeschön«. Am Ende eines privaten Beisammenseins, Anlass war die Besichtigung seiner schönen neuen Bleibe in der Meinekestraße, steckte Franke dem Umweltsenator, der sich bereits im Mantel befand, einen Umschlag zu mit den Worten: »Schauen Sie zu Hause rein.« Der Umschlag enthielt 10 000 Mark. Sogar der Regierende Bürgermeister Eberhard Diepgen hatte mindestens 75 000 Mark an sogenannten Spenden entgegengenommen. Im Verfahren erklärte er, das Geld sofort für über jeden Zweifel erhabene Zwecke verwendet zu haben, eine Tranche leitete er zum Beispiel an den »Förderverein Junge Politik« der CDU weiter. Bei einer anderen Spende plagten ihn Erinnerungslücken und er verwies auf einen Zeugen, der leider bereits verstorben war.

Otto Schwanz prahlte damit, dass Diepgen sein Duzfreund gewesen sei, aber wer war schon Otto Schwanz? Schwanz erzählte ja auch die irre Geschichte, dass er Zugang zum Polizeicomputer gehabt habe und immer rechtzeitig vor Razzien gewarnt worden sei. Seine Mädchen wechselten dann das Lokal. Gefälschte Geburtsurkunden und Ausweise für die Mädchen, vor allem wohl die ganz jungen, habe er sich über seine DDR-Connection beschafft. Auch Schwanz besaß ein kleines Imperium, bestehend aus Bars wie »Blauer Engel« und »Troika«. Als ein CDU-Parteifreund durch den Besitz von 25 Kilo Haschisch in Moabit sozial auffällig wurde und vorübergehend den Wohnsitz ändern musste, übernahm dessen Bars »Thai me and you« sowie »Mireille Club« natürlich Otto Schwanz. Man kannte sich ja.

In der *Zeit* hieß es, ein wenig grob, das Wort »Filz« sei für die Berliner Politik ebenso unpassend wie »Sumpf«, besser passe »kriminelle Vereinigung«. Der *Spiegel* recherchierte, dass es bei den Ermittlungsverfahren einen unerklärlichen Zusammenhang zwischen dem Rang der Beschuldigten gab und der Bereitschaft der Berliner Staatsanwaltschaft, das Verfahren einzustellen. Je mächtiger der Beschuldigte, desto größer die statistische Wahrscheinlichkeit einer Verfahrenseinstellung.

Auch gegen Diepgen wurden die Ermittlungen eingestellt. Die nächsten Wahlen aber verlor er, 1989, nur Monate vorm Mauerfall. Als einziges wirklich unüberwindliches Hindernis beim Übergang vom Skandal zum »Weiter so« stellen sich in der Berliner Skandalgeschichte immer wieder die Wähler heraus, zum Glück sind sie wenigstens vergesslich.

In Person von Walter Momper war jetzt also mal wieder die SPD an der Reihe, dazu erstmals die Grünen, aber nur kurz, bis Januar 1991. Diepgen und der CDU gelang ein Comeback, die SPD war diesmal Juniorpartner. Eine Weile lang ging alles gut, fast dachte man, es habe sich etwas geändert. 2001 aber lernte die Stadt das Wort »Bankenskandal«. Alle bekannten Ingredienzien waren wieder da. Es fühlte sich an, als wäre man in einer Zeitmaschine gelandet.

Am Anfang stand die Gründung einer Bank, der Berliner Bankgesellschaft. Dazu taten sich die landeseigene Landesbank und zwei private Geldinstitute in einer Holding zusammen. Das Berliner Landesarbeitsgericht nannte dieses Konstrukt später »rechtswidrig«. Dies blieb folgenlos. Architekt des Konstrukts war die graue Eminenz der Berliner CDU und ein alter Freund von Eberhard Diepgen, Klaus-Rüdiger Landowsky, Vorstandschef einer der beteiligten Privatbanken, die somit, so könnte man böswillig und zugespitzt sagen, in eine sehr lukrative Staatsnähe gerieten.

Die Bankgesellschaft widmete sich, was sonst, Immobiliengeschäften. Sie verliefen, zusammengefasst, glücklos, was mit Scheingeschäften und Tricks der verschiedensten Art verschleiert wurde. Bei der Verschleierung der Verluste zeigte sich ein Netzwerk, das einem aus den Zeiten des Wolfgang Antes bekannt vorkommt. Wie bei Dietrich Garski spielte die Karibik eine Rolle, in diesem Fall eine Scheinfirma auf den Cayman-Inseln. Wie bei Garski wurden Kredite vergeben, für die es keine Sicherheiten gab. Wie bei Kressmann-Zschach spielte eine Firma mit »A« eine Rolle, diesmal hieß sie nicht Avalon, sondern Aubis.

Im Gegensatz zur Avalon war die Aubis nie wirklich flüssig. Trotzdem flossen ihr 600 Millionen an Krediten zu, Zweck: die Sanierung von Plattenbauten, in denen aber kaum jemand wohnen wollte. Wieder wurde Geld übergeben, in diesem Fall zwei Mal 20 000 Mark von Aubis-Managern an Klaus-Rüdiger Landowsky »zum Zwecke der politischen Arbeit«, etwa zeitgleich mit der Kreditvergabe. Einen Zusammenhang bestritten alle Beteiligten. Und, ach ja, am Ende gab es wieder einen Untersuchungsausschuss. Wieder kam die Symbolfigur des Desasters ganz gut aus der Sache heraus, nämlich Landowsky. Zunächst wurde er zu einem Jahr und vier Monaten Haft verurteilt, in letzter Instanz aber freigesprochen, die Kosten trug die Staatskasse. Das Rotlichtmilieu spielte diesmal keine erkennbare Rolle. Insofern hatte die Berliner CDU also tatsächlich etwas dazugelernt.

Speziell an diesem Skandal waren Immobilienfonds mit hohen Mietzinsgarantien, garniert mit Rückzahlungsgarantien für alle Käufer, ein finanzielles Himmelfahrtskommando für die Bank. Dazu kamen Villen, die Bankmanager zu Spottpreisen bewohnen durften und, als Krönung, besondere, noch lukrativere Fonds für Parteifreunde aus CDU und SPD sowie gute Bekannte. Speziell war auch der plötzliche Tod des EDV-Chefs der Aubis, der dem Untersuchungsausschuss belastendes Material geliefert hatte, man ging von Selbstmord aus. Nicht speziell war es wiederum, dass Berlin, das heißt die Steuerzahler, für den Schlamassel bürgen sollte.

Ob Landowskys Konstrukt Berlin wirklich mehrere Milliarden gekostet hat, in diesem Fall Euro, oder ob nach dem erfolgreichen Verkauf der Bankgesellschaft durch den Finanzsenator Thilo Sarrazin eine »schwarze Null« steht, wie es der Berliner Senat und Landowsky behaupten, ist schwer zu beurteilen. Man müsste Vertrauen in Berliner Zahlenwerke aufbringen, um Letzteres zu glauben. Das aber wird im Lauf der Jahre immer schwieriger.

Die finanziellen Probleme Berlins in den folgenden Jahren, der harte Sparkurs, die ausgedünnte Verwaltung, die Vernachlässigung öffentlicher Aufgaben, all dies lässt sich jedenfalls nur verstehen, wenn man weiß, dass Berlin nach 2001 mit Skandalfolgen von mehreren Milliarden kalkulieren musste. 2002 bezifferte sie ein Gutachten auf 35, Optimisten später auf deren vier, andere auf sieben. Der neue Flughafen sollte ja, laut erster Planung, nur eine läppische Milliarde kosten. Das heißt, die Kosten des Bankgesellschafts-Crashs schienen zunächst einem Tauschwert von vier bis 35 BER-Flughäfen zu entsprechen (bis sie wie durch ein Wunder verschwunden schienen). Gegen die Übernahme dieser Bankschulden durch die Öffentlichkeit wurde übrigens ein Volksbegehren angestrengt. Der Senat erklärte es für unzulässig.

Eberhard Diepgen wurde 2001 durch ein Misstrauensvotum gestürzt und kann bis heute den Rekord für sich beanspruchen, als einziger Regierender Bürgermeister von Berlin gleich zweimal an Filz und Vetternwirtschaft gescheitert zu sein. Besser gesagt, an einer Kombination aus ehrgeizigen Bauprojekten, Dilettantismus und relativ schamloser Plünderung öffentlicher Kassen. Diese Kassen wurden durch Steuerzahler stetig nachgefüllt, mit der gleichen fatalistischen Geduld, mit der einst der Bund seine Frontstadt West-Berlin über Wasser gehalten hat.

Nun kam also die SPD wieder an die Reihe, in Person von Klaus Wowereit, verpartnert mit den Grünen. Bei den vorgezogenen Neuwahlen kamen die Sozis 2001 auf heute fast unwirklich klingende 30 Prozent. Die CDU hatte sich so gründlich unmöglich gemacht, dass sie satte 17 Prozent verlor und bei 24 landete. 24 ist zufällig auch der Name einer Fernsehserie, in der, laut einer Inhaltsangabe, die »handelnden Figuren wiederholt mit moralischen Dilemmata konfrontiert werden«, das passt auch auf die Berliner CDU.

Natürlich spielte auch Wowereits Charisma beim Wahlsieg eine Rolle. SPD-Landesvorsitzender war Peter Strieder, der sein aus den Diepgen-Jahren gewohntes Amt als Senator für Stadt-entwicklung behielt. Während der Bankenaffäre war Strieder durch einen scharfen Ton gegen den Koalitionspartner CDU aufgefallen, er sprach von »Spenden- und Skandalsumpf« und nahm Worte wie »korrupt« und »verkommen« in den Mund. Die SPD sei »entschlossen, dafür zu sorgen, dass Berlin zur politischen Moral zurückkehrt«. So ähnlich hatte die CDU nach dem letzten SPD-Skandal über die SPD geredet. Im Koalitions-vertrag von SPD und Grünen stand jedenfalls, wie gewohnt, eine Kampfansage an »alle Formen der Vetternwirtschaft«.

Dieses Vorhaben war gewiss edel. Es gelang aber wieder einmal nicht so recht.

Immerhin änderte sich insofern etwas, als die alten Vettern zumindest teilweise durch neue Vettern ersetzt wurden. Mit der sensibler und moderner gewordenen SPD gelangte eine Klientel in die Nähe der staatlichen Geldreserven, die von der CDU vernachlässigt worden war. Bordellbesitzer zum Beispiel waren als Zuwendungsempfänger out und mussten sich in Berlin auf ihre Kernkompetenzen zurückziehen. Stattdessen wurden die Skandale weiblicher und bunter. Für die Bauunter-nehmen sah es allerdings immer noch gut aus.

Die neue Klientel wurde perfekt von Irene Moessinger ver-körpert, einer ehemaligen Krankenschwester und Hausbesetze-rin, die sich mithilfe einer Erbschaft ihren Lebenstraum erfüllt hatte und am Rande des Tiergartens ein Theaterzelt aufschlug, das Tempodrom, Herzensanliegen für alle, die sich in Berlin der Alternativkultur nahe fühlten. Als das neue Kanzleramt gebaut wurde, musste das alte Tempodrom weichen. Es bekam einen neuen Standort am Anhalter Bahnhof und eine Umzugshilfe von drei Millionen Euro, vermutlich nicht übertrieben und der Bedeutung des beliebten Spielortes angemessen. Moessinger, eine sympathische Person, wollte aber die Gunst der Stunde nutzen und etwas Großes, eine kühne Architektur in Zeltform.

Daran war gewiss nichts Falsches. Für die Geldbeschaffung wurden aber die altvertrauten Rezepte angewendet. Steuergeld floss, ohne dass die gewählten Vertreter der Bevölkerung, die Abgeordneten, dabei etwas mitzureden gehabt hätten. Die Projektsteuerung übernahm der ehemalige Bauunternehmer Roland Specker, der mit dem Urberliner Satz »Ich kenne die Bankvorstände« für sich warb. Peter Strieder, der im Aufsichtsgremium einer landeseigenen Bank saß, der Investitionsbank Berlin, sorgte dafür, dass wieder freundschaftlich Kredite flossen, wieder gab es zur Absicherung eine Bürgschaft des Landes Berlin. Als das Geld nicht reichte, wurde nachgeschossen, wobei die landeseigene Bank die verdeckte staatliche Subvention als Sponsoringvertrag tarnte. Die Gegenleistung bestand unter anderem aus Freikarten für die Bank. Als neues Geld nötig wurde, erhöhte das Tempodrom sein Freikartenkontingent. Sich selbst genehmigte Irene Moessinger ein Monatsgehalt von 8 000 Euro, manche sahen diese Höhe kritisch, in Anbetracht der kritischen Finanzlage ihres Projekts.

Roland Specker dagegen sponsorte der Berliner SPD zeitnah das Büffet für eine Wahlparty. Beide Beteiligten bestritten jeglichen Zusammenhang, es gibt im Leben so viele Zufälle. Der damalige SPD-Kassenwart wurde übrigens wegen Untreue zu zwei Jahren Haft auf Bewährung verurteilt.

Bei einer Durchsuchungsaktion im Tempodrom waren dann gleich vier Staatsanwälte tätig. Die Berliner Staatsanwaltschaft sah, irgendwie naheliegend, einen Verstoß gegen die Landesverfassung, gegen die Haushaltsordnung, Verdacht auf Untreue, korruptive Verflechtung, was halt so anliegt bei einem Bauskandal. Diesmal wurde, gut für Berlin, auch mal die EU angezapft, deren fünf Millionen stammten überraschenderweise aus einem Topf, der für Umweltschutz gedacht war. Positiv an dieser Affäre ist weiterhin, dass die Zahl der verschwundenen Millionen deutlich niedriger war als die Seitenzahl des

Abschlussberichtes, den der unvermeidliche Untersuchungsausschuss vorlegte, die Seitenzahl betrug 420.

An fast genau der Stelle, wo sich einst das alte Tempodrom-Zelt befand, dessen Umzug wegen des neuen Kanzleramts angeblich alternativlos war, befindet sich heute ein anderes Zelttheater, das Tipi. Das neue Tempodrom gehört heute längst einer Bremer Unternehmensgruppe, dort sind alternativkulturelle Leckerbissen wie das Ballett *Der Nussknacker* oder das Musical *Das Phantom der Oper* zu sehen. Einen, wenn auch leichten, anarchistischen Touch bringen Altrocker wie Uriah Heep ins Programm. Irene Moessinger musste vor Gericht erscheinen und wurde erst Jahre später freigesprochen. Peter Strieder trat von allen Ämtern zurück, Parteivorsitzender, Senator, Abgeordneter. Das Verfahren gegen ihn aber wurde, wie ja auch das Verfahren gegen Klaus Landowsky, eingestellt. Die alte statistische Regel – je größer die Macht des Beschuldigten, desto wahrscheinlicher eine Einstellung des Verfahrens – gilt also weiter. Irritierend und untypisch war es, dass die Berliner SPD ihren gestrauchelten Vorsitzenden nicht mit einem Bundestagsmandat versorgte. Heute arbeitet Strieder als Politikberater, in Berlin.

Inzwischen gibt es in der Berliner Politik ein neues Schwergewicht, die Grünen, vormals nur Mittelgewicht. Vielleicht stellen sie die nächste Bürgermeisterin. In das für sie, mangels ausreichender Macht, noch neue Feld des Berliner Immobilienskandals zulasten der Allgemeinheit tastet sich diese Partei verständlicherweise erst vorsichtig hinein. Aber ein Anfang ist gemacht. Alle traditionellen Zutaten sind geschält, geschnipselt und angerührt.

Im Bau- und Wohnungssektor ist Florian Schmidt, Baustadtrat von Friedrichshain-Kreuzberg, das bekannteste Gesicht der Partei. Er befindet sich etwa so weit am linken Flügel der Partei wie einst Heinrich Lummer am rechten Flügel der CDU.

Als in Kreuzberg, in der Rigaer Straße, ein Haus zum Verkauf stand, benutzte Schmidt ein politisches Instrument, das Vorkaufsrecht des Bezirkes.

Nutznießer dieser Entscheidung und neuer Eigentümer sollte »Diese eG« sein, eine Genossenschaft, in der Linke den Ton angeben. Dass in Berlin Immobilien auf eine nicht immer nachvollziehbare Weise in den Händen politischer Freunde landen, ist ja eine Tradition, die seit Jahrzehnten gepflegt wird. Wenig später stellte sich heraus, dass »Diese eG« über kein solides Finanzierungskonzept verfügte. Auch das musste Kennern der Berliner Skandalgeschichte bekannt vorkommen. Für Schmidt hatte dieses Detail offenbar ebenso wenig eine Rolle gespielt wie seinerzeit für Peter Strieder bei seinem Liebling Tempodrom. Vergleiche mit Otto Schwanz verbieten sich hier.

Nach und nach kam heraus, dass Diese eG bereits sechs Mal in den Genuss einer solchen Vorzugsbehandlung gekommen war, nicht nur durch Schmidt, sondern auch durch seinen Parteifreund Jörn Oltmann, Baustadtrat in Tempelhof-Schöneberg, und, wie die *taz* formulierte, »letztlich sechs Gebäude übernehmen konnte«. Die Frage, ob in dieser Sache Akten politisch manipuliert oder gar beseitigt wurden, prüften bei Redaktionsschluss dieses Buches der Rechnungshof sowie die Bezirksaufsicht des Senats.

Schmidt ließ sich in diesem Zusammenhang zu der Bemerkung hinreißen, er habe befürchtet, dass Akten von Journalisten »zur Agitation« genutzt werden könnten. Ähnliche Bemerkungen über die Presse sind auch von Donald Trump bekannt. Schmidt bat dafür um Entschuldigung. Abgeordnete von CDU und FDP stellten gegen ihn Strafanzeige, unter anderem wegen Urkundenfälschung.

Offen bleibt wieder einmal die Frage, wo das Geld herkommen soll. »Diese eG« hat jedenfalls nicht genug davon, ähnlich wie einst die Aubis und die Avalon. Kaum zu glauben, dass schon wieder die Allgemeinheit haften soll. In einem Interview mit dem *Tagesspiegel* sagte Schmidt: »Wichtig wäre es, unterstützende Instrumente wie Bürgschaften zur Verfügung zu haben.«

Das Wort »Bürgschaft« dürfte also auch weiterhin zur Berliner Skandalpolitik gehören wie Hund zu, na ja, Schwanz eben. Mit der Bitte um Darlehen wandte sich Diese eG unter anderem an die Investitionsbank Berlin, Skandalkennern bekannt durch ihre als Sponsorenverträge getarnten Kredite für das Tempodrom, eine Gunst, die zum Teil durch Freikarten vergolten wurde. Freikarten für grüne Parteitage gelten allerdings als weniger attraktiv als Freikarten fürs Theater.

Der erste grüne Immobilienskandal befindet sich, während dies geschrieben wird, noch in der Entfaltungsphase, insofern gilt die Unschuldsvermutung. Noch gibt es nicht einmal einen Untersuchungsausschuss, von Rücktritten ganz zu schweigen. Die kommen immer erst in der Endphase.

Die Mutter aller Berliner Bauprojekte heißt selbstverständlich Flughafen BER. Der Regierende Bürgermeister Klaus Wowereit wurde dort erster Aufsichtsratsvorsitzender. Er lehnte es ab, einen Generalunternehmer zu beauftragen. Das in der Immobilienpolitik erfahrene Berlin könne dieses Projekt am allerbesten selbst managen, notgedrungen zusammen mit Brandenburg. So kam es dann auch. Fest steht vorerst nur eines, falls es irgendwann zu Verfahren kommt, werden sie am Ende eingestellt. Wowereits Nachfolger Michael Müller soll übrigens Interesse an einem Bundestagsmandat haben.

4

Wenn Berlin ein Gedicht wäre

*Versuch eines Psychogramms
der Berlinbewohner*

Vielleicht erklären wir die Berliner am besten mithilfe einer
ziemlich durchschnittlichen Berliner Silvesternacht, Jahreswechsel von 2019 auf 2020. Die Berliner Polizei twittert gern
über ihre Einsätze. Diese Tweets erfreuen sich großer Beliebt-
heit und werden auch oft kommentiert. Wir wählen ein paar
wenige davon aus, ganz wenige, anschließend zitieren wir
jeweils ein oder zwei nicht untypische Kommentare aus der
Berliner Bevölkerung. Diese Tweets, aneinandergereiht und
vorsichtig redigiert, lesen sich fast wie Gedichte. Die künst-
lerische Idee besteht darin, zuerst das weniger angepasste,
rebellische Berlin lebendig werden zu lassen – durch die
Polizei – und anschließend dem weitgehend gesetzestreuen
Teil der Bevölkerung eine Stimme zu geben. Beides zusammen ergibt, hoffentlich, ein psychologisch aufschlussreiches
Gesamtbild.

Noch ist Nachmittag, der Nachmittag des 31. Dezember.

*Mann bewirft Kind mit Böllern.
Kollegen sind unterwegs.
Im Wedding schlägt sich ein Alkoholisierter
im Supermarkt mit Personal.
Im Gesundbrunnen werden die Züge*

der S-Bahn mit Böllern beworfen.
In einem Späti in Friedrichshain
sollen die Leute durchdrehen.

Kommentar:
All denjenigen, die erfolgreich den Hauptschulabschluss nicht ge-
schafft haben, ein gutes neues Jahr!

In unserer Gegend gibt es viele Spätis. So heißen Läden, die
bis tief in die Nacht allerlei Artikel des täglichen Bedarfs anbieten dürfen. Der Späti ist ein wichtiger, wenn nicht gar un-
verzichtbarer Bestandteil der Berliner Lebensqualität. Ein typischer Berlinbewohner legt Wert darauf, seinen Lebensrhyth-
mus selbst zu bestimmen, das gilt auch für die Einkaufszeiten.
Kurz vor Silvester betrat ich einen Berliner Späti, und damit
war eigentlich klar, wie ich mich verhalten musste. Aber nach
so vielen Jahren vergesse ich immer noch manchmal, dass ich
in Berlin bin.

Ich wollte Zigaretten kaufen. Der Mann hinterm Verkaufs-
tresen fragte: »Die Packung zu sieben, zu acht oder zu neun
Euro?«

Ich war einen Moment lang ratlos, weil ich nicht auf der
Bank gewesen war und nicht genau wusste, wie viel Geld ich
dabeihatte. Ich sagte zögernd »Hm, einen Augenblick ...«

Der Mann, schnarrend: »Hm, einen Augenblick ham wir
nich.«

Das ist Berlin. Jeder, der hier wohnt, hat diesen oder einen
ähnlichen Dialog schon einmal erlebt. Ich weiß nicht, ob »Humor« dafür das richtige Wort ist. Es kommt darauf an, in einer
beliebigen Gesprächssituation möglichst schnell und zackig
eine Hierarchie herzustellen. *Ich Chef, Du Turnschuh,* so heißt
ein preisgekrönter Film, er stammt von dem türkisch-deut-
schen Regisseur Hussi Kutlucan und spielt zu großen Teilen

auf einer Berliner Baustelle. Der Sound von Berlin klingt nicht selten nach Kasernenhof, auch im Einzelhandel. In amerikanischen Kriegsfilmen gibt es meistens den Typus des Schleifers, einen stiernackigen Korporal oder Sergeant, der die Rekruten so behandelt, als sei er ein Berliner und die Rekruten seine Kunden.

Interessanterweise handelte es sich in diesem Fall bei dem Spätiverkäufer um einen Berliner Türken, das war an seinem Akzent zu erkennen. Die haben diesen Sound auch manchmal drauf. Der Mann ist nicht unsympathisch, ich kaufe öfter bei ihm. Er ist kein Aggro und kein Schnösel und vermutlich auch kein faschistoider, militaristischer Zwangscharakter, wie ihn der Kulturtheoretiker Klaus Theweleit in seinem Klassiker *Männerphantasien* beschrieben hat. Er ist einfach nur jemand, der sich angepasst hat, ein unschönes Beispiel für geglückte Integration. In der Türkei gehen sie mit den Kunden nämlich völlig anders um, sie bringen Tee und fragen dich nach deiner Familie. Berliner Frauen können es übrigens ebenfalls. Sogar Berliner Kinder können es, ab etwa fünf Jahren.

Ich fühle mich in solchen Situationen klein und dumm, das ist ja auch der Sinn der Sache. Was antwortet man da? Wer zeigt, dass er oder sie sich ärgert, hat das Gesicht verloren. Wer die Zurechtweisung kommentarlos hinnimmt, akzeptiert seine Niederlage und verliert ebenfalls das Gesicht. Meistens fällt mir erst fünf oder zehn Minuten später eine gute Antwort ein, ich bin fast immer zu langsam. Man könnte – lachend, das ist wichtig – sagen: »Macht nichts, dann bestellen Sie mir doch bitte Hm für acht Euro, ich hol's morgen ab.« Oder: »Wasn das fürn Laden? Beim Späti in der Friesenstraße hamse Augenblicke im Sonderangebot.« Du musst zurückkoffern. Du musst zeigen, dass du ihnen gewachsen bist.

Zurück zur Silvesternacht, inzwischen ist später Nachmittag.

In Marzahn unterstützen die Kollegen
einen älteren Herrn, dessen Sohn ihn nicht
in die eigene Wohnung lassen will.
Nach einer Explosion im Märkischen Viertel
herrscht dort Kraterstimmung.
In Pankow sitzt eine hilflose Person
ohne Hose am Straßenrand.

Kommentar:
Ich hasse Menschen so sehr.

Den Eindruck, dass alle Menschen einander hassen, ganz generell und auf eine zutiefst ehrliche Weise, kann man in Berlin schon manchmal bekommen. Positiv daran ist zweifellos, dass es sich bei vielen nicht etwa um eine gruppenbezogene Art der Feindseligkeit handelt. Die meisten Berlinbewohnenden haben tatsächlich in der Regel gegen niemanden im Speziellen etwas, sondern einen Brass gegen jeden, der ihren Weg kreuzt.

Inzwischen ist der Nachmittag dem Abend gewichen.

In Spandau wurden nach einem Hauseinbruch
Einrichtungsgegenstände im Garten verteilt.
Aus einer Bar in Neukölln wird geschossen.
In Schöneberg hat ein Wohnheimbewohner
fremden Koks in seinen Sachen gefunden.
In Marzahn hört ein Mieter so laut Musik,
dass der Boden bebt – und das seit drei Jahren.

Kommentar:
Dann einfach selber aufdrehen.

Die BVG, das Berliner Nahverkehrsunternehmen, hat diesen Teil des Stadtklimas zu Werbespots verarbeitet, die man sich im

Netz anschauen kann, was hiermit wärmstens empfohlen sei. Bei der BVG, heißt es dort, »ist Berlin noch Berlin«. Zu sehen sind Busse und Bahnen, deren Fahrer ihre Passagiere anschnauzen oder Regenpfützen so geschickt durchfahren, dass bei den Wartenden an der Haltestelle der maximale Wasserschaden erzielt wird. Deshalb, sagt die Stimme des Sprechers, habe auch die global zweifellos einmalige BVG es verdient, zum Weltkulturerbe ernannt zu werden, genau wie der Taj Mahal in Indien.

Gezeigt wird auch ein Trainingszentrum für BVG-Fahrer, vermutlich ist es fiktiv, aber es könnte auch echt sein. Dort lernen sie »Bremsbowling«, also wie sich durch scharfe, unerwartete Bremsmanöver möglichst viele Leute im Wageninneren umkegeln lassen. Und mit dem »Türschließsimulator« üben die Fahrer, Wagentüren an Haltestellen erst im allerletzten Moment zu schließen, Sekundenbruchteile, bevor Einsteigewillige in das Fahrzeug gelangen könnten.

Diese Selbstironie dürfte tatsächlich einmalig sein. Und, auch dies gäbe es anderswo vermutlich nicht, die Reaktionen im Netz sind fast ausnahmslos begeistert.

Berliner sind also oft aggressiv. Aber sie können nicht nur austeilen, sie haben auch Nehmerqualitäten. Als ich ein Jahr in München lebte, nach fast zehn Jahren Berlin, musste ich feststellen, dass ich mich an den Sound von Berlin gewöhnt hatte und dass mir die penetrante Freundlichkeit der Münchner auf die Nerven ging. Auch ich war offenbar total verroht, zehn Jahre hatten gereicht. Das Münchner Gesäusel war doch Heuchelei pur! Im Grunde, dachte ich, hasst der Münchner Mensch sein Gegenüber genauso wie der typische Berliner, er zeigt es bloß nicht, dieser Feigling. Sobald ich mich aber, aus Berliner Gewohnheit, in einer Glosse ein bisschen über diese oder jene Münchner Unzulänglichkeit kritisch oder amüsiert äußerte, tobten die lieben Münchner vor Wut, diese Mimosen. Wenn du dagegen in Berlin sagst, dass in der Stadt dieses oder jenes schlecht oder gar nicht funktioniert, dann hörst du in der Regel die Antwort: »Oh, Sie scheinen sich aber gut auszukennen.«

Der Abend wird später.

In Schöneberg hat jemand
eine Taube gefangen und in die Tasche gesteckt.
In Neukölln wird im Treppenhaus gegrillt.
In Steglitz steht ein Ex
aufm Flur und will nicht gehn.
Verzweifelter Mann im Wedding
ruft zum zweiten Mal den Notruf.
Seine Schwiegermutter soll bitte gehn.
In Haselhorst beschießen sich Kinder.

Kommentar:
Wenn sie sich gegenseitig beschießen, nur nicht ansprechen.

Vor ein paar Jahren wurde in der Redaktionskonferenz des *Tagesspiegel* bekannt gegeben, dass die Eröffnung des neuen Flughafens wieder einmal verschoben werden muss. Es war, so ungefähr, die siebte Verschiebung, die genaue Zahl kannte in der Konferenz spontan niemand. Diesmal kam die schlechte Botschaft nur wenige Tage vor der mit großem Tamtam angekündigten und, soweit es in Berlin möglich ist, perfekt durchgeplanten Eröffnungsparty.

Wie hätte, in einer vergleichbaren Situation, die Redaktionskonferenz einer Münchner Zeitung reagiert? Vermutlich so: Alle hätten geschwiegen, mit gesenkten Köpfen. Der Chefredakteur hätte erklärt, dass man den Münchnerinnen und Münchnern diese schlimme Nachricht schonend beibringen muss. Keine Fehlerdebatte, jetzt nicht. Dann hätte er sich an den zu seiner Rechten sitzenden Chefreporter gewandt: »Können Sie eine Geschichte über die erfolgreichen Münchner

Großprojekte der letzten, sagen wir, 50 Jahre schreiben? Und über das großartige Münchner Lebensgefühl? Es wäre gut, wenn der Viktualienmarkt drin vorkommt. Und die schöne Münchnerin.« Die Münchner *Abendzeitung* lässt ihre Leser jedes Jahr über die schönste Münchnerin abstimmen. Zum Chef der Lokalredaktion hätte der Chefredakteur gesagt: »Finden Sie heraus, wie viele Nichtmünchner im Führungspersonal der Baufirma sitzen. Es sind sicher einige.« Der Feuilletonchef aber hätte darüber räsoniert, dass eine so beliebte Stadt wie München im Grunde gar keinen Flughafen brauche, weil die Besucher eh kämen, zur Not zu Pferde, in Schlauchbooten oder auf Schusters Rappen.

In der Berliner Konferenz dagegen herrschte Heiterkeit. Eigentlich hatten alle geahnt, dass es so kommen würde. Oh Mann, da gab es jetzt einiges zu schreiben, und lustig war es ja schon. Die Leserschaft würde es mehrheitlich auch lustig finden, nicht ausschließlich lustig, das schon, aber eine Prise Galgenhumor kommt in Berlin gut an. Diese Stadt hat schon so viel weggesteckt, sehet, sie steht immer noch, und sie ist immer noch irgendwie super in ihrer Unzulänglichkeit. Die Stimmung in der Redaktionskonferenz war im Grunde die gleiche wie die in den Werbespots der BVG.

Der Berliner Humor ist aus solchen Geschichten heraus entstanden, den Katastrophen, den Pannen, den Skandalen. Er hat mit Selbstschutz zu tun, er hat die gleiche Funktion wie die Stacheln beim Kaktus. In der Genforschung wird darüber diskutiert, ob vielleicht nicht nur die langsam wirkenden Gesetze der Evolution unsere Gene prägen, sondern auch individuelle Erfahrungen und Traumata vererbt werden können. Bei Mäusen ist dies bereits nachweisbar, Menschen sind komplizierter. Wenn es wirklich so wäre, dann trügen die alten Urberliner Erfahrungen in sich, wie sie in keiner anderen Stadt während der letzten 150 Jahre gemacht werden mussten, Kriege, Zerstörung,

Armut, Flucht und Angst, Inflation, Diktaturen und Größenwahn, die Mauer, kurze Aufschwünge und bald darauf wieder ein Nackenschlag mit der Handkante der Geschichte. Das überlebt nur der Kaktus.

Wie, um alles in der Welt, kann man da von einem Urberliner Busfahrer erwarten, dass er sensibel ist? Aber witzig können die Berliner schon sein.

Der Silvesterabend nähert sich Mitternacht.

In Mitte geraten vor einem Lokal
Mann und Frau in Streit.
Ein Mann, der dazwischengehen will,
wird von beiden geschlagen.
In Kreuzberg rennt ein Mann
durchs Haus und klopft überall an.

Kommentar:
Zeuge Jehovas beim Speed Dating.

Typische Berliner, mit denen große Teile der Bevölkerung sich in den vergangenen Jahren identifizieren konnten, waren oder sind zum Beispiel die Schauspieler Harald Juhnke, Günter Pfitzmann und Manfred Krug, die Schauspielerinnen Brigitte Grothum und Brigitte Mira, der Kabarettist Wolfgang Neuss, der Musiker Peter Fox, die Multitalente Romy Haag und Gregor Gysi, der Regisseur Rosa von Praunheim, die Volkssängerin Claire Waldoff, der Playboy Rolf Eden, die Rapper Sido und Bushido, der mittelprächtige, aber stets kampfbereite Fußballgott Zecke Neuendorf oder der Filmmogul Artur Brauner. Sie sind recht verschieden. Nicht alle wurden hier geboren, nicht alle waren in allen Milieus beliebt. Die meisten hatten allerdings eine große Klappe, viele besaßen eine komödiantische Ader und einen Hang zur Exzentrik oder gar zum Exzess, wobei die Exzesse bei Harald Juhnke, Rolf Eden und Wolfgang Neuss recht unterschiedliche Formen annahmen.

Berliner Idole machen der Welt klar, dass sie ihnen den Buckel runterrutschen kann. Sie sind nicht sonderlich angepasst (höchstens ein bisschen). Es lohnt sich nicht, sich anzupassen, wenn morgen sowieso wieder alles ganz anders sein kann. Dafür werden sie geliebt, ausgerechnet für dieses »Ihr könnt mich alle mal«.

Das Berliner Stadtmagazin *Tip* leidet unter Auflagenschwund, wie die meisten Stadtmagazine. Zu den bestverkauften Ausgaben aber gehört immer noch die mit dem Titel »Die 100 peinlichsten Berliner«. Sie erscheint zuverlässig Ende Dezember, eine Berliner Konstante wie die Bauskandale und die Silvesterparty am Brandenburger Tor. Das Heft wurde bisher nicht mal in »Die 100 peinlichsten Berliner*innen« umbenannt, obwohl der Frauenanteil unter den Peinlichen sich allmählich sehen lassen kann und peinliche Persönlichkeiten aus dem schwul-lesbischen Spektrum keineswegs ausgespart werden. Auch das wäre in anderen Metropolen schwer vorstellbar, eine lokale Publikation, die mehr oder weniger prominente Bewohner der Stadt lustvoll mit Schmähungen überzieht und sich an ihren Pannen, Fehlern oder Fehltritten ergötzt.

Es gibt da einen Widerspruch im Wesen des typischen Berlinbewohners. So individualistisch er oder sie auch ist, sosehr auch alle anderen ihn mal dieses oder jenes können und ihm gefälligst seine Eigenarten zu verzeihen haben – den Individualismus, die Spleens und die Fehltritte anderer verachtet er in der Regel. Leute wie Harald Juhnke, Bushido oder Rolf Eden waren oder sind immer Topkandidaten für die »100 peinlichsten Berliner«. Der Berliner schafft es, gleichzeitig tolerant, egozentrisch und schadenfroh zu sein.

Dieser Hang zur Schadenfreude kommt natürlich daher, dass es in der Stadt ständig irgendeinen Schaden gibt. Etwas geht schief oder geht gar nicht, oder es kündigt sich wieder mal eine politische Bauchlandung an. Da hat man, als Schadenfroher, wenigstens etwas, woran man sich im harten Alltag freuen kann. Wir haben uns in der Redaktionskonferenz ja auch über die siebte Flughafeneröffnungsverschiebung irgendwie gefreut. Zurück zum Polizeibericht.

Was ist kurz vor dem Jahreswechsel vor den Behördengebäuden und in den Krankenhäusern los?

In einem Krankenhaus in Mitte greift ein Patient das Personal an.
Hausfriedensbruch in einem Kreißsaal in Hellersdorf.
Das Dienstgebäude einer Behörde wird
in Oberschöneweide beschossen.

Kommentar:
Ortsübliches Verhalten.

Berlin ist im Geiste eine proletarische Stadt geblieben, obwohl es das klassische Proletariat kaum noch gibt, außer in der traurigen Schwundform des Hartz-4-Empfängers. Proletarisch sind der raue Ton und die geringe Eignung zu Servicetätigkeiten jedweder Art, proletarisch ist der Geschmack der Stadtplaner, die zum Beispiel den neuen Alexanderplatz genau so errichtet haben, wie die Stadtplaner der DDR es getan hätten, wäre nur genug Geld dazu da gewesen. Proletarisch sind das nicht ganz unbegründete Misstrauen, ständig von irgendwem irgendwie übers Ohr gehauen zu werden, und die geringe Affektkontrolle im Konfliktfall. Proletarisch sind die Straßenfeste, etwa auf der Straße des 17. Juni, deren wichtigster Schmierstoff das Bier ist, am Ende werden viel Müll, Verdauungsreste und ein paar Verletzte weggeräumt.

Zum unverwüstlichen proletarischen Erbe Berlins gehört es auch, dass die Stadt im Herzen mehrheitlich links geblieben ist, während anderswo die zu Recht oder Unrecht Frustrierten in ihrem Frust eher politisch nach rechts wandern. Aber auch das kann sich ändern, wie alles.

Für das Positive am Berliner Wesen steht die Berlinerin. Verkörpert wurde dieser Typus einst von Marlene Dietrich und Hildegard Knef, heute hat diese Rolle vor allem Katharina Thalbach übernommen. Die Berlinerin hat einiges mitgemacht, sie wurde oft enttäuscht, vor allem von den Männern, aber sie hat sich nie unterkriegen lassen. Das sympathisch Hallodrihafte, aber auch Undisziplinierte eines Harald Juhnke fehlt ihr. Deswegen stehen ihre Chancen, ein Weltstar zu werden, besser.

Die Berlinerin wirkt stärker als ihr männliches Gegenstück, Selbstmitleid ist nicht ihr Ding. Sie kann frech sein oder sogar weich, sofern sie klar der Boss ist. Auch sie hat eine Schnauze. Aber ihrer Schnauze fehlt die ungefilterte Angriffslust, wie sie dem männlichen Berliner häufig zu eigen ist. Ein bisschen Gutmütigkeit schimmert meistens durch. Einem in der Spree Ertrinkenden würde die Berlinerin womöglich hinterherspringen. Bei dem Berliner ist keineswegs sicher, ob er wenigstens einen Rettungsring werfen würde. Ein etwas geringerer Testosteronspiegel kann eine Gnade des Schicksals sein, gerade in Berlin.

Beide, der typische Berliner und die typische Berlinerin, kommen im Ostteil häufiger vor. Aber auch der Westteil hat welche. Der Westberliner Frank Zander ist ein Beispiel für das Gute sogar im männlichen Berliner. Der Sänger Frank Zander, geboren in Neukölln, heute wohnhaft in Charlottenburg und auf Ibiza, Jahrgang 1942, verdankt seine unverwechselbare Stimme angeblich einer Mandelentzündung. Seinen zweiten Vornamen »Adolf« ließ er klugerweise in »Kurt« ändern. Frank Zanders wohl größter Hit heißt folgerichtig *Hier kommt Kurt*. Einer der ersten Hits hieß *Der Ur-Ur-Enkel von Frankenstein* und eroberte Platz eins der Hitparade, allerdings nur in Österreich. Der echte Urgroßvater von Frank Zander war ein enger Freund des Künstlers Heinrich Zille.

Zander veranstaltet seit 1995 ein leckeres Weihnachtsessen mit Gänsebraten für Berliner Obdachlose, an dem mittlerweile, dank vieler Sponsoren und Helfer, Tausende teilnehmen. Das ist für Zander fast eine Art zweites Lebenswerk und eine Familienangelegenheit geworden, sein Sohn macht auch mit. In seiner Etagenwohnung hat Zander eine original Alt-Berliner Bierkneipe nachbauen lassen. Logischerweise ist einer wie er, ein Mann aus dem Volk, auch Fußballfan und schrieb eine Stadionhymne für Hertha BSC, kostenlos, nach der Melodie von Rod Stewards *Sailing*.

Dieses Lied wurde etwa 25 Jahre lang bei jedem Heimspiel zelebriert. Dann ersetzte es der Verein, weil er modern und cool sein wollte, durch *Dickes B* von Peter Fox. Ein starker Song. Aber niemand hielt es für nötig, Zander darüber vorab zu informieren und ihn oder gar die Fans in diese Entscheidung irgendwie einzubinden. Als *Dickes B* zum ersten Mal im Stadion eingespielt wurde, zur Überraschung des anwesenden Frank Zander, tobten die Fans, durchaus vorhersehbar, vor Wut. Hertha ruderte sofort zurück und setzte *Dickes B* wieder ab, zugunsten der alten Hymne, was nun wieder eine Demütigung für Peter Fox bedeutete. Hertha hatte es also geschafft, mit einer einzigen Maßnahme gleich zwei Berliner Idole sowie die eigenen Anhänger vor den Kopf zu stoßen.

Typisch Berlin: Zartgefühl ham wa nich. Typisch ist leider auch ein nur schwach ausgeprägtes Gefühl für Traditionen, in diesem Fall eine Vereinshymne, die, für Berliner Verhältnisse, seit einer halben Ewigkeit von einem nicht unsympathischen Berlinsymbol vorgetragen wird. Künstlerisch kann es Frank Zander nicht mit David Bowie aufnehmen, auch nicht mit Udo Lindenberg, aber das muss er auch nicht, er muss nur für Stimmung sorgen. Wozu sind Traditionen gut? Dazu, ein Gemeinwesen zusammenzuhalten. Es muss Verbindendes geben, und sei es noch so belanglos, die Alternative heißt »jeder gegen jeden«.

Nach Mitternacht wird der Polizeibericht naturgemäß dramatischer und mehrstrophig.

Eine Familie in Borsigwalde schießt
auf Häuser und Fahrzeuge.
Personen mit Waffen schießen
auf Balkone in Charlottenburg.
Karaoke in Wedding führt
zu einer Schlägerei.
Jetzt kommen wir
mit eigener Musik.

Angehöriger eines Rettungsdienstes
wurde beim Einsatz angegriffen.
In Prenzlberg schlagen sich zehn
Personen auf der Straße.
Personen werfen mit Fahrrädern.
Brennende Autoreifen werden
auf die Straße geworfen.
Mindestens vier Dutzend Brände.

Zahnlos in Hellersdorf,
nach Schlägerei.
In Mariendorf haben die Anruferin und
ihr Mann nach einem Streit Bissverletzungen.
In Zehlendorf sitzt ein Hund
verängstigt unterm Pkw.
In Spandau ist ein Nachbar
durch eine Scheibe geflogen und weggelaufen.
In Charlottenburg schlug eine Dame
einer anderen eine Flasche über den Kopf.
In Spandau hört ein Anrufer
Schreie im Treppenhaus,

er will nicht nachsehen.
In Mitte findet eine Party statt,
momentan wird
der Innenhof verwüstet.

Kommentare:
Resident Evil to go.
Rettet den Hund, lasst die Menschen liegen.

Aber was heißt überhaupt »der Berliner« oder »die Berline-rin«? Wir haben hier die ganze Zeit so getan, als gebe es so etwas und als wüssten wir, was diese schwierigen, aber reiz-vollen Geschöpfe ausmacht und woran man sie erkennt. In Wirklichkeit wissen wir es nicht genau, höchstens annähe-rungsweise.

Sind zum Beispiel wir, die Autoren dieses Buches, nach so vielen Jahrzehnten in der Stadt Berliner? Und wer entscheidet das? Wenn die Berliner Bevölkerung es zu entscheiden hat, dann sind wir es wohl. Sofern wir es möchten. Denn eines sind die Bewohner Berlins auf gar keinen Fall: ausgrenzend. Wer ein paar Jahre da war, gehört in der Regel dazu, anders als in München. Nicht, weil die Berliner so freundlich wären oder so herzlich oder gar interessiert an dir, nein, aus Gleichgültigkeit. Ob du ein Berliner bist oder dich als einer fühlst, ist den Leuten hier völlig egal. Mit dem Stammbaum oder dem Geburtsort hat es jedenfalls nicht viel zu tun. Ein Arschloch mehr oder weniger, was ändert das?

Die vermutlich relativ frisch Zugezogenen, die vor ein paar Jahren Anti-Schwaben-Parolen an Häuserwände sprühten, sind noch keine Berliner gewesen. Sie dachten, dass sie diese Stadt erobern und zu ihrer Stadt machen könnten. Aber das schafft niemand. Nicht einmal die Schwaben würden es schaffen, egal, wie zahlreich sie sind.

Trotzdem sind neuerdings die Zuwanderer aus dem Orient nicht wenigen ein Dorn im Auge, insbesondere jene, die Schutzgeld kassieren und sich in Clans organisieren. In Vierteln, in denen die Clans stark sind, hat nicht immer die Polizei das letzte Wort. Sie selber wissen es vermutlich nicht, aber auch die Clans stehen in einer langen Berliner Traditionslinie. Krawalle, Staatsfeindlichkeit, Kriminalität, Gangster, Drogen, gefährliche Ecken, das alles hat auf die eine oder andere Weise immer dazugehört, egal ob im Jahr 1919, 1929, 1969 oder 2019. Die Clans haben die Rockerbanden zum Teil verdrängt, und an die Stelle der Wilmersdorfer Witwen mit ihren viel zu großen Wohnungen, ihrem Eierlikör und ihrem ständigen Gemecker über den Dreck auf der Straße sind heute die Hipster mit ihren Bioläden getreten. Diese Stadt hat seit mindestens 150 Jahren ein festes Rollenrepertoire, wie die Commedia dell'arte. Da gibt es die Spießer, die Rebellen, die Gangster, die hilflosen Politiker, die Sonderlinge und Exoten, die Prolls, die Glücksritter, und sobald eine Rolle nicht besetzt ist, kommen schon die Nächsten und schnappen sie sich.

Um die Jahrhundertwende wohnte ich mit Frau und Kind in Charlottenburg und kaufte oft in einem kleinen Spielzeugladen ein, nahe der Wilmersdorfer Straße. Die Betreiberin erzählte, dass – schon damals – zwei Clans sich die Gegend aufgeteilt hätten und von allen Geschäftsleuten Schutzgeld kassierten, ein arabischer und ein russischer Clan. Ich dürfe auf keinen Fall darüber schreiben, das verärgere die Clans nur. Die Polizei sei überfordert und keine echte Hilfe. Neulich sei der Kassierer gekommen, in ihrem Fall ein Russe, er habe sich im Laden umgeschaut, dann habe er gesagt: »Frau, mit Spielzeug verdient man wenig. Du musst nicht mehr bezahlen.« Sie habe ihm Holzspielzeug für seine Kinder geschenkt. Er habe sich bedankt.

Typisch Berlin, diese Szene. Manchmal hart. Manchmal herzlich.

Also, woran erkennt man den Berliner oder die Berlinerin? Vielleicht an dem letzten Dialog der Silvesternacht.

Es ist längst Vormittag, der Vormittag des 1. Januar.

Zum Schluss noch mal
was ganz anderes.
Jugendliche mit Schreckschusswaffen schießen
auf alles in Charlottenburg.
Reicht für heute.

Kommentar:
Danke für die herrliche Unterhaltung. Klasse!

Nur 22 Verletzte, nur 3065 Notrufe. Die Bilanz der Polizei ist »überwiegend positiv«. Verglichen mit dem letzten Weltkrieg, der Berlinblockade, dem Aufstand von 1953 und dem Mauerbau war das wieder mal gar nichts.

Ein paar Wochen zuvor, um Weihnachten herum, besuchte ich mit meinem kleinen Sohn die »Berliner Winterwelt«, einen Markt mit Rummel am Potsdamer Platz. Da gibt es immer eine Rodelbahn, egal, wie warm es ist. Statt auf einem Schlitten nimmt jeder Rodelnde in einem Reifen Platz. Der Kleine hatte ein wenig Angst und wollte, dass wir beide in den gleichen Reifen steigen.

»Entschuldigung, mein Sohn hat alleine Angst, darf er bei mir mitrodeln?«

Die Dame im Kassenhäuschen: »Könnse nich lesen?«

»Ja, da steht, ein Reifen pro Person. Ich dachte, man könnte vielleicht bei einem Kind eine Ausnahme ...«

»Ständig kommt hier irgend so ein Arsch und will eine Ausnahme.«

Mir fiel wieder keine gute Antwort ein. Es ist nicht einfach, solche Menschen zu lieben.

5

Der Kampf um die Stadt

*Wie sich Berlin an die
Meistbietenden verkauft.*

Mit meinen Berliner Wohnungen hatte ich meistens Glück.
Okay, in Tempelhof stürzte mir bei Dachausbauarbeiten die
Decke ins Zimmer, aber dafür war die U-Bahn direkt vor der
Tür. In Kreuzberg waren die Wände so dünn wie ein chinesi-
scher Paravent, aber meine Musik war lauter als die der ande-
ren. In Schöneberg traten uns nachts ein paar Betrunkene die
Tür ein, aber sie hatten sich nur in der Adresse geirrt.

Seit ein paar Jahren lebe ich ruhiger, an einem kleinen Park
zwischen Mitte und Kreuzberg. Im Sommer setze ich mich zum
Arbeiten abends oft auf die Dachterrasse. Von hier aus kann ich
das Rote Rathaus sehen, und manchmal winke ich dem Regierenden Bürgermeister zu, wenn ich gerade über ihn schreibe.

Berlins berühmtester Mieter ist »Addi the Eagle«. Jahrelang
trotzte er den Bemühungen und Schikanen der neuen Eigentümer seiner Pankower Wohnung in der Kopenhagener
Straße 46. Die hatten ein klares Geschäftsmodell: Alle Mieter raus aus dem Haus, einmal komplett luxussanieren, das
leere Haus in Apartments aufteilen und häppchenweise zum
Höchstpreis an jene weiterverkaufen, die nicht wissen, wohin
mit ihrem Geld in der Niedrigzinszeit. Zur Unterstützung des
»Freizugs« wurden die Bauarbeiten brachial vorangetrieben,

irgendwann gaben die Mieter auf. Alle bis auf Addi. Der harrte in seiner 38-Quadratmeter-Bude aus, ohne Wasser, ohne Licht, auch als ihm wortwörtlich die Decke auf den Kopf fiel.

Da gaben die Investoren auf, ihre Kapitulationserklärung veröffentlichten sie in Form einer Immobilienanzeige: »Heute bietet sich für den unerschrockenen Anleger die einmalige Gelegenheit, eine durch Film, Fernsehen und Internet halbwegs bekannte Wohnung mit dem von der Presse als ›Berlins renitentester Mieter‹ titulierten Bewohner zu erwerben. Bis Sie diese Wohnung (nach erfolgreicher Eigenbedarfskündigung und/oder Auszug des Mieters) selbst nutzen können, werden Sie unter Umständen rund ein Jahrzehnt ein dickes Fell brauchen. Im Rahmen der Wohnungsbesichtigung erhalten Sie die wirklich interessante Möglichkeit, ein authentisches Exemplar des Prenzelbergers (und ggfs. auch viele seiner Sinnesgenossen) live zu erleben.«

Angeboten wurde diese Risikokapitalanlage für 155 000 Euro, der Makler registrierte bereits kurz nach Erscheinen der Anzeige 90 Interessenten. Im Text hieß es weiter: »Bei der Neuvermietung erzielen gleichwertige Wohnungen im Haus eine Miete von 18 € netto/kalt je Quadratmeter.« Addi the Eagle zahlt 4,51 Euro.

Der Fall Addi zeigt, wie heiß, ja wie verrückt der Berliner Wohnungsmarkt ist: Sensationelle Renditen einerseits, Furcht und Vertreibung andererseits. Der Verdrängungsdruck ist enorm. Häuser werden zu Preisen verkauft, die sich bei normaler Mietenentwicklung frühestens in 50 Jahren amortisieren. Für die Mieter ist das eine Katastrophe, der neue Eigentümer wird sie loswerden wollen, ja müssen.

Anfang der Zehnerjahre erklärte Klaus Wowereit, damals Regierender Bürgermeister, steigende Mieten noch zu einem guten Zeichen: Wird das Wohnen teurer, wächst die Wirtschaft, dann bekommen die Leute bessere Gehälter – und können sich die höheren Mieten leisten. Außerdem, so Wowereit damals weiter, gebe es »kein Recht auf Wohnen in der Innenstadt«. Große Empörung: Redet so ein Sozialdemokrat? Aber da war der »Wohnungswahnsinn« erst ein Wetterleuchten am Horizont.

Vor ein paar Jahren noch verkaufte Berlin Wohnungen in Zehntausender-Päckchen zu Ramschpreisen. Ganze Blöcke sollten »rückgebaut«, also abgerissen werden, weil die erwarteten Massen nicht kamen. Doch plötzlich begann der Run auf Berlin – und die Wohnungen wurden knapp, das Land kam mit dem Bauen nicht hinterher. Weltweit machten sich Investoren auf nach Berlin. Der »Mansion Global«, eine Plattform, die »wohlhabende Immobilienkäufer« mit Prestigeprojekten zusammenbringt, ernannte die Stadt zur »Capital of cool«.

Wie stark die Mieten innerhalb weniger Jahre stiegen, zeigt ein Blick auf die internen Daten der Vermittlungsplattform Immoscout24, bezogen auf die Angebote: Kreuzberg, Wedding, Neukölln, überall mehr als verdoppelt. Beim Preis von Eigentumswohnungen sieht es noch drastischer aus, in manchen Ortsteilen verdreifachten sich die Preise. In allen Innenstadtbezirken gibt es Eigentumswohnungen zu Quadratmeterpreisen von weit über 10 000 Euro im Angebot – mit entsprechenden Folgen für die Miethöhe. Angepriesen werden selbst solche Wohnungen mit dem Hinweis: »Objekt mit erheblichem Wertsteigerungspotenzial.«

Was nur nicht genauso wächst wie erhofft und erwartet, sind die Löhne und Gehälter. Während Münchner im Durchschnitt über ein jährliches Pro-Kopf-Einkommen von rund 30 000 Euro verfügen, sind es bei den Berlinern gerade mal 20 000 Euro. Dennoch, oder gerade deswegen, sehen Investoren in Berlin nach wie vor ein erhebliches Wertsteigerungspotenzial. Zum Beispiel bei einer Wohnung in der Kreuzberger Riemannstraße: Erst wurde sie für 45 000 Euro angeboten, dann für 99 000 Euro verkauft – und kurz darauf war sie für 149 000 Euro zurück auf dem Markt. Allerdings ist sie auch nur mickrige 9,7 Quadratmeter »groß«, was einem Quadratmeterpreis von 15 360 Euro entspricht. Lapidarer Kommentar des Anbieters: »So ist der Markt.«

Trotz Mietspiegels, Wucherparagrafs und rechtlicher Bindungen kommen so auch immer mehr fragwürdige, teils offensichtlich sittenwidrige Angebote auf diesen Markt. Eine 38-Quadratmeter-Wohnung in der Schöneberger Goltzstraße mit Laminatboden und Durchlauferhitzer für 484 Euro Kaltmiete wollte der Eigentümer »nur an weibliche Servicekraft bis 25 Jahre« vermieten – Bereitschaft zur Arbeit »im Fotostudio« obligatorisch. Eine einfache Wohnung in Prenzlauer Berg wurde für 1746 Euro monatlich angeboten – mit Staffelmietvertrag: Bis zum Jahr 2035 sollte die Miete auf 6118 Euro steigen. Derselbe Vermieter bot auch eine mittelgroße Wohnung in der Torstraße an, Steigerung hier: von 2410 Euro heute auf 8170 Euro im Jahr 2035.

Dass in 15 Jahren tatsächlich Quadratmeterpreise von 60 Euro gezahlt werden, wie von den Staffelmietanbietern vertraglich verlangt, ist zwar nicht sehr wahrscheinlich. Doch der Vermieter gewinnt so oder so: Geben die Mieter auf, wird die Wohnung alle paar Jahre auch ohne getrickste Eigenbedarfskündigung frei – und kann zum Höchstpreis verkauft oder eben neu an zahlungsfähige Kundschaft einschließlich »Handgeld« vermietet werden.

Die Spur des Anbieters dieser Staffelmietverträge führt zu einem Eckhaus in Prenzlauer Berg, in dem praktischerweise auch gleich eine Anwaltskanzlei residiert – dort gibt's »Tricks vom Fachanwalt zur Eigenbedarfskündigung«. Und die werden genutzt, ohne jede Scham, wie folgender Auszug eines Gesprächs zwischen zwei Freunden auf der Herrentoilette der Deutschen Oper zeigt: »Meine Mutter hat im Prenzlberg eine Wohnung gekauft, da sind aber noch zwei Mieter drin. Jetzt

überlegen wir, wie wir die rauskanten. Vielleicht über Eigen-
bedarf, und ich ziehe zum Schein für ein paar Monate ein.
Jedenfalls stellen wir ihnen erst mal für zwei Tage das Wasser
ab.« Ob es dabei um die Wohnung der Schauspielerin Katharina Thalbach ging, blieb offen, aber die fliegt ebenfalls raus.

Mit einer Eigenbedarfskündigung versuchte auch ein Eigentümer in Friedenau seine Wohnung frei zu bekommen – er
hatte sie 2007 erworben. Die Mieterin sagt: »Zum Zeitpunkt
des Verkaufs waren sowohl mein Mann als auch ich bereits im
Rentenalter. Nach Ablauf des Bestandsschutzes kam die Kündi-
gung. Sie können sich nicht vorstellen, wie seither unser Alltag
im absolut negativen Sinn bestimmt wird. Inzwischen bin ich
76 Jahre alt, mein Mann 78. Er wünscht sich, eher zu sterben,
als die Wohnung verlassen zu müssen. Das käme einer Ent-
heimatung gleich. Ich bin gebürtige Berlinerin, wir haben hier
immer gearbeitet und Steuern gezahlt, uns gesetzeskonform
verhalten, jedoch gewinnen wir jeden Tag deutlicher den Eindruck: In dieser Stadt ist kein Platz mehr für Alte, Arme und
Kranke!«

So empfinden es viele. Selbst die Berliner CDU wird gen-
trifiziert: Nach zehn Jahren musste sie ihr Domizil am Wittenbergplatz verlassen, die Miete hatte sich verdreifacht. Solidarität
erfuhr die Partei ausgerechnet vom politischen Gegner, dem
linken Kneipenkollektiv »Meuterei«. Das Kreuzberger Projekt,
dem seine Räume in der Reichenberger Straße gekündigt worden waren, demonstrierte vor der Landesgeschäftsstelle der
CDU mit Pyros und Parolen, der Partei bot sie Hilfestellung im
Häuserkampf an, der beste Tipp der »Meuterer«: »Gute Erfahrungen haben wir mit der Verweigerung der Schlüsselabgabe
gemacht.« Räumungsverfahren dauern in Berlin auch schon
mal länger als der Bau eines Flughafens.

In ihrer Not greifen Wohnungssuchende zu moralisch frag-
würdigen Methoden und offerieren einen Tausch Not gegen

Elend: »Wohnung oder Haus in Friedenau für Kitaplatz«, hieß es in der eBay-Anzeige 110 834 3 091 – geboten werden könne »ein Kitaplatz in fast allen Stadtteilen von Berlin«. Das kann allerdings rechtlich einwandfrei niemand.

Die Mangelwirtschaft der Politik wuchert als gesellschaftliche Schattenwirtschaft weiter. Auch die Hohenzollern bekamen es mit der Angst zu tun und forderten plötzlich lebenslanges unentgeltliches Wohnrecht auf Schloss Cecilienhof in Potsdam, so eine Art dreizehnter Bezirk Berlins. Dass ihr Stadtschloss wiederaufgebaut ist, haben sie offenbar noch nicht mitbekommen. Und sogar Altbischof Wolfgang Huber garnierte die Suche seiner Tochter nach einer »Vierzimmer-Wohnung im Erdgeschoss mit Garten« im Zehlendorfer Gemeindeblatt mit einem Extra: Er fügte der Anzeige sein eigenes Foto bei. Wäre Huber katholisch, hätte es vielleicht auch das Angebot einer großzügigen Absolution getan. Dazu Johann Wolfgang von Goethe: »O wie glücklich ist die, der Vater und Mutter das Haus schon wohlbestellt übergeben.« Beten allein reicht in Berlin jedenfalls nicht mehr aus.

Ein beliebter Vermietertrick ist das »möblierte Wohnen auf Zeit«: Frei von Mietpreisbindung ist in Berlin für so etwas über Jahre jeder Fantasiepreis drin, wenn nur ein Bett, ein Tisch und ein Schrank in der Bude stehen. Weiterer Vorteil für den Vermieter: Die Wohnung wird automatisch nach einer festgelegten Zeit wieder frei – leer kann sie besser verkauft werden. Ausgerechnet die städtische Wohnungsgesellschaft Berlinovo, Resteverwerter der kollabierten Bankgesellschaft, ging bei dieser Masche mit schlechtem Beispiel voran. Die Gesellschaft etablierte sich als einer der größten Anbieter in diesem stark wachsenden Segment und erfreute den Senat jahrelang mit zusätzlichen Einnahmen für die Landeskasse. Mit solchen Wohnungen erzielen Vermieter sogar in Milieuschutzgebieten leicht 25 Euro pro Quadratmeter und mehr. Da ist in Neukölln-Nord eine 32-Quadratmeter-Wohnung für 920 Euro Nettokaltmiete im Angebot und am S-Bahn-Ring ein »Tiny Apartment« der gleichen Größe im zweiten Stock eines zehn Jahre alten Zweckbaus für 1660 Euro – das allerdings inklusive »motorisierter Schrankelemente«. Wie schnell man mit denen fahren kann, ob dazu ein spezieller Führerschein erforderlich ist und ob der Schrank Diesel braucht oder Super, war leider nicht mehr zu klären – das Ding ging schnell weg.

Der Senat lässt nicht nur die Berlinovo gewähren. Das Start-up »Wunderflats«, das sich für »die Zukunft des Wohnens« hält, aber auf dem gleichen Geschäftsmodell des Vermietens möblierter Wohnungen beruht, wurde von der Investitionsbank Berlin mit Millionensummen gefördert. Wunderflats bietet in Berlin 13 000 Wohnungen für bis zu 62,89 Euro pro Quadratmeter an. Ein klassischer Fall von Verdrängungskapitalismus, unterstützt von einer Stadtentwicklungssenatorin der Linken als stellvertretende Vorsitzende des IBB-Verwaltungsrats und von einer Wirtschaftssenatorin der Grünen als Vorsitzende des Gremiums. Aufsichtsratschef der Berlinovo ist übrigens der Finanzsenator von der SPD. Darüber reden aber alle drei nicht gerne.

Aufseiten der Investoren und Vermieter wird viel unternommen, um die Stimmung in der Stadt anzuheizen. In einem Prospekt empfiehlt die Investmentfirma Inspiration Asia ganz offen das »Verjagen« der bisherigen Mieter als wertsteigernde Maßnahme. Und der Wohnungskonzern Vonovia betreibt kreativen Wucher mit Betriebskosten, die er über Tochterfirmen selbst kassiert. Da werden auch schon mal für 47 Hausmeistertage im Jahr 43 000 Euro auf die Mieter umgelegt. Der Landesvorsitzende der Eigentümerschutzgemeinschaft Haus & Grund erklärt: »Ich glaube, wir müssen uns davon verabschieden, dass Berlin für alle bezahlbar bleibt. Wenn ich es mir nicht mehr leisten kann, egal, ob wegen wirtschaftlicher Einbußen oder einer Mieterhöhung, dann muss ich das akzeptieren. Es gibt kein Naturgesetz, das mir das Recht gibt, für immer in meiner vertrauten Umgebung zu bleiben. Und es ist noch eine ganz andere Frage, ob die zu berücksichtigen sind, die noch zusätzlich in die Stadt kommen. Die können sicher keinen Anspruch auf niedrige Mieten erheben.«

Das Unternehmen Deutsche Wohnen versucht, die Lage auf seine ganz spezielle Art und Weise etwas abzukühlen: In seinen Häusern fallen im Winter gerne die Heizungen aus. Wenn der Winter vorbei ist, schaltet die Deutsche Wohnen um auf Sommerprogramm: Wasserausfall. Der größte private Vermieter der Stadt kommt inklusive Wertsteigerung der Immobilien damit 2015 auf einen Jahresabschluss von 1,6 Milliarden Euro. Man setze weiter auf steigende Mieten, erklärte das Unternehmen im Bericht an die Aktionäre.

Warum bei einem großen Privatunternehmen wie der Deutsche Wohnen die Miete weiter steigt, obwohl die Heizung immer noch nicht geht, zeigt ein kleiner Investitionsvergleich mit landeseigenen Wohnungsunternehmen. Bei der Instandhaltung, die nicht auf die Miete umgelegt werden kann, investierte die Deutsche Wohnen innerhalb von fünf Jahren durchschnittlich 9,91 Euro pro Quadratmeter, bei den Landesgesellschaften sind es 17,98 Euro. Genau andersherum ist es bei den umlegbaren Modernisierungskosten: Da stiegen die Investitionen der Deutsche Wohnen auf 22,85 Euro, bei den Landeseigenen fielen sie auf 7,68 Euro. Das ist deutlich. Aktivisten haben ein Bürgerbegehren gestartet, um die Deutsche Wohnen und andere Großunternehmen zu enteignen. Bei Umfragen fanden das sogar bis zu 30 Prozent der Anhänger von CDU und FDP gut. Auch die müssen ja irgendwo wohnen.

Als die Immobilien so teuer geworden waren, dass Analysten vor dem Platzen einer Blase warnten, begann der rot-rot-grüne Senat zum Höchstpreis zurückzukaufen, was die Stadt zuvor zum Niedrigpreis verscherbelt hatte. Nachdem selbst das letzte Loch teuer vermietet war und der Leerstand bei nahezu null lag, beschloss der Vorstand der Linken, dass Hausbesetzungen »ein wirksames Mittel gegen Leerstand« sind. Fragt sich nur, welcher Leerstand überhaupt. Und als immer noch Häuser und Wohnungen verkauft wurden, schlug der Regierende Bürgermeister Müller vor, dem Vorbild Neuseelands zu folgen und den Kauf von Wohneigentum durch Ausländer einzuschränken: »Wir überlegen das.« Dafür müsste er zwar die EU auflösen und Kiwis in Berlin ansiedeln, aber wofür ist man schließlich Regierender Bürgermeister.

Die Idee von Angebot und Nachfrage hingegen ist in der Berliner Politik gerade nicht so richtig en vogue. Es kursiert die Theorie, dass noch mehr neue Häuser auch die Preise der alten Häuser nach oben treiben, weil dann noch mehr Leute kommen, weshalb neue Häuser ... und so weiter. Also versucht man es mal andersherum: Nicht so viel bauen. Dichtmachen, die Stadt. Eine typische Schlagzeile in Berlin lautet in diesen Zeiten: »Bausenatorin eröffnet Wiese.« Eine andere: »Baudirektorin nimmt Sabbatical.« Malen und Segeln am Zürichsee statt Mörteln und Sägen in Zehlendorf. So geht's auch.

Bei den Linken wird gefordert, das Stadtmarketing abzuschaffen, um den Zustrom nach Berlin abzuwürgen. Aus den Reihen der Grünen kommt eine ähnliche Idee, hier will man das Werbekonzept der Stadt ändern. Da lässt sich natürlich mit wenigen Mitteln so einiges erreichen. Wie wäre es mit Insta-Storys von der Neuköllner Müllkippe Gradestraße zum Hashtag »Gendarmenmarkt«? Oder Facebook-Posts aus dem Senioren-Wohnpark Lichtenberg mit dem Kommentar »Berghain – endlich drin!«? Bei einer Baudebatte im Rosa-Luxemburg-Haus fragte ein Zuhörer die Teilnehmer auf dem Podium: »Wie kann man Berlin abstoßender machen, damit weniger Menschen herziehen?« Beifall im Saal.

Auch der wohnungspolitische Sprecher der CDU beteiligt sich an der Suche nach Lösungen für das Wohnungsproblem: Pünktlich zum siebzigsten Jahrestag der Luftbrücke und 30 Jahre nach dem Mauerfall fordert er einen »Zuzugsstopp nach Berlin«. Berlin sei Neuberlinern einfach nicht mehr zuzumuten. Aber nein, niemand hat die Absicht, eine Mauer zu bauen. Allenfalls einen antitouristischen Schutzwall. Denn auch Touristen nehmen Berlinern ihre Wohnungen weg, weil andere Berliner sie bei Vermittlungsportalen wie Airbnb anbieten.

Nach den Investoren sind die Touristen das beliebteste Feindbild im Anti-Gentrifizierungskampf. Touristen sind abends laut, wenn sie mit ihren Rollkoffern übers Kopfsteinpflaster in ihre Airbnb-Bude rollen, und auch morgens, wenn sie in Friedrichshain aus der Kneipe schwanken. Sie verstopfen mit ihren Reisebussen die Innenstadt, blockieren Museen, besetzen Bars, stehen im Weg herum und reservieren alles einmal durch. In Schöneberg gibt es an der Bülowstraße ein kleines italienisches Restaurant, Familienbetrieb seit 1995. Die Bülowstraße ist laut, ungemütlich und hässlich. Hier gibt es ein paar Billigläden, Spätis, illegale Autorennen, langweilige Nachkriegshäuser. Das kleine italienische Restaurant liegt genau zwischen den U-Bahn-Stationen Bülowstraße und Nollendorfplatz, irgendwie daneben. Es passt sich äußerlich der Gegend an, und so war es lange ein echter Geheimtipp. Günstige Preise, na klar, aber beste Küche? Da kommt niemand zufällig drauf. Eines Tages muss sich eine Autorin vom *Lonely Planet* hierhin verirrt haben, vielleicht hatte sie heimlich Eingeweihte verfolgt. Bis dahin war es nie ein Problem, in dem kleinen italienischen Restaurant einen Platz zu finden. Doch plötzlich, von einem Tag auf den nächsten, war's damit vorbei. Zuerst kamen die Skandinavier, dann die Chinesen, dann alle anderen. Ohne Reservierung geht nichts mehr. Die Nudeln kosten inzwischen so viel, als würden sie in Blattgold gewendet.

Touristen sind die Vorboten und die Nachhut der Gentri-
fizierung. Aber die Berliner wehren sich, das zeigt ein Blick
in den Polizeibericht: »Mann pinkelt von Jannowitzbrücke auf
Schiff – vier Touristen verletzt.« So läuft das hier. Eine andere Idee ist es, die Gäste an den Stadtrand zu schicken. Aber
die Touristen sind irgendwie nicht so richtig überzeugt von
Marzahn-Hellersdorf.

Es gab schon viele Versuche, den ganzen Rummel zu begrenzen. »Berlin setzt jetzt auf Qualitätstourismus«, hieß es
im Januar 2018, und ein halbes Jahr später: »Millionenspritze
für Werbekampagne zum Qualitätstourismus«. Ein Jahr danach veröffentlichte der Senat eine Ausschreibung mit dem
Titel: »Entwicklung einer Definition des Qualitätstourismus
in Berlin«. Offenbar gab es unterschiedliche Auffassungen
von Qualität. Sogar die Klimakatastrophe wurde bemüht,
eine Abgeordnete der Linken wollte von der Senatskanzlei
wissen: »Um welche Menge wurde der CO_2-Ausstoß Berlins
durch Tourismus gesteigert?« Im Roten Rathaus rauchten
die Köpfe.

Berlin leidet an einem unauflösbaren Widerspruch. Nach
dem Fall der Mauer wollte Berlin Weltstadt sein, so wie London,
Paris, New York. 30 Jahre später möchte Berlin Weltstadt sein,
aber bloß nicht so wie London, Paris, New York. »Berlin bleibt
anders«, behauptet trotzig die Stadtregierung. Aber was ist hier
anders? Okay, in Berlin ist der Tiergarten ein Park, der Tierpark ein Zoo und der Zoo ein Bahnhof. Und dort, am Bahnhof,
kommt es vor, dass jemand einem Obdachlosen statt ein paar
Münzen ein Brötchen gibt und zu hören bekommt: »Oh Gott,
bloß kein Weißmehl.« Das ist schon was Besonderes, das gibt's
in Gütersloh nicht. Aber was macht Berlin im Kern aus?

Das inoffizielle Leitbild der Wowereit-Jahre, »arm, aber
sexy«, hat der Senat offiziell für beendet erklärt: »Es beschreibt
lediglich einen Zustand. Das Image als Partyhauptstadt mit

›arm, aber sexy‹ kann nicht das Zielbild Berlins als europäische Metropole sein.« Klaus Wowereit darf aber trotzdem hier wohnen bleiben. Auch »be berlin«, der bisherige offizielle Slogan, der Berlin als Hauptstadt der Hedonisten beschreibt, »aktiviert nicht mehr«, heißt es in einer Vorlage für den Haushaltsausschuss. Verrückte Ideen von noch verrückteren Künstlern müssen jetzt angemeldet werden, manche lehnt die Verwaltung sogar ab. »Berlin will vernünftig sein«, kommentiert Ex-Kulturstaatssekretär Tim Renner. Ein schlimmer Vorwurf.

Der Niederländer Paul Spies, Direktor der Stiftung Stadtmuseum und Kurator der Ausstellung »Welt. Stadt. Berlin«, warnt mit Blick auf durchgentrifizierte Touristenstädte wie Amsterdam, Prag und Paris: »Berlin hat noch die Chance, eine Ausnahme zu bleiben.« Aber als was? Ein Jahr lang hat sich die Senatskanzlei mithilfe einer Agentur auf die Suche nach der »DNA der Hauptstadt« begeben. Es wurden Einwohner, Marketingexperten und Akteure der Stadtgesellschaft befragt, am Ende stand ein neues »Leitbild«, ausgebreitet auf 86 Seiten einer PowerPoint-Präsentation und destilliert in eben dem Spruch: »Berlin bleibt anders.«

Der Befund ist allerdings erschütternd. »Es verändert sich viel, aber es findet keine Entwicklung statt«, heißt es in der Auswertung, die in erster Linie Marketingzwecken dienen soll, und: »Berlin ist geprägt durch planloses Überdrehen.« Das ist in der Tat etwas anders als sonst in Metropolen üblich. In den Interviews, die bei der DNA-Suche geführt wurden, zeigt sich dann auch die Zerrissenheit der Stadt und ihrer Bewohner. Die verzweifelte Suche nach einer Identität wird zunehmend schwerer, Berlin fällt sozial und soziologisch immer mehr auseinander. Der Urberliner ist schwer unter Druck. Der Neuberliner aber auch. »Verpisst Euch ihr zugezogenen Viecher!!!«, hat jemand mit Filzstift auf einen Aushang der Gärtnerinitiative Arnswalder Platz geschrieben. Die Antwort der Neuen: »Wenn Sie Probleme damit haben, dass wir die Parkanlagen pflegen und den Dreck anderer wegmachen, sprechen Sie uns doch an einem unserer Gärtner-Samstage an. Die Termine finden Sie auf obiger Übersicht.« Coole Antwort. Aber ganz falsch. Und typisch. So wie der Kölner Künstler aus dem Sven-Regener-Roman *Wiener Straße*, der im Baumarkt eine original Berliner Kassiererin besserwisserisch über die korrekte Anwendung des hiesigen Dialekts belehrt.

Das große Freiheitsversprechen löst Berlin jedenfalls nicht mehr uneingeschränkt ein. Das zeigt auch die Senatsanalyse. Sowohl die »Heimat der Vielfalt«, heißt es da, als auch der »Freiraum der Möglichkeiten« sind keine Selbstverständlichkeit mehr. Je mehr jeder macht und tut, was er will, desto zerrissener wird die Gemeinschaft. Das grenzenlose »Ich«, so das Fazit, soll deshalb zum grenzenlosen »Wir« umgedeutet werden. Berlin soll sich als Hauptstadt verstehen, »die ihr Wachstum verantwortungsvoll, gerecht und gemeinsam gestaltet und für Wirtschaftskraft, Lebensqualität und Solidarität steht«. Das klingt sehr anstrengend. Das ist so gar nicht Berlin. Welches Berlin soll denn das bitte schön sein? In *Sex and the City* sagt Sarah Jessica Parker, New York: »Wenn du jemanden brauchst, der den Müll runterträgt, heirate.« In Neukölln machen sie das Fenster auf, und raus damit. In Mitte ist es auch nicht viel besser, die »Broken-Windows-Theorie« bestätigt sich auch hier. Ein Beispiel von direkt vor der Haustür – Tag 1: Ein angerosteter Handtuchhalter wird hingestellt. Tag 2: Die Reste eines kaputten Bettgestells lehnen an der Hauswand. Tag 3: Zwei Schreibtischschubladen leisten Gesellschaft. Tag 4: Jemand hat den Inhalt seines Aschenbechers davor ausgekippt. Tag 5: Eine Umzugskiste mit Müll wird dazugestellt. Da muss man auf die kaputte Waschmaschine nicht mehr lange warten.

Berlin ist »Schnauze!«, auch das steht in der Senatsanalyse: »Härte wird Direktheit genannt. Und die ist auch sehr humorvoll. Der Berliner ist schlecht gelaunt. Wenn du ihm die schlechte Laune zurückgibst, kriegst du Liebe!« Oder eben auf die Schnauze. Die »Berliner Schnauze« ist weltberühmt und wird wie ein Weltkulturerbe von Generation zu Generation weitergetragen. Wer in der Schlemmerabteilung des Luxus-kaufhauses KaDeWe ein teures italienisches Salami-Gebinde mit Walnuss als Geschenk erwerben will und eine kleine Kost-probe erbittet, hört von der anderen Seite der Theke, hinter der sich eine gewisse Wurstigkeit verschanzt: »Wieso, Sie woll'n dit doch eh verschenken.« Das klassische Berliner Belastungs-EKG: Man sitzt bewegungslos auf dem Ergometer, während einen die Sprechstundenhilfe aufs Gröbste beschimpft. »Berlin ist für Chanel nicht das Ideale«, hat schon Karl Lagerfeld festge-stellt. Frage eines Berlin-Besuchers: »Wenn ich da vorne rechts abbiege, ist dann da der Bahnhof Greifswalder Straße?« Ant-wort des Berliners: »Der is ooch da, wennse nich abbiegen.« Hier finden sie das witzig, aber anderswo? »Was der Berliner als Humor betrachtet, wird anderswo auf der Welt als Men-schenrechtsverletzung geahndet«, stellte der Autor Michael Jürgs fest, ein Hamburger von Welt.

Die Leute kommen trotzdem. Oder gerade deswegen. Und das ist ein Problem. Die Leute kommen ja, weil Berlin anders ist, aber dann machen sie Berlin genauso normal, wie alle vollen Städte sind. »Erst wenn die letzte Party geräumt und der letzte Club geschlossen ist, werdet ihr merken, dass Berlin zu dem Kaff geworden ist, aus dem ihr gekommen seid«, schimpft der Schauspieler und DJ Lars Eidinger, als sein Act bei einer Agen-turfeier in der Münzstraße von der Polizei wegen Ruhestörung abgebrochen wird. Kurios, aber wahr: Berlin wird ärmer, weil es reicher wird. Im Ohrensessel lässt sich's eben nicht so gut tanzen. Die Tür des legendären Techno-Clubs »Tresor« kommt übrigens als Ausstellungsstück ins neue Schloss, auf der Inter-netseite des »Humboldt-Forums« wird sie angekündigt als Erinnerung »an die pulsierende Partykultur der 1990er«, ein

Symbol für »die Freiräume in der Stadt, aus denen sich eine lebendige Kulturszene entwickelt hat«. Heute steht da, wo einst der Tresor war, die Mall of Berlin, eines der 68 Einkaufszentren der Stadt. Anfang 2020 kündigte DJ Motte ausgerechnet hier, inmitten der Ladenketten, die Neuauflage der »Love Parade« an. Kurz darauf wurde auch sie wegen Corona abgesagt. Marx hatte recht: Die Geschichte wiederholt sich immer zweimal – das erste Mal als Tragödie, das zweite Mal als Farce.

Widerspruchsfrei ist Berlin nicht zu haben, auch nicht politisch. In Hamburg dauert es drei Generationen, um ein »Local« zu werden. In Berlin entscheiden die Grünen, wer ein »Local« ist, bei szenetypischen Verhaltensauffälligkeiten ist die Sache hier in drei Stunden erledigt. »Die Wildschweine gehören zu Berlin wie der Fernsehturm, ob es Ihnen passt oder nicht«, ruft der Grünen-Abgeordnete Stefan Taschner im Parlament, wenn CDU und FDP den Einsatz von Stadtjägern fordern. Die Grünen wollen »Orte für die Locals zurückerobern«, vom »Massentourismus«, aber auch von denjenigen, für die schicke Apartments mit Doppelwaschbecken und Aufzug hergerichtet werden. »Locals« brauchen so was nicht, ganz egal, wie groß die Familie ist oder wie kaputt das Knie. Es gibt keine Immobilienhaie unter den Grünen. Aber ein paar grüne Immobilienguppys gibt es schon. Sie haben Wohnungen und Ladenflächen im Angebot, die Mieter sind entzückt. Immer wenn eine Erhöhung droht, laufen sie damit zu den Medien. Die Medien sind entzückt. Das hat schon Bundestagskarrieren beendet, Mieter von grünen Immobilienguppys haben deshalb in der Regel wenig zu befürchten.

Der rot-rot-grüne Senat hat jedenfalls den Kampf um die Stadt angenommen. Berlin soll nicht »dem Kapital« ausgeliefert werden, Berlin soll »anders« bleiben: bunter, durchmischter, vielfältiger als andere Metropolen, deren Zentren sich nur noch Vermögende leisten können. Dafür hat sich die Politik etwas einfallen lassen: Berlins zweitbeliebtestes Wappenzeichen nach dem Bären war lange Zeit der Bierdeckel. Bernd Besoffski ließ darauf bei seinem Lieblingswirt anschreiben, der Finanzsenator bei den Banken. Doch dann erfand die SPD den Mietendeckel. Fünf Jahre lang sollen die Mieten »gedeckelt« werden, ausgenommen Neubauten, aber davon gibt's ja nicht so viele, und wer weiß, was in fünf Jahren ist. Wo ein bestimmtes Preisniveau überschritten wird, können die Mieten sogar gesenkt werden. Am Kurfürstendamm und in Dahlem knallten am Tag der Abstimmung im Parlament die Champagnerkorken, kleiner Kollateralschaden des Gesetzes: Die vermögendsten Mieter, die sich auch Top-Preise leisten können, profitieren am meisten, manche Miete wird hier glatt halbiert.

Die Stadtgesellschaft ist wegen des Mietendeckels heillos zerstritten. Die einen wähnen sich in einer Art DDR 2.0, die anderen halten jedes Mittel für rechtens, um den »Ausverkauf« Berlins an das Großkapital zu stoppen. Niemand weiß so richtig, wie das alles organisiert und kontrolliert werden kann. Es ist also wie immer. Aber Berlin hat die niedrigste Eigentümerquote pro Einwohner aller Bundesländer, mehr als 80 Prozent der Leute leben hier zur Miete. Da sind die Kräfteverhältnisse klar, soll die Immobilienlobby doch toben. Der grüne Baustadtrat von Friedrichshain-Kreuzberg erklärt: »Ich appelliere an alle, dass wir Verständnis für diese schäumenden Kräfte aufbringen und ihnen nicht böse sind. Denn sie haben allen Grund, um ihre Pfründe zu fürchten. Wir nehmen ihnen ihre geliebten Renditespielzeuge weg. Lasst uns die Stadt gemeinsam zurückholen!« Dafür ist ihm fast jedes Mittel recht. Die Bezirksbürgermeisterin nennt ihn freundlich »mein leicht verrückter Baustadtrat«. Für den Regierenden Bürgermeister von Berlin ist er, weniger freundlich, ein »Mini-Robin-Hood«. Das findet der Stadtrat gut, »eine Ehre«, sagt er bescheiden, »ob mit oder ohne Mini«.

In den bedrängten Kiezen werden inzwischen kuriose Koalitionen geschlossen, um das Kapital zurückzuschlagen, siehe die linksaktivistischen »Meuterer«, die der CDU zur Seite gesprungen sind. In Kreuzberg kämpfen Bürger dafür, dass der Aldi in der Markthalle Neun bleiben darf, ausgerechnet. Kreuzberg war der letzte Berliner Bezirk, der einen McDonald's bekam, bei der Eröffnung gab's Demonstrationen gegen Billigfleisch und Kommerz. Als jetzt Aldi dichtmachen sollte, demonstrierten die Leute wieder. Eine »Luxus-Fressmeile« wollten sie hier nicht, sie fühlten sich vom Edelfleisch junger Gourmetanbieter bedrängt und vom Drogeriemarkt, der stattdessen einziehen soll. Auf einem Protestplakat stand, was daran das Problem war: »Bei dm kann man kein Bier klauen.«

6

Sorry for the delay

Diese Stadt hat Flugzeuge im Bauch.
Die Geschichte des Airports BER

Die BER-Eröffnung habe ich mir immer so vorgestellt: Der Flughafenchef stolpert über ein liegen gebliebenes Kabel und schießt im Fallen mit dem Korken einer Flasche Dom Perignon eine schlampig festgeschraubte Säule im Terminal um. Unterm schwankenden Dach reißt eine Deckenplatte aus ihren brüchigen Dübeln und platscht in die kofferberghohe Festtagstorte. Während sich der Prüfingenieur aus dem Landkreis Dahme-Spreewald die Sahne aus den Augen reibt, rennt ein Bieber panisch durch den Security-Check und löst einen Großalarm aus. Der Schönefelder Schützenverein marschiert auf. Die Sprinkleranlage versprüht Kölnisch Wasser, aus den Lausprechern erklingt »Help!« von den Beatles, auf den Bildschirmen erscheint ein Video der Eröffnungsabsage-PK von 2012, Klaus Wowereit spricht: »Der BER ist und bleibt eine Erfolgsgeschichte.« Ein Wildpferd aus dem Stall der Flughafengesellschaft galoppiert über die Startbahn und versucht abzuheben, der Flughafenpfarrer murmelt betend ein »Hosianna« und rezitiert die alttestamentarische BER-Genesis, Buch Hartmut Mehdorn: »Wir werden fertiger und fertiger.« Aus der Brandschutzanlage erklingt ein rasselndes Husten, rosaroter Qualm steigt auf und vernebelt die Einflugschneise.

Wer die unglaubliche Geschichte des BER kennt, weiß, dass ein solches Szenario gar nicht mal so unwahrscheinlich ist. Hier geht so ziemlich alles schief, was schiefgehen kann.

»Nicht vergessen!«, steht in Rot auf der Einladungskarte zur Eröffnungsparty im Frühling 2012, und damit gleich klar ist, um was es hier geht: »Bald eröffnet der Flughafen Berlin Brandenburg.« Das Absageschreiben kam zehn Tage vor der geplanten Sause an, gezeichnet war es »Mit freundlichen«. Für »Grüße« hatte es nicht mehr gereicht.

»Bald« ist ein dehnbarer Begriff in Berlin, so wie »demnächst«. Aber dass »bald« in diesem Fall viele Jahre bedeuten würde, das haben damals nur wenige geahnt und noch weniger gewusst. Gesagt hat es jedenfalls niemand. Aufsichtsratschef Klaus Wowereit erklärte bei einer eilig einberufenen Pressekonferenz trotzig, dann werde eben ein paar Wochen später eröffnet. Das neue Ziel: August 2012. Doch da endete nur eine weitere Staffel dieser Pannenserie aus der »Erfolgsgeschichte«, der viele weitere folgen sollten, mit wechselnden Hauptdarstellern.

Überall auf der Welt wären bei einem solchen Desaster Köpfe gerollt, in manchen Teilen der Welt ist das wörtlich zu verstehen. Alles war vorbereitet für den Tag der Eröffnung, sie stand ja unmittelbar bevor. Nichts, fast nichts wies darauf hin, dass es ernsthafte Probleme gab. Nur Meldungen im *Tagesspiegel* hatten die Vorfreude immer wieder gestört: Auf der Baustelle waren zunehmend skeptische Stimmen zu hören, die Eröffnung sei in Gefahr, hieß es. Eines Tages stürmte Flughafenchef Rainer Schwarz in die Redaktion, schimpfte lautstark herum und behauptete, das sei alles erfunden und erlogen. Er wusste es besser, denn es war bereits damals ausgeschlossen, dass der BER pünktlich an den Start gehen konnte. Aber er wahrte den Schein, hoffte wohl auf eine Wunderwaffe oder etwas Ähnliches, intern liefen Vorbereitungen für eine »Mensch-Maschine-Lösung«: Da, wo die Technik versagte, sollten Hunderte Hilfskräfte Hand anlegen. Eine absurde Vorstellung, damals schon.

Währenddessen waren die Airlines längst eingestimmt auf den neuen Flugplan, Tickets wurden bereits auf den BER ausgestellt. Hunderte Geschäftsleute hatten ihre Ware für die Geschäfte, Bars und Restaurants am neuen Standort geordert. Die Dienstpläne für den BER waren fertig, die Wohnungen im Nordwesten Berlins gekündigt, neue im Südosten gefunden. In Tegel, wo bald Ruhe einkehren sollte, zogen die Immobilienpreise an, es gab kein Halten. Es sollte ein großer Umzug werden, mit 2800 Lastwagenfahrten, minutiös geplant. Die Party war perfekt vorbereitet, alle Künstler gecastet, das Catering geordert, die Hostessen gebucht. Als Veranstalter hatte sich die Flughafengesellschaft echte Profis geholt, erfahren mit der Organisation von Fanmeilen auf der Straße des 17. Juni, mit der Wiedereröffnung des sanierten Olympiastadions und mit dem Festakt zum zwanzigsten Jahrestag des Mauerfalls. Besonders die emotionale Ausrichtung der Bewerbung hatte den Flughafenplanern gefallen. Ein bisschen Pathos kann auch Berlin nicht schaden. Eine Absage so kurz vor dem großen Tag war einfach unvorstellbar.

Und dann kam sie doch: Sorry, wir waren noch nicht so weit. Anderswo hätte das Schockwellen ausgelöst, doch hier gab's nur ein bisschen Zerknirschung. »Ich verhehle nicht, dass ich stinksauer bin«, sagte Matthias Platzeck, Ministerpräsident von Brandenburg und stellvertretender Aufsichtsratchef. Der Flughafenchef saß leicht bedröppelt daneben, wie ein Kind, das nicht ganz pünktlich zum Abendessen nach Hause gekommen ist. Und Klaus Wowereit suchte gleich das Gute in dem Tag, der auch seiner scharfen Analyse zufolge ja eigentlich »kein guter« war: »Es bleibt mehr Zeit, um für Schallschutz zu sorgen.« Das mit dem Schallschutz für die Anwohner war irgendwie vergessen worden.

Der 8. Mai 2012, der Tag der Absage, war vor allem ein Fest für Floskelfreunde, das zeigt ein Blick auf die Schlagzeilen zum Ereignis: »Berlin fällt aus allen Wolken«, »Stadt mit Bodenhaftung«, »In der Warteschleife«, »Bruchlandung«, »Ihr Abflug verspätet sich«, »Am Ende muss einer fliegen«, »Bei den Bürgern hebt der Ärger ab«, »Projekt der Bruchpiloten«, »Bruchlandung für die Glaubwürdigkeit« und »Berlin kriegt keinen hoch«. Ansonsten passierte erst mal nichts. Alle Verantwortlichen blieben im Amt, und Berlin war am Tag danach noch immer Berlin: ein bisschen cool, ein bisschen schlampig. Mal dauert die Party länger, mal findet sie woanders statt. Mal kommt der Handwerker später, mal kommt er gar nicht. Berlin ist anders, und wird die Stadt nicht von vielen genau dafür geschätzt, für diese Andersartigkeit, für die Unberechenbarkeit, die Überraschung, die Hemdsärmeligkeit, die Krawattenlosigkeit? Na bitte. Nur in Berlin kündigt sich der Maler mit einem Zettel im Türschlitz so an: »Ich klingle einmal, macht keiner auf, dann macht keiner auf.« Nur in Berlin ruft der Handwerker, der die Klingel reparieren soll, Stunden nach dem Termin an und sagt: »Ich habe zweimal geklingelt, aber Sie haben nicht aufgemacht.« Wie soll man da einen Flughafen rechtzeitig fertigbekommen?

Die Nichteröffnung wurde als Teil der einzigartigen Berlin-Berlin-Folklore willkommen geheißen. »Worauf wartest Du? Auf 'nen Job beim BER? Lande lieber jetzt bei uns«, warb Lidl um Nachwuchskräfte. Die Mitteldeutsche Flughafen AG lockte mit den Landeplätzen Leipzig, Halle und Dresden: »Lieber 2 Stunden fahren als 13 Jahre warten.« Aber wer fährt schon zwei Stunden von Berlin nach Dresden, Leipzig oder Halle für einen schlechten BER-Witz? Publikationen der Flughafengesellschaft sind überschrieben mit dem Satz »Be the first!«, *das* ist lustig.

Wenn schon die ganze Welt über Berlin lacht, dann lacht Berlin gerne mit. Zum Beispiel über den damaligen Flughafenchef Rainer Schwarz, der viel Wert darauf legte, auch in den heißesten Phasen des Projekts seiner Gastprofessur an der Technischen Hochschule Wildau nachzukommen, das Thema seiner Seminare: *Flughafen-Management*. Oder über den BER-Technikgeschäftsführer Manfred Körtgen, der nebenbei Zeit fand für eine Promotion an der Universität Kassel, das Thema seiner Arbeit: *Optimierungsansätze zur prozessorientierten Abwicklung komplexer Baumaßnahmen unter Einsatz neuer Informations- und Kommunikationssysteme*. Und wenn selbst der Wirt eines kleinen Restaurants in Makassar auf Sulawesi den Gast aus Berlin fragt, ob denn der Flughafen schon fertig sei, dann ist das doch immerhin eine schöne Geschichte, die sich an langen Winterabenden zu Hause erzählen lässt, und es ist sogar eine wahre, wie alle anderen auch.

Die Geschichte des BER ist eine Parabel auf die Geschichte Berlins der vergangenen drei Jahrzehnte. Es findet sich hier fast alles wieder, was auch die Stadt in dieser Zeit prägt: Überheblichkeit bis zum Größenwahn, Bruchlandungen, fröhliche Ignoranz, organisierte Unzuständigkeit, Verschiebung, Verschwendung, Planlosigkeit, Kleingeistigkeit, Hochstapelei, aber auch Fantasie, Improvisation, Glücksrittertum, lustvoller Fatalismus und eine Überdosis Selbstironie.

Selbstverständlich sollte der BER nicht nur irgendein Flughafen sein, nein, es musste »der modernste Flughafen Europas« werden, das war Berlin sich schuldig, so stand es dann auch auf den Einladungskarten zur Eröffnungsparty, auf Tassen und Teddys und auf Plakaten. Geplant war »eine Kathedrale des Luftverkehrs«, Pfarrer Justus Münster nahm seine Arbeit als Flughafenseelsorger auf. Viele Verschiebungen und Jahre später verabschiedete er sich im Monatsmagazin *BER aktuell* mit weisen Worten: »Die Sekunden verrinnen und dann die Minuten, schließlich die Stunden. Ein Tag vergeht und ein neuer Tag bricht an. Seit 2000 Jahren warten wir als Christinnen und Christen auf die Wiederkehr von Jesus Christus. Inzwischen hat sich bei uns mehr Geduld eingestellt.« Justus Münster ist ein Ironiker vor dem Herrn, seine heiter-subtilen Botschaften haben am BER Trost gespendet in düsterer Zeit. Als während einer heiklen Aufsichtsratssitzung zu neuen Pannen ein apokalyptischer, wütender Blitz mitten im Gebäude einschlug und die Klimaanlage demolierte, glaubten manche schon an ein Zeichen von höchster Stelle, göttliche Ungeduld. Vielleicht war es Zeus. Oder ein banales Gewitter, aber das wäre nichts für Berlin.

Auch andere setzten auf die Kraft des Glaubens, leider vergeblich in dieser gottlosen Region. Flughafenplaner Dieter Faulenbach da Costa, der immer gerne einen BER-Job bekommen hätte, aber nie einen bekam, übernahm ungefragt ein kostenloses Beratermandat. Seine Analyse nach der fünften Eröffnungsverschiebung: »Das wird nichts mehr. Meine Empfehlung an Planer, Baufirmen, Flughafengesellschaft und Aufsichtsrat: katholisch werden, Heiligenbilder aufstellen und um ein Wunder bitten.« Als das ausblieb, bewertete er die Lage neu und kam zu folgendem Schluss: »Nur wer zaubern kann, wird das BER-Terminal in Betrieb bekommen. Eine Stange Dynamit würde für mehr Ordnung sorgen als der Versuch, die Fehler zu beheben.« Und auch ein Vorstandsmitglied der Lufthansa orakelte im Kreise internationaler Investoren fernab von Berlin am feinen Tegernsee: »Das Ding wird abgerissen.«

Doch in Berlin dachte niemand an Sprengung oder Abriss. Der BER entwickelte sich nicht trotz, sondern wegen seines Zustands zum Markenzeichen, Berlin versteht es eben, aus allem ein Event zu machen. So wurde der Flughafen, der kein Flughafen war, zur Kulisse für Krimis und Modeshootings. Als die Berliner Fotografin Judith Berger ein Model nackt mit Rollkoffer vor dem BER posieren ließ, schritt allerdings ein Sicherheitsmann ein, der Vorwurf: Erregung öffentlichen Ärgernisses. Dass die Öffentlichkeit fehlte und das einzige Ärgernis der BER selbst war, fiel niemandem ein. Bereits am Wochenende nach der geplatzten Eröffnung 2012 kamen Zehntausende zum »Tag der offenen Tür«, sie amüsierten sich prächtig. Der »Airport-Run« über die verwaiste Landebahn neben dem Terminal wurde zu einem Klassiker des Laufsports, auf Termin und Veranstaltungsort war stets Verlass. Die Führung »Erlebnis BER« zog über die Jahre Hunderttausende zum »Monster«, für zehn Euro die Tour, ermäßigt fünf.

Irgendwann wurde der BER auch noch zu Berlins drittem Zoo: Die Umweltverwaltung registrierte auf dem Gelände Rotfüchse, Wildkaninchen, Dachse und Waschbären. Auch zehn Liebenthaler Wildpferde hatte die Flughafengesellschaft am BER in ihrem Besitz, im Zuge von Kompensationsmaßnahmen wurden sie der Gemeinde Schönefeld übereignet. »Gerne eine Möhre hinhalten«, empfahl ein BER-Sprecher. Sogar zu einem Fischsterben kam es, als giftige Ameisensäure in einen Flutgraben floss. Und eines Tages warnte die Verkehrsinfozentrale: »Zwischen Schönefeld Nord und Schönefeld Süd überquert eine Entenfamilie die Autobahn.« Vermutlich war sie auf dem Weg zur Startbahn, sie hatte sie ja für sich.

In Berlin werden solche Nachrichten mit der Bemerkung kommentiert, dass bei der Aufzählung der Tiere die Faultierhorden auf der Baustelle vergessen wurden und die Dickhäuter im Aufsichtsrat ebenso: Kritik prallt an denen ja ab. Immerhin kam der BER bei Google jahrelang in der Kundenbewertung auf durchschnittlich 3,9 von 5 Sternen. Anerkennend schrieben die User: »Sehr geringer Fluglärm«, »Keine langen Schlangen«, »Klimaneutral«. Bemängelt wurde allenfalls, dass die meisten Geschäfte geschlossen sind. Nur eine Zahnarztpraxis nahm unverdrossen ihren Betrieb am leeren Terminal auf: »Wir haben BEReits eröffnet«, lautete der Werbespruch im Flughafenmagazin. Besondere Spezialität: »Ein eingespieltes Team bietet auch Angstpatienten eine sehr angenehme Atmosphäre.«

Angenehme Atmosphäre? Das macht den Berliner skeptisch. Der Berliner kennt keine Angst. Der tut auch nix. Der will nur spielen. Es gibt inzwischen Dutzende BER-Ratespiele, BER-Brettspiele und BER-Witzebücher. Im Berliner Legoland am Potsdamer Platz baute der Chefmodellbauer den BER originalgetreu nach, 100 000 Steine, sechs Monate Bauzeit, Maßstab 1:65. Besonders schnell war das allerdings auch nicht, gemessen am Maßstab wäre der Flughafen in Originalgröße erst nach mehr als 30 Jahren fertig.

Zu einem heiteren Zeitvertreib während des Wartens auf einen neuen Eröffnungstermin entwickelte sich das Erstellen von BER-Listen aus der Welt der Kultur. Besonders das Œuvre der Beatles eignet sich hervorragend als gruppenspezifische Begleitmusik ...

Für die Aufsichtsräte: *Tell Me Why, Do You Want to Know a Secret, What Goes On* und *I'm So Tired*

Für die Baufirmen: *Money (That's What I Want), Eight Days a Week, Tomorrow Never Knows, With a Little Help from My Friends*

Für die Bauarbeiter: *Carry That Weight, All Together Now, Fixing a Hole, I'm Only Sleeping*

Für die Geschäftsführung: *Everybody's Got Something to Hide Except Me and My Monkey, It Won't Be Long, Not Guilty, It's All Too Much*

Für die Politik: *Let It Be, Not a Second Time, I Should Have Known Better, Help!*

Auch Theaterstücke sind voller Anspielungen auf den BER: *Warten auf Godot* (»Wir haben Entschuldigungen«), *Der zerbrochene Krug* (»Mein Seel', das dauert mir zu lange«) und natürlich *Faust* (»Der saubern Herren Pfuscherei, ist, merk ich, schon bei Euch Maxime«). Oder Opern: *Die Zauberflöte* (»Zu Hülfe! Zu Hülfe! Sonst bin ich verloren!«), *Der fliegende Holländer* (»Die Frist ist um«) und als Allzweckablenkung *Die Fledermaus* (»Glücklich ist, wer vergisst, was nicht mehr zu ändern ist«).

Die Pannen am BER sind legendär, die Satiremagazine hatten es schwer, dagegen anzukommen, es stimmte fast alles. Es gab die Entrauchungsanlage, die aus ästhetischen Gründen den Qualm erst in den Keller absaugen sollte, statt ihn gleich nach oben abziehen zu lassen. Es gab den leitenden Ingenieur, beschäftigt mit kompliziertesten Arbeiten, der tatsächlich nur ein einfacher Bauzeichner von Beruf war. (Zu seiner Entschuldigung sagte er später, er sei gar kein Hochstapler, es habe ihm nur einfach niemand geglaubt, dass er nicht qualifiziert genug sei.) Beim Aufmaß der Rolltreppen vom unterirdischen Bahnhof zum Terminal hatte sich jemand verrechnet, sie waren zu kurz. Hunderte Türen ließen sich nicht schließen und mussten wieder ausgebaut werden.

Als es knapp wurde vor dem ersten Eröffnungstermin, stopften Arbeiter 40 000 Kilometer Kabel in falsche Schächte, Starkstrom und Schwachstrom nebeneinander. Dieser Kabeläquator musste anschließend wieder ausgetauscht werden. In der Kantine könnten sie noch ewig Kabelsalat servieren, es ist genug für alle da. Als die Leitungen neu verlegt waren, hielt die Genehmigungsbehörde in einem internen Bericht fest: »Nach erfolgter Umverlegung der Kabel fehlt der Flughafengesellschaft der Überblick zum Verlauf (Beginn und Ende sind erkennbar, aber was ist dazwischen?).« Na ja, irgendwas kommt halt immer dazwischen.

Jahrelang ließ sich das Licht nicht steuern, das »Monster« lag nutzlos im märkischen Sand und leuchtete Tag und Nacht wie ein Humanoid mit Kurzschluss still vor sich hin. An der Startbahn standen eines Tages die Kabelschächte der Leuchtfeueranlage unter Wasser, jemand hatte die Drainage vergessen. Die Leitungen waren vom Rost so angefressen, dass sie komplett ausgetauscht werden mussten. Weil ständig umgeplant wurde, stimmte irgendwann das Raumnummernsystem nicht mehr, Bauarbeiter und Techniker irrten orientierungslos durch den Bau. Wahrscheinlich werden hier in ein paar Jahren immer mal wieder ein paar Vermisste gefunden, irgendwo in einer Kammer, für die sich keine Nummer mehr fand.

Damit die fertigen Teile des Flughafens nicht verrotten, werden seit 2012 regelmäßig Rolltreppen und Gepäckbänder angeworfen, Klos gespült und Wasserhähne aufgedreht. Damit der Bahnhof unter dem Terminal nicht schimmelt, fuhr jeden Tag zwischen 2 Uhr 44 und 3 Uhr 41 ein leerer Zug zur Belüftung hindurch, ohne anzuhalten, so wie damals vor dem Fall der Mauer die U-Bahnzüge der U6 unter Ost-Berlin. 750 Monitore hingen sechs Jahre lang nutzlos am Netz, dann waren sie durch und mussten ausgetauscht werden. Eine Firma pflanzte 1036 falsche Bäume »in Form von abweichenden Sorten und Arten«, Hunderte davon ließ die Flughafengesellschaft häckseln. Die Ventilatoren an der Decke des Terminals waren zwei Tonnen schwerer als die Statik erlaubte. Die Arbeiter mussten die Baustelle wegen Einsturzgefahr räumen. Dass statt Sprinkler am BER aus Versehen Flammenwerfer eingebaut wurden, war allerdings nur ein Witz. Eine Erfindung vom *Postillon*. Aber dass auf den Toiletten die Klopapierhalter aus den Wänden fielen, weil jemand die falschen Dübel eingesetzt hatte, das stimmt ebenso wie die Zahl der Steckdosen in den Wartebereichen: Es sind jeweils zwei. Bei der Grundsteinlegung war das iPhone noch nicht auf dem Markt.

Jeder Tag, den der BER seit 2012 uneröffnet ist, kostet rund eine Million Euro, Mehrkosten und Ausfälle inklusive. Nur kleinere Einnahmen sind zu verbuchen, quasi »Cash from Chaos«: Weil die Autostellplätze nicht gebraucht wurden, parkte Volkswagen dort ein paar Tausend Neuwagen, die im Zuge des Dieselskandals wegen neuer Abgastests nicht zugelassen werden konnten. Eine Million Euro kassiert die Flughafengesellschaft dafür, den Gegenwert von einem Tag Nichteröffnung.

Ursprünglich mit unter zwei Milliarden Euro geplant, haben sich die Ausgaben seit Baubeginn mehr als verdreifacht. Da fielen der Cheftechniker, der Aufträge mit Zahlungen für seine eigene Firma verband, und der Prokurist, der auf einer Autobahnraststätte Schmiergeld in Empfang nahm, kaum weiter auf. Der BER – der größte Selbstbedienungsladen der Republik? Die großen Firmen kassierten hier so richtig ab, selbst für nicht geleistete Arbeit forderten sie irre Summen und drohten damit, andernfalls die Baustelle zu räumen. Die Flughafengesellschaft hätte von vorne anfangen müssen.

So gesehen, hatte Wowereit recht: Für die beteiligten Unternehmen war der BER schon immer eine Erfolgsgeschichte. Sie verdienten prächtig, und zwar nicht trotz der jahrelangen, von ihnen mitverschuldeten Verzögerungen, sondern eben deswegen. Anhand interner Rechnungsunterlagen lässt sich genau nachvollziehen, wie die wundersame Geldvermehrung funktioniert. Ein Beispiel: Am 22. August 2009 bekam Siemens den Zuschlag für einen Teilauftrag über 9,7 Millionen Euro. Verantwortlich auf der Seite des Unternehmens: der damalige Regionalmanager Jörg Marks. Anfang 2017, Marks arbeitet inzwischen für die Flughafengesellschaft, landet der immer noch nicht abgeschlossene Vorgang wegen einer Zwischenrechnung vom 22. Dezember 2016 zur Prüfung bei einem externen Ingenieurbüro. In den Unterlagen sind, neben dem ursprünglichen Auftragswert, auch die »Nachträge« vermerkt: Sie summieren sich auf 86 Millionen Euro. Insgesamt hat sich das Volumen dieses einen »Vergabepakets 7.5« also fast verzehnfacht.

Wie das ging, zeigt der Blick in eine der »Ergänzungsvereinbarungen«, mit denen die Flughafengesellschaft Unternehmen wie Siemens auf der ewigen Baustelle halten wollte. 18. Juni 2013: Jörg Marks ist noch bei Siemens und schließt mit seinem späteren Chef Hartmut Mehdorn, damals Vorstandsvorsitzender

der Flughafengesellschaft, eine solche Vereinbarung ab, Gegenstand unter anderem: »Demontage und Wiederherstellen von Brandschutzmaßnahmen, welche vom Auftragnehmer bereits errichtet wurden.« Siemens baute also die eigene Arbeit ab und wieder auf – und wurde dafür noch einmal bezahlt.

Doch das reichte noch nicht. So wurde in den Vereinbarungen keine Pauschalsumme festgelegt, sondern ein Stundenlohn in Höhe von 90,31 Euro plus Zuschläge für jeden Arbeiter, den Siemens der Flughafengesellschaft in Rechnung stellte, auch wenn der nur ein Kabel abklemmte – und das zeitlich unbegrenzt: »Verbindliche Ausführungsfristen werden angesichts der noch nicht abzuschätzenden Art und des Umfangs der Umbaumaßnahmen nicht vereinbart.« Die Folge: Je langsamer Siemens vorankam, desto höher wurde die Rechnung. Übrigens konnte auch die »Koordination der eigenen Leistungen« nach Arbeitsstunden abgerechnet werden – jede Schwierigkeit dabei zahlte sich also ebenfalls aus.

Siemens kassierte auf diese Weise einer internen Liste zufolge am BER im Jahr 2015 rund 14 Millionen Euro, 2016 etwa 11,5 und 2017 sogar 27,6 Millionen. Erst Flughafengeschäftsführer Engelbert Lütke Daldrup gelang es, diese Art der endlosen Geldvermehrung am BER zu unterbinden: Er handelte den großen Unternehmen Siemens, Bosch, T-Systems und Rom Rahmenterminpläne zu Festpreisen ab. Sanktionen für verfehlte Termine setzte aber auch er nicht durch.

In zwei Untersuchungsausschüssen und einem Sonderausschuss haben Berliner und Brandenburger Abgeordnete versucht, die Gründe für das Desaster aufzuklären. Regierung und Opposition sind sich nicht ganz einig, die Mehrheit tendiert zur Naturkatastrophe. Der Regierende Bürgermeister Michael Müller sagt: »Letzten Endes ist es eine Kette von richtigen und falschen Entscheidungen.« Wahrscheinlich waren die richtigen Entscheidungen falsch und die falschen richtig, das ist meistens so in Berlin. Das wird dann wohl ein dritter Untersuchungsausschuss klären müssen. Oder am Ende des Jahrhunderts eine Historikerkommission und am Ende des Jahrtausends ein Team von Archäologen, wenn sie den BER wieder ausgegraben haben. Aufsichtsratende Politiker sind als Verantwortliche im Geschichtsbuch aber bereits jetzt retuschiert. Frank Henkel, als CDU-Chef und Innensenator Mitglied des Aufsichtsrats, erklärte im Untersuchungsausschuss, beim Anblick des Schönefelder Kabelsalats sei ihm »schummerig geworden«, ansonsten kann er sich leider an nichts erinnern.

Die Flughafengesellschaft will sich nicht festlegen, was da genau passiert ist, beim Versuch, die Pressemitteilungen zu abonnieren, kam jedenfalls als Antwort: »We're sorry, but something went wrong.« Ja, irgendwas ist halt immer ... Das fängt schon mit dem Standort an. Der neue Großflughafen sollte unbedingt nahe bei Berlin sein, aber nachts keinen Krach machen. Wann nachts ist, lässt sich aber schwer sagen in einer Stadt, in der die Cafés bis um 18 Uhr Frühstück servieren. Das alte Militärgelände in der Pampa bei Sperenberg, 40 Kilometer südlich von Berlin, war damals auch im Gespräch, die Preußen hatten hier neue Granaten getestet und Wernher von Braun einen Raketenantrieb aus Kartoffelschnaps, später hoben hier die russischen Antonows ab. Eigentlich ideal. Beim Raumordnungsverfahren für den BER galt Sperenberg als bester Standort, Schönefeld landete noch hinter Jüterbog auf dem letzten Platz. Die Politik entschied sich für Schönefeld.

Schon zu DDR-Zeiten war Schönefeld als vorbildlicher Großflughafenstandort ein politischer Wunschtraum gewesen. Im Buch *Weltall, Erde, Mensch*, erschienen 1971, heißt es: »Der Flughafen Berlin-Schönefeld wird nach seiner Fertigstellung einer der modernsten Verkehrsknotenpunkte sein. In einem gemeinsamen Bauwerk werden die S-Bahn-, U-Bahn- und Fernbahnanlagen, die Flughafenanlagen und die Straßenanlagen zusammenfließen.« So kann man sich irren, eine U-Bahn nach Schönefeld, dem alten Flughafen gleich neben dem BER, gibt es bis heute nicht, und den Rest kann man auch vergessen. »Der schlimmste Flughafen, den ich je besucht habe«, schimpfte eine Britin für Millionen anderer Fluggäste auf der Internetseite von Skytrax.

Nach der Wende lebte der Traum wieder auf, Lufthansa und Interflug vereinbarten Großes. »Neuer Airport entsteht im Süden von Berlin«, meldeten im Januar 1990 die Agenturen (vor 30 Jahren!). 1996 folgte der »Konsensbeschluss« der Gesellschafter: Berlin, Brandenburg und der Bund, alle an der Flughafengesellschaft beteiligt, entschieden sich für Schönefeld. Die Lufthansa jubilierte, Schönefeld würde ihren internationalen Drehkreuzen Frankfurt und München keine Konkurrenz machen können. 1998 stand das Ergebnis der Ausschreibung fest: Ein privates Konsortium um die Firma »Hochtief« sollte den Airport errichten. Ein Jahr später meldete die *Tagesschau:* »Ausschreibung des Großflughafens Berlin-Brandenburg wird wegen Interessenkonflikten wiederholt. Am Zeitplan soll aber festgehalten und der Flughafen 2007 eröffnet werden.«

Die Politik dachte, das Konsortium sei eigentlich ein Kartell, und wollte deshalb lieber alles selber machen. Bis zum ersten Spatenstich dauerte es dann noch ein bisschen, im September 2006 war es aber endlich so weit, ein Jahr vor der einstmals geplanten Eröffnung. Das hätten nicht mal mehr die Chinesen geschafft, die brauchen im Durchschnitt drei Jahre für einen neuen Großflughafen. Kleine Handwerksbetriebe aus Berlin und Brandenburg wurden beauftragt, der Regierende Bürgermeister selbst nahm ein paar Umplanungen vor, der Technikchef arbeitete an seiner Doktorarbeit, der Flughafenchef an seinen Seminaren, am Ende wusste keiner mehr, wer hier eigentlich was tut und warum oder eben auch nicht.

Dennoch verkündete Klaus Wowereit im Mai 2010 zur Überraschung der Bauarbeiter, die gerade ihre Stullen ausgepackt hatten: »Wir stehen kurz vor der Eröffnung.« Acht neue Termine wurden seitdem offiziell verkündet, dazu kamen einige Schätzungen nach der Rechenart Pi mal Daumen.

Die Geschichte der Verschiebungen müssen nicht wir erzählen, das können die beteiligten Herrschaften auch ganz gut allein – hier die Originalzitate aus dem Leben eines Flughafens, der zum Fluchhafen wurde:

2011: »We are on track.« (Geschäftsführer Rainer Schwarz) »Der Inbetriebnahmetermin 3. Juni 2012 ist unwiderruflich.« (Technikgeschäftsführer Manfred Körtgen)

2012: »Es muss jetzt darum gehen, zügig und konzentriert in hoher Qualität so zu arbeiten, dass wir spätestens in der zweiten Augusthälfte 2012 diesen Flughafen eröffnen können.« (Ministerpräsident Matthias Platzeck im Mai) »Wir bündeln alle Kräfte, um den Eröffnungstermin im Oktober 2013 zu halten.« (Klaus Wowereit im Dezember)

2013: »Der BER wird ein Schmuckstück, wir machen jetzt fertig.« (Geschäftsführer Hartmut Mehdorn) »Entweder das Ding fliegt oder ich fliege.« (Matthias Platzeck)

2014: »Wir werden fertiger und fertiger.« (Hartmut Mehdorn). »Eines Tages ist es so weit.« (Innensenator Andreas Geisel)

2015: »Wir schaffen das.« »Der Starttermin 2017 für den Hauptstadtflughafen ist sicher.« (Hartmut Mehdorn) »Wir eröffnen im zweiten Halbjahr 2017.« (Mehdorn-Nachfolger Karsten Mühlenfeld)

2016: »Auch der BER wird fertig werden!« (Engelbert Lütke Daldrup, damals noch Flughafenkoordinator in der Senatskanzlei) »Es wird knapper und enger.« (Regierender Bürgermeister Michael Müller) »Ich bin zuversichtlich, dass wir uns im Herbst 2017 über den neuen Flughafen Berlins freuen können.« (Engelbert Lütke Daldrup) »Ich habe immer gesagt: 2016 fertig bauen, 2017 eröffnen. Dabei bleibt es.« (Michael Müller)

2017: »Ein Flughafen ist nie fertig.« (Neu-Geschäftsführer Engelbert Lütke Daldrup) »Wir planen doch keine Mondlandung.« (Ministerpräsident Dietmar Woidke) »Ich bleibe bei 2018. Ich kenne da draußen jede Schraube.« (Aufsichtsratsmitglied Rainer Bomba)

2018: »Ich akzeptiere es nicht, wenn die Welt über diese Baustelle lacht.« (Verkehrsminister Andreas Scheuer) »Erstaunlich, wie schnell doch die Zeit vergeht.« (BER-Mitgeschäftsführer Manfred Bobke-von Camen)

2019: »Terminrisiken sind terminiert.« (Aufsichtsratschef Rainer Bretschneider) »Der BER ist keine Baustelle, bei der es um Fertigstellung geht.« (Ex-Technikchef Jörg Marks) »Der Flughafen ist ungeöffnet haltbar bis Oktober 2020.« (Flughafensprecher Hannes Hönemann)

2020: »Wenn ich in die Augen meiner Leute schaue, sehe ich jeden Tag mehr Vertrauen in das Gelingen.« (Engelbert Lütke Daldrup)

28. 4. 2020: »Der BER ist fertig. Die BER-Baustellen-Witze werden jetzt langweilig.« (Engelbert Lütke Daldrup)

Als im BER noch immer nicht alle Sprinkler funktionierten, lief nebenan am Flughafen Schönefeld das Verwaltungsgebäude voll Wasser – ein Rohrbruch. Auch Flughafenchef Lütke Daldrup bekam in seinem Büro nasse Füße und musste umziehen, ausgerechnet nach Tegel, was für eine Symbolik. Der aus allen Nähten platzende altersschwache Flughafen Tegel hatte in den vergangenen Jahren die größte künstliche Erhebung Berlins aufzuweisen, abgesehen vom Fernsehturm, es war ein Kofferberg. Das Flughafengebäude steht unter Denkmalschutz, und die sogenannten Dienstleister verhalten sich wie Museumswärter: nichts anfassen und bloß nicht bewegen. In Tegel streiften sich Flugkapitäne schon mal mit den Worten »Okay, dann packe ich das selber an« gelbe Schutzwesten über, weckten dösende Busfahrer und räumten die Koffer ihrer Passagiere aus. Die Meldung »Warnstreiks des Bodenpersonals« kam hier immer schon aus dem Lachsack der Luftfahrt, die meisten Fluggäste kannten es ja kaum anders. »Ich hätte nicht gedacht, dass so etwas an einem deutschen Flughafen möglich ist«, kommentierte ein Lufthansa-Pilot nach der Landung übers Bordmikrofon den chaotischen Dauerzustand. Selbst als wegen Corona fast gar kein Flugzeug mehr in Tegel landete, ging verlässlich jeden Tag noch mindestens ein Koffer verloren. Da galt es wohl, einen Ruf zu verteidigen.

Flughafenchef Lütke Daldrup wollte Tegel nach der BER-Eröffnung so schnell wie möglich schließen, die Weltstadt Berlin wird dann nur noch über einen einzigen Start- und Landeplatz verfügen. Wenn es da mal wieder heißt »something went wrong«, werden die Passagiere nach Leipzig, Halle und Dresden umgeleitet, ein schlechter Witz, wie wahr. Oder sie werden mit Fallschirmen über den Rieselfeldern von Spandau abgeworfen.

Manch einer der verhinderten Flughafeneröffner machte im Anschluss noch so richtig Karriere: Ex-Geschäftsführer Rainer Schwarz startete von der BER-Baustelle aus durch und wurde erst Chef des Flughafens Rostock-Lage, dann von Münster-Osnabrück. Ex-Aufsichtsratschef Klaus Wowereit beförderte sich selbst zum Radio-Kommentator, und auch der Ex-Flughafenplaner der Senatskanzlei schaffte den Abflug: Im Roten Rathaus wurde er zuständig für Glücksspiel und Religion. Irgendwann muss eben jeder dran glauben. Bei einem ging es ganz schnell, bei Daniel Abbou, der als Kommunikationschef eingestellt worden war. Er nahm seine Aufgabe ernst: »Kein Politiker, kein Flughafendirektor und kein Mensch, der nicht medikamentenabhängig ist, gibt Ihnen feste Garantien für diesen Flughafen«, sagte er in seinem ersten großen Interview. Anders als alle anderen, die am BER herumgeschraubt haben, wurde er sofort gefeuert.

7

Weißt du, wo du hier bist?

Berlin hat zwölf Bezirke.
Jeder tickt anders.

Als wir nach Berlin zogen, dachten wir, nun ja, wir ziehen in eine Stadt namens Berlin. Das stimmte aber nur auf dem Papier. In Wirklichkeit ist »Berlin« ein Sammelbegriff für mindestens ein Dutzend, eher wohl um die 20 Städte, die sich stärker voneinander unterscheiden als Dortmund und Recklinghausen oder Schwerin und Stralsund. Ob du in Marzahn lebst oder in Zehlendorf, das ist, wie Boris Becker es mal so ähnlich gesagt hat, vom Feeling her ein völlig anderes Gefühl.

Wir haben im Lauf der Jahre in verschiedenen Bezirken und Stadtteilen gewohnt. Der eine in Wilmersdorf, Kreuzberg, Mitte, Charlottenburg und Kladow, das zu Spandau gehört, der andere in Tempelhof, Kreuzberg, Schöneberg, Spandau und Mitte. Bis vor ein paar Jahren sind Berliner oft umgezogen, weil Wohnungen hier relativ leicht zu kriegen waren.

Den Umzug hat natürlich immer Klaus Zapf organisiert, das gehörte sich hier einfach so. Zapf stammte aus Baden, er war vor der Bundeswehr nach Berlin geflüchtet, ein massiger, sympathischer Mann mit Rauschebart, auffälliger Brille und zerbeulten Jeans. Er lief einmal durch die Wohnung, das dauerte etwa 30 Sekunden, danach nannte er eine Zahl, dieser Kostenvoranschlag stimmte immer und war stets etwas günstiger als bei der Konkurrenz. Zapf duzte alle. Weil sein Betrieb im Alternativmilieu wurzelte, stand auf den gelben Umzugswagen lange »Im Besitz der Belegschaft«, was eine leicht geschönte Darstellung der tatsächlichen Besitzverhältnisse darstellte. Am Anfang, sagte er gern, sei er nur der dickste Spediteur in Berlin gewesen, inzwischen sei er auch der größte. Als er eine Familie gründen wollte, gab er eine Anzeige auf: »Millionär sucht Frau.« Auch das funktionierte. 2014 ist er nach einem Herzinfarkt gestorben.

Ohne Zapfs billige Umzüge wären wir vielleicht nicht so weit herumgekommen in Berlin. In den Bezirken, in denen wir nicht selber gewohnt haben, wohnten Freunde, die auch ständig umzogen.

Das Zentrum

Was in *Mitte* los ist und wer da gerade wieder einen auf wichtig macht, ist den meisten Berlinern piepegal, sogar denen in Mitte. Und einen Promibonus gibt's schon gar nicht, auch nicht für den Bundespräsidenten.

Dazu hier gleich mal eine Paketbotengeschichte: Die Barenboim-Said-Akademie wollte dem Staatsoberhaupt ein Buch schicken, *Der Klang der Utopie*, herausgegeben von Akademie-Gründer Daniel Barenboim und ihrem Direktor Michael Naumann. Die Sendung war korrekt frankiert und adressiert: »Bundespräsidialamt, Herrn Frank-Walter Steinmeier, Spreeweg 1, 10557 Berlin«. Was soll da schon schiefgehen? Ein paar Tage später kam der *Klang der Utopie* wie ein Echo im Realberliner Schnauze-Sound zurück zur Akademie, versehen mit einem Auslieferungsvermerk des DHL-Zustellers: »Der Empfänger war nicht zu ermitteln. Name nicht auf Klingel/Briefkasten.« Tja, da kannste nix machen.

Mit der gleichen Coolness ignorieren Mitte-Bewohner Hollywood-Größen wie Leonardo Di Caprio oder Charlize Theron, sie kämen aus dem Grüßen ja sonst gar nicht raus. Mehr als 600 Filme werden pro Jahr alleine hier gedreht, kein anderer Bezirk erteilt den Produzenten auch nur annähernd so viele »Sondernutzungen öffentlichen Straßenlands« für Dreharbeiten wie Mitte. Ganze Straßenzüge sind deswegen oft tagelang gesperrt, ein Team ließ im vergangenen Jahr ein ganzes Karree mitten in einem Wohngebiet gleich für vier Wochen mit Halteverbotsschildern zustellen und alles abschleppen, was im Weg stand. Der Titel des Films: *Nur zu Deinem Besten*. Darüber konnten die Anwohner dann wenigstens wieder lachen.

Mitte-Berliner schicken nach dem Weg suchende Touristen auch schon mal zur Siegessäule, wenn sie nach dem »Telespargel« fragen, und zum Fernsehturm, wenn sie zur »Goldelse« wollen. »Telespargel« und »Goldelse« sagt fast niemand in Berlin, das sind Begriffe aus dem Reiseführer. Der Mitte-Berliner ist gerne genervt von Mitte-Touristen, vor allem, wenn sie auf wissend tun, und ganz besonders genervt sind sie von denen, die entweder zu Fuß, mit dem Auto, dem Hop-on-Hop-off-Bus, der Rikscha, dem Leihfahrrad, dem E-Scooter, der BVG, dem Bierbike oder der Kutsche unterwegs sind. Alle anderen sind herzlich willkommen, auch wenn Bezirksbürgermeister Stephan von Dassel einmal sagte: »Für uns wäre es natürlich eine Entlastung, wenn die Touristen auch mal in einen Biergarten in Marzahn gehen würden.« Den Schlossneubau findet von Dassel übrigens »grausig«. Der Bürgermeister kommt gut an bei den Leuten hier.

Unter Mitte verstehen die meisten Menschen den schmalen Ost-West-Korridor zwischen Fernsehturm und Siegessäule. Hier liegen zehn der zehn angeblichen Top-Sehenswürdigkeiten. Alles andere drum herum sind Geheimtipps, die jeder kennt. Weniger klar ist den meisten Menschen, dass Mitte nicht eine geografische Feststellung ist, sondern eine administrative. Zum *Bezirk* Mitte gehört nämlich auch der Wedding, dessen S-Bahn-hof daran zu erkennen ist, dass alle vier Uhren eine andere Zeit zeigen. Was die vier Uhren eint: Keine von ihnen läuft richtig. Die beiden Stadtteile Mitte und Wedding lassen sich leicht unter-scheiden: Im Wedding werden Polizisten schon mal mit einem Mikrowellengerät beworfen, in Mitte allenfalls mit veganen Burgern. In Mitte heißen die Kinder Ada Mai, Cäcilie Helene, Leonore Chiara, Edvard Neo und Frederick Theodor Heinrich, im Wedding Tarek, Ahmed, Junis, Aleyna, Ayasha und Samira.

Das englische Magazin *Time Out* hat den Wedding in der Liste der 50 coolsten Kieze der Welt auf Platz vier gesetzt, die Begründung: »Während der Rest der Stadt sich rasend schnell verändert, wird hier die Tradition verteidigt: Berlin als Spiel-platz für Menschen, die nicht erwachsen werden wollen.« Dem-nächst muss diese Trophäe sicher an Spandau weitergereicht werden oder an Marzahn. Die Vermittung Berlins schreitet voran, die Immobilienpreise im Wedding haben sich in den vergangenen zehn Jahren verdreifacht. Das können sich Men-schen, die nicht erwachsen werden wollen, leider nicht mehr lange leisten.

Mitte ist stressiger als andere Bezirke. Die AOK Nordost hat festgestellt, dass hier mehr Menschen an chronischen Kopf-schmerzen leiden als anderswo. In Mitte leben die meisten »Schuldistanzierten« (so werden offiziell die Schulschwänzer genannt) mit mehr als 20 unentschuldigten Fehltagen. Aus Mitte kommen die meisten Meldungen beim Ordnungsamt. Und Mitte hält den Rekord für die längste Wartezeit auf eine Wartemarke beim Standesamt (acht Stunden). Aber es ist Bes-serung in Sicht: Bei der Ausschreibung der Stelle einer Stan-desbeamtin/eines Standesbeamten wurde unter »außerfach-liche Anforderung« besonders Wert gelegt auf »die Fähigkeit, Entscheidungen zu treffen«.

Aber ansonsten ist Mitte eigentlich ein ganz normaler Berliner Bezirk. Die Leute bestellen sich zum Picknick im Park am liebsten eine Pizza Margherita, das hat jedenfalls Deliveroo festgestellt. Und was die Verwaltung betrifft: Das Wort »Amtsschimmel« ist hier wörtlich zu nehmen, wie ein paar nicht miteinander verwandte Nachrichten aus der jüngeren Mitte-Geschichte zeigen: Das Bauaktenarchiv – wegen Schimmelbefalls geschlossen. Die Lebensmittelpersonalberatung im Haus der Gesundheit – wegen Schimmelbefalls geschlossen. Die Einschulungsbescheide – leider verschimmelt, aber die hätten sowieso nicht verschickt werden können, denn auch die Poststelle schimmelte vor sich hin und wurde geschlossen. Wegen der desolaten Lage erwog die Verwaltung »alternative Zustellvarianten«, rund um den Alexanderplatz lungern genug Tauben herum. Vielleicht lassen die sich ja umschulen.

Der Machobezirk

In *Neukölln* haben bekanntlich Migranten verschiedenster Provenienz ihr Hauptquartier, mit sämtlichen dazugehörigen Licht- und Schattenseiten. Näheres erfährt man aus der Neukölln-Fernsehserie *4 Blocks*. Das inoffizielle Stadtoberhaupt von Neukölln heißt, seit es *4 Blocks* gibt, Kida Ramadan. Mit einer Authentizität, die man vermutlich nicht lernen kann, spielt er in der Serie einen Clanchef. Kida Ramadan erinnert viele an Marlon Brando in *Der Pate*, nicht nur wegen des Leibesumfangs.

Bei einer Party auf dem Dach eines Neuköllner Einkaufszentrums stand Kida Ramadan in der Warteschlange. Er war in Begleitung eines sehr jungen Mannes, augenscheinlich ein Sohn. Der Türsteher des Klubs sagte zu dem Jungen: »Bist du schon 18? Zeig mal den Ausweis.«

Kida Ramadan schaute den Türsteher nur an, lange und sehr laut schweigend. Alle Gespräche in der Warteschlange verstummten. Der Türsteher begriff nichts. »Was denn? Den Ausweis, sonst kommst du hier nicht rein.« Da fragte Kida Ramadan: »Weißt du, wo du hier bist? Wer hier reinkommt und wer nicht, das bestimmen wir.«

So war's dann auch.

Aus einem ähnlichen Holz ist Heinz Buschkowsky geschnitzt, der langjährige offizielle Bürgermeister von Neukölln, der aufgrund seiner ramadanhaften Schnörkellosigkeit prima mit den Leuten zurechtkam. Neukölln ist auch das Reservat der letzten volkstümlichen Sozialdemokraten. Wer einen Vollmacho fragt, ob es eine Frau geben könnte, vor der sogar einer wie er echt Respekt hat, bekommt die Antwort: »Wenn du noch ein Wort über meine Mama sagst, kriegst du eins auf die Schnauze.« Insofern war die mütterliche Franziska Giffey eine wirklich ideale Nachfolgerin für Heinz Buschkowsky. Wenn die Affen den Felsen von Gibraltar verlassen, so sagt man, dann verliert das britische Empire auch diesen letzten Außenposten in Europa. Wenn aber die Sozis eines Tages nicht einmal mehr Neukölln regieren, dann ist die SPD wirklich am Ende.

Die Berliner Jugend benutzt Neukölln als Abenteuerspielplatz. Wohnungspreise und Mieten sind allerdings oft nur noch für erfolgreiche Jungunternehmer geeignet. Döner, Fufu und Mate kann sich noch jeder leisten. Besserverdienende ältere Jahrgänge haben rund um den bildschönen Richardplatz, ehedem der Dorfanger von Rixdorf, ihre unsichtbare Wagenburg errichtet. Dort gibt es viele Füchse und ein Schnitzelrestaurant, wo oft Fußballer einkehren. Die Schnitzel sind dort fast so groß wie ein Fußballfeld.

Besserverdienende bedauern jeden Tag, dass sie nicht rechtzeitig eine Wohnung im Schillerkiez gekauft haben, wo seit der Umwidmung des nahe gelegenen Tempelhofer Feldes in eine

Amüsiermeile für Skateboardfahrer und Lifestyle-Exhibitionisten immobilienmäßig die Luzie abgeht. Neuköllnerinnen aller Generationen tragen oben herum entweder Kopftuch oder lila Haare mit Totenkopf-Tattoo, um den vierzehnten Geburtstag herum entscheiden sie sich.

Der schwäbische Bezirk

Pankow sagt den meisten Menschen außerhalb Berlins so gut wie nichts. Okay, Udo Lindenberg wollte mit einem Sonderzug dahin, das haben sie mitbekommen, und nach der Bundestagswahl 2017 war Pankow sogar mal in der *Tagesschau*, als Deutschlands lahmster Stimmbezirk. Aber Prenzlauer Berg, das ja nur ein Ortsteil von Pankow ist, meint jeder zu kennen. »Deutschland ist nicht der Prenzlauer Berg«, analysierte zum Beispiel der CSU-Politiker Alexander Dobrindt scharf wie ein Radi. Nein, Prenzlauer Berg ist natürlich nicht Deutschland, sondern ein Vorort von Stuttgart mit Kehrwoche und Weckle, und wenn das Städtele weiter so schnell wächst, ist es bald sogar andersherum.

In Prenzlauer Berg fahren die Väter ihre drei Kinder mit dem Lastenfahrrad zur Kita, zur Grundschule und zum privaten Gymnasium. Die Mütter nehmen den SUV, sonst werden sie stigmatisiert. Aus Umweltschutzgründen sind sie aber manchmal mit dem Tesla unterwegs, zum Beispiel zum Biomarkt um die Ecke, um sich frische Papayas aus Costa Rica für den Smoothie nach der Yogastunde zu holen. Papayas aus Mexiko schmecken nämlich leicht bitter. Im Café bestellen sie ihren entkoffeinierten Thai-Chi-Latte-Mocchiato grundsätzlich mit Sojamilch von glücklichen Bauern, wegen der Laktose-Champagner-Kreuzallergie.

Sie sind froh, dass sie ihre Partner davon überzeugt haben, die Kinder Viktor Paul Theodor, Freya Luise Apollonia und Rufus Oliver Friedrich zu nennen. Auf dem Spielplatz drehen sich zwei

Drittel aller Kinder um, wenn sie »Viktor Paul Theodor«, »Freya Luise Apollonia« oder »Rufus Oliver Friedrich« rufen, aber dafür werden die Kleinen im Kirchenchor nicht so gehänselt. Die Kinderpsychologin hat auch so schon genug mit ihnen zu tun, wegen des Impftraumas. Aber darüber reden sie nicht in der Öffentlichkeit, bloß nicht! Impfen gehört sich hier nicht.

Zuweilen begegnet ihnen am Kollwitzplatz ein komischer Kauz, er soll Wolfgang Thierse heißen, haben sie gehört, und er besteht darauf, beim Bäcker »Schrippen« zu bestellen. Schrippen! Wie sich das schon anhört. Und was soll das überhaupt sein? Angeblich wohnt der Mann hier schon seit vor der Wende, unvorstellbar. Dass der sich das überhaupt noch leisten kann ... Ach ja, und drei Éclairs au chocolat, bitte.

Schule läuft übrigens gerade ganz gut. Aber Freya Luise Apollonia hätte sich neulich fast verraten, als sie wegen der fehlenden Hausaufgaben zur Lehrerin sagte: »Das haben wir noch nicht geschafft.« »Wir«? Na ja, hier machen eben die Mütter die Hausaufgaben, wenn sie nicht gerade im Beauty Spa oder Ayurveda Center sind – oder beim Friseur. In Berlin gehen die Leute zu »Pony & Clyde«, »Hairlich Deluxe«, »Vorhair Nachhair«, »Krehaartiv«, »Mata Haari« oder in den Salon »Haireinspaziert«. In Prenzlauer Berg gehen sie ins »Atelier Touché« oder ins »Neo Privée«. Und danach machen sie Hausaufgaben. Deswegen sind die Mütter hier auch immer so aufgeregt, wenn sie am Ende des Schuljahrs ihre Zeugnisse bekommen.

Im *Tagesspiegel* haben sie gelesen, dass von allen betrunkenen Kindern und Jugendlichen, die in Berlin von der Polizei aufgegriffen werden, die proportional meisten aus Prenzlauer Berg kommen. Na ja, irgendwie muss der Sozialstress doch kompensiert werden. Geht ihnen ja auch so. Deswegen sind die Mütter vom Prenzlauer Berg auch richtig sauer, dass die Bürokraten im Bezirksamt für die Spielplätze ein Alkoholverbot verhängt haben. Nur weil sie dort zu wenig Personal haben, um abends ihre Piccolo-Fläschchen und die Kronkorken der Väter aus dem Sandkasten zu holen!

Sie reden viel miteinander, die Mütter und Väter vom Prenzlauer Berg, aber sie haben auch ihre kleinen Geheimnisse, na klar. Als sich das Berliner Tinder-Ranking herumsprach, bekamen hier viele rote Öhrchen: Pankow auf Platz 1! Es ist hier jedenfalls leichter, ein Tinder-Match zu finden als einen Hochzeitstermin. »Heiraten Sie in einem der schönsten Berliner Standesämter«, wirbt der Bezirk, fügt aber vorsorglich hinzu: »Derzeit beträgt die Wartezeit für die Terminvergabe 3 bis 4 Monate. Wir empfehlen daher dringend, die Hochzeitsplanung erst dann vorzunehmen, wenn die Anmeldung erfolgt ist.« Wenn es dafür dann nicht schon wieder zu spät ist.

Dass Prenzlauer Berg mal ein Arbeiterbezirk war, halten hier heute die meisten für eine Propagandalüge der Russen, die 30 Jahre lang den Fall der Mauer überlebt hat, und zwar in der Finanzverwaltung. Als im Zuge einer berlinweiten Steuerfahndung unter 51 Einkommensmillionären die Finanzämter Nachforderungen in Höhe von 23,5 Millionen Euro erhoben, fielen davon 21,4 Millionen Euro auf Prenzlauer Berg.

Zu den Millionären im Bezirk zählen sicher auch die Bandmitglieder von Rammstein, und die waren schon vor der Wende hier. Ihr Keyborder Flake leidet sehr unter den Veränderungen in seinem Heimatbezirk: »Es leben inzwischen viele unangenehme Menschen hier. Die machen Sachen, die ich mir nie hätte träumen lassen. Reden an der Kasse laut ins Handy!« Zum Beispiel im Biomarkt: »Nein, du kannst den SUV haben, ich bin mit dem Tesla unterwegs.«

Pankows Bürgermeister Sören Benn hat Alexander Dobrindt nach dessen »Deutschland ist nicht der Prenzlauer Berg«-Spruch übrigens auf einen Latte Macchiato eingeladen: »Damit er sich davon überzeugen kann, dass in Wirklichkeit alles noch viel schlimmer ist.«

Das Dorf

Zu *Reinickendorf* gehören hübsche und sogar ländliche Ortsteile, etwa Frohnau oder Lübars. Das Ur-Reinickendorf aber wurde mit der Industrialisierung zur Stadt, erschaffen von Betrieben wie Borsig oder der AEG, die längst verschwunden sind.
Billige Nachkriegsarchitektur, wohin man schaut, ein bisschen
wie Bochum, ein bisschen wie 1980. Wer Sehenswürdigkeiten
sucht, muss die U-Bahn nehmen. Denn in Reinickendorf gibt
es immer nur Reinickendorf und sonst nichts.

Wer wohlhabend ist, jung oder abenteuerlustig, wohnt
eher woanders. Aus den klassenbewussten Arbeitern, Fahne
hoch, 45 Jahre im gleichen Betrieb, wurde ein Reservoir von
Arbeitslosen, Alten, Entwurzelten und Zweifelnden. Bei den
Bewohnern von Mitte gelten sie als gestrig, kleinkariert und
aggro. Und sie bilden nicht mal einen Krisenherd, auch dazu
hat es nicht gereicht.

Und doch hätte Reinickendorf beinahe Berlin erobert und
beinahe Deutschland. Beinahe wäre der Teppichhändler Frank
Steffel, ein Reinickendorfer wie aus dem Bilderbuch, für die
CDU zum Regierenden Bürgermeister gewählt geworden, er
sah gut aus und ließ sich gern mit Kennedy vergleichen. Steffel
scheiterte an dem mentalitätsmäßig gar nicht viel anders ge-
strickten Gegenangebot der SPD, Klaus Wowereit, vielleicht,
weil der als bekennender Schwuler für etwas weltläufiger gehalten wurde.

Außerdem war Reinickendorf die Hochburg einer neuen,
populistischen Partei, die eine historische Sekunde lang imstande schien, das etablierte Parteiensystem aufzurollen. Sie
verpasste relativ knapp den Einzug ins Abgeordnetenhaus, das
wäre der Durchbruch gewesen. In Reinickendorf holte sie sogar sieben Prozent. Die Grauen zeigten auf Wahlplakaten ein
heftig schmusendes Rentnerpaar, dazu den Text »Poppen für

die Rente«. Das politische Programm stand auf einem anderen Plakat, es lautete »Gegen Lügner und Betrüger«.

Frontmann der Altenpartei war überraschenderweise ein Enddreißiger, der Reinickendorfer Gastwirt Norbert Raeder. Er trug Schnauzbart, schwarze T-Shirts, rauchte R1 und erklärte, dass er Bundeskanzler werden wolle. Am auffälligsten war sein Haarschnitt, vorne kurz, hinten lang, eine Vokuhila. Raeder schaute dem Volk auf den Mund, ließ im Programm aber den Teil des Volksmunds weg, der nach NPD oder Linkspartei klang. Die Grauen wären im Erfolgsfall wohl eine R1-Ultralight-Version der AfD geworden, auch das hat Reinickendorf nicht geschafft.

Wenn die Alpengletscher schmelzen, lassen sie Geröllhalden zurück, auf denen erst einmal nichts wächst. So ähnlich sehen die ehemaligen Arbeiterstädte aus, aus denen die Industrie verschwunden ist. Sie sind eine steinerne, graue, zerklüftete Fläche, die auf etwas zu warten scheint, das hier wieder wachsen könnte. Das Tempo und der Rhythmus des Dorfes sind zurückgekehrt, nur das Malerische fehlt, das Urlaubsgefühl.

In der Residenzstraße geht man langsam, zum Penny, zur Reste-Rampe, in die Bierkneipe, man sitzt, trinkt und wartet. Von Zeit zu Zeit zittert die Straße. Denn es gibt noch etwas, das Reinickendorf prägt, auf den ersten Blick, so, wie Prenzlauer Berg von den coolen Bars geprägt wird, Kreuzberg von seinem Völkergemisch und Kladow von der Havel. Das sind, bis 2020 jedenfalls, die Flugzeuge. Reinickendorf liegt seit Jahrzehnten in der Einflugschneise des Flughafens Tegel. Alle paar Minuten landete ein Flugzeug, und kurz bevor es aufsetzte, strich es knapp über die Dächer, mit einem Lärm, den man nicht für möglich gehalten hätte, solange man ihn nicht gehört hatte. Am spektakulärsten war es immer schon am Kurt-Schumacher-Platz. Die Mülltonnen vibrierten, ein Wirbelsturm fegte für

Sekunden über den Platz, der Zeitungen wegriss und das Bier in den Gläsern sich kräuseln ließ.

Wegen der unverzichtbaren Lärmschutzmaßnahmen waren Neubauten in Reinickendorf teurer als anderswo, auch deswegen wurde hier weniger gebaut. Ohne Krach wird hier manches einfacher, denkt man. Aber der Bezirk wollte den Flughafen Tegel unbedingt behalten, mit der Schließung verschwindet ja schon wieder ein Arbeitgeber, geht wieder ein Stück Industriestadt verloren.

Wenn der Reinickendorfer Worte wie »Start-up« oder »Hightech« hört, denkt er an seine Musikanlage, bei »Investor« an eine Kampfhunderasse. Bei Wahlen ist Reinickendorf, neben Spandau, heute eine der Hochburgen der AfD im Westteil der Stadt. Und Norbert Raeder sitzt auch wieder im Bezirksparlament. Diesmal für Frank Steffels CDU.

Die versteckte Schönheit

Spandau gilt bei Maklern schon lange als »Hidden Beauty«. Allerdings können die Spandauer ihre Schönheit sehr gut verstecken. Der Komiker Kurt Krömer meint sogar herausgefunden zu haben, dass in Spandau alle drei Teile von *Herr der Ringe* gedreht worden sind: »Und die Produktionsfirma hat damals auch 'n Heidenjeld jespart, weil man die Leute ja hier nicht schminken musste«, erklärte er im rbb Fernsehen. Klingt glaubwürdig. Insider behaupten, dass in Spandau sogar die Hunde tätowiert sind, aber auch das ist gut versteckt. Spandau ist also ein bisschen so wie Neukölln ohne Studis und Touris, nur billiger, aber dafür liegt's am Wasser – und nicht etwa *in* Berlin, wie die Zugezogenen meinen, sondern *bei* Berlin. Von Berlin aus ist das Spandauer Rathaus in der Altstadt nur über Brücken zu erreichen, oder mit dem Schiff.

Spandau hat sogar einen eigenen ICE-Bahnhof. Seit Verkehrsminister Andreas Scheuer hier mal mit einem Triebwerksschaden liegen geblieben ist, wissen das sogar die Berliner. Allerdings fahren die Züge manchmal ohne Halt durch, auch der Grünen-Chefin Annalena Baerbock ist das schon passiert: Sie kam vom Hauptbahnhof, ihre Kinder sollten in Spandau zusteigen, blieben aber auf dem Bahnhof zurück. Für eine geordnete Familienplanung ist der Bezirk eben nicht zu gebrauchen. Aber wenn der Zug mal hält, ist der Spandauer schneller in Wolfsburg (52 Minuten, sofern der Zug da nicht auch durchfährt, was öfter mal vorkommt) als am Bahnhof Marzahn (58 Minuten; allerdings will der Spandauer da auch nicht hin – wenn er denn überhaupt glaubt, dass Marzahn existiert und nicht auch nur so eine Erfindung wie Bielefeld ist).

»Spandau ist anders als Friedrichshain-Kreuzberg«, hat nach eingehender Recherche sogar die Berliner CDU festgestellt. So steht es jetzt jedenfalls in ihrem Verkehrskonzept (ja, Überraschung: So was gibt's). Auch der Parteichef kommt aus Spandau, er will sich für die Kleingärten einsetzen, das kommt hier gut an. In Mitte erzählt er dagegen lieber, dass er mal ins Berghain will. Aber da kommt man schwerer rein als aus Spandau raus, die Leute hängen an ihrem Bezirk. Das liegt vor allem an dem in Berlin weltberühmten »Florida«-Eis, das in einer Spandauer Fabrik hergestellt und an zwei Stellen in der Nähe vom Rathaus verkauft wird. Die Warteschlangen sind länger als die vor »Curry 36« und »Mustafa's Gemüse Kebab« in Kreuzberg, für viele Berliner ist Florida überhaupt der einzige Grund, jemals nach Spandau gefahren zu sein. Darauf sind die Spandauer schon ein bisschen stolz. Dass ihre Lieblingseisfabrik »die erste CO_2-neutrale Eisproduktion Deutschlands« ist, haben sie dagegen noch nicht mitbekommen. CO_2 ist was für die Grünen in der Stadt.

Wie anders Spandau ist als alles andere in Berlin, zeigt auch folgender Dialog, der auf Twitter die Runde machte: »Ey wie krass! Die Kellnerin hat mich gerade gesiezt! Und das in Berlin!« »Das hier ist Spandau.« Genau, so ist es: Vom Berlin-Hype ist der Spandauer so weit entfernt wie seine Traditions-kneipe »Wampe« von einem Stern im *Guide Michelin*. Wer hier auf Englisch bestellt (wie in Mitte, Neukölln und Friedrichshain üblich), wird angeschnauzt, nicht so zu nuscheln. Die belieb-teste Badestelle in Spandau heißt deshalb auch nicht »Beach« wie drüben in Berlin, sondern schlicht »Bürgerablage«, und so sieht sie im Sommer auch aus.

Von der Großstadthektik lässt sich hier jedenfalls niemand anstecken, trickreich wird ausgesessen, was auszusitzen ist. Spandau hat zum Beispiel Berlins längste Wartezeit bei Ster-beurkunden – ein genervter Testamentsvollstrecker zitiert die Mitarbeiterin eines Bestattungsunternehmens so: »Warum musste die denn auch ausgerechnet hier sterben?« Gute Frage, leider zu spät. In Spandau fährt auch Berlins unpünktlichster Bus, der X49 – es ist natürlich ein Expressbus. Und als ein Opel mit Rostocker Kennzeichen neben der Tankstelle im südlichen Ortsteil Kladow ein Jahr lang im Halteverbot stand und die Leute doch langsam unruhig wurden, schaltete das Bezirksamt auf Autokorrektur: Nicht das Fahrzeug wurde entfernt, sondern das Halteverbotsschild. Problem gelöst.

Kladow war zu Mauerzeiten ziemlich abgeschnitten vom Rest der Welt, von Berlin – und irgendwie auch von Spandau. Der schnellste Weg in die Stadt ist noch heute die BVG-Fähre F10 nach Wannsee. Doch als die Verkehrsbetriebe eine ver-gessene Siedlung auf die Linie einer ihrer Doppeldecker-Busse nehmen wollten, waren die Anwohner empört: So viel Lärm, das hatten sie nicht gewollt! Busfahrer Tom F. kommentier-te den Bürgerprotest auf Facebook so: »Die Kladower haben doch einen an der Waffel, erst beschweren sich die arroganten

Vollbebirnten darüber, dass sie keine direkte Anbindung an die City haben, und wenn sie kommen soll, ist es denen zu laut. Ich will den ersten da durchfahren! Halo I bims, der X34, es ist 04.56 Uhr, Zeit zum Aufstehen!«

Veränderungen mag der Spandauer nicht so, dafür gibt's schließlich den Rest von Berlin. Als der Senat Tausende Wohnungen im Ortsteil Falkenhagener Feld verkaufte, war die Unruhe groß. Doch dann stellten die Mieter beruhigt fest, dass auch die neue Verwaltung nicht reagierte, wenn die Heizung ausfiel, das Wasser nur tröpfelte oder jemand die Haustür aus den Angeln trat. Alles so wie immer, Gott sei Dank – über irgendwas wird man ja noch meckern dürfen. Apropos Gott: Auch Pfarrer Viktor Weber wurde gleich bei seiner Ankunft in Spandau klar, dass er hier nicht so schnell eingemeindet würde. Vorgestellt hatte er sich mit den Worten: »Ich bin der neue Pfarrer hier bei euch in Spandau.« Zu hören bekam er: »Nein, bist du nicht! Du bist ein Hipster aus Kreuzberg, und da gehörst du auch hin!« Da hilft wirklich nur noch beten.

Die Sonderzone

Alles, was Berlin an Licht und Schatten zu bieten hat, ist auch in *Friedrichshain-Kreuzberg* vorhanden. Allerdings häufig in doppelter Dosis. Mehr Nachtleben, mehr Vielfalt, mehr Wohnungsnot, mehr Touristen, vom Bezirk Mitte mal abgesehen, mehr Anti-Touristen-Aufkleber, mehr Staus, mehr Grüne, mehr Fahrräder, mehr Müll, mehr Kapitalismuskritik, mehr multikulturelle Zentren, besonders schöne Sonnenuntergänge an den Kanälen und das spannendste Volksfest.

Am 1. Mai feiert Kreuzberg sein »Myfest«. Es beginnt immer friedlich, Love and Peace. Nach Sonnenuntergang aber entwickelt sich rund um diese Party meist eine pittoreske

Straßenschlacht, die Polizisten aus vielen Bundesländern sowie erlebnishungrige junge Menschen aus nah und fern anlockt. Seit Barrikaden und Molotowcocktails selten geworden sind und die Zahl der Straftaten tendenziell sinkt, gilt diese mehr als dreißigjährige lokale Tradition allerdings als ähnlich gefährdet wie der Watschentanz im Alpenraum oder die Taubenzüchtervereine im Ruhrgebiet. Der Tag rückt näher, an dem vom Bezirksamt bezahlte Schauspielschüler*innen im Blitzlichtgewitter japanischer Touristen Pflastersteine aus dem Boden reißen. Wer dann authentische Ekstase sucht, kann hoffentlich immer noch den berühmtesten Klub Berlins aufsuchen, das Berghain, in Friedrichshain gelegen. Das Berghain ist für sein breites Angebot an antisexistischer Sexualität bekannt.

Typisch für diesen Bezirk ist inzwischen die Angst vor Überfremdung durch artfremde Zuzügler. Als größte Gefahr gelten vielen die Schwaben. Dieser als duckmäuserisch, übertrieben reinlich und allzu erwerbsorientiert verschriene Volksstamm wird oft angefeindet.

Wenn Kida Ramadan den Spirit von Neukölln verkörpert und Frank Steffel das Wesen des Reinickendorfers, dann tut dies in Friedrichshain-Kreuzberg wohl am ehesten der grüne Baustadtrat Florian Schmidt. Er ist Soziologe und soll ein mindestens passabler Flamencogitarrist sein. Wichtigstes Ziel dieses Politikers ist es, Autos und Kapitalisten von seinem Bezirk fernzuhalten, davon ausgenommen sind zum Beispiel die hier traditionell besonders stark gebuchten Feuerwehrautos. Aufsehen erregte Schmidts Versuch, Autofahrer durch das Aufpinseln von neongrünen Punkten auf dem Straßenbelag vom Rasen abzuhalten. Er wäre vielleicht gelungen, wenn der Bezirk nicht aus Versehen wasserlösliche Farbe verwendet hätte.

Auch, was Vergraulungsmaßnahmen gegen den Kapitalismus betrifft, macht Kreuzberg eine Ausnahme. Es ist dabei erstaunlich erfolgreich. Trotzdem ist dieser Berliner Bezirk sogar der zurzeit wirtschaftlich erfolgreichste. Eine offizielle Statistik gibt es dazu leider nicht. Friedrichshain-Kreuzberg gilt inzwischen, neben Amsterdam, als das zweite europäische Oberzentrum des Drogenhandels. Der Görlitzer Park ist eine Art Sonderzone für internationale Start-ups aus dieser Branche, die steuerbefreit ist und sich nicht an Tarifverträge gebunden fühlt. Wirtschaftliche Sonderzonen gibt es auch in Hongkong und Nordkorea. Die Bezirksverwaltung hat es sich zur Aufgabe gemacht, die jungen Unternehmen vor bedrohlich wirkenden Razzien und Diskriminierung zu schützen.

Im Görlitzer Park drehen sogenannte »Parkläufer« ihre Runden, das Wort »Parkwächter« wurde als obrigkeitsstaatlich verworfen. Sie achten darauf, dass in der Sonderzone nicht regelwidrig gegrillt und kein Müll weggeworfen wird. Außerdem sollen die Parkläufer biertrinkende Touristen am Urinieren hindern. Mit dieser Aufgabe tut Berlin sich traditionell schwer, vor allem, wenn die zu verhindernde Tätigkeit bereits eingesetzt hat.

Der kernige Bezirk

Von *Lichtenberg* bekommt der gemeine Berliner heute eigentlich nur dann etwas mit, wenn es mal wieder im Dong Xuan Center brennt – die Rauchsäule ist meistens bis mindestens zum Kurfürstendamm zu sehen. Ansonsten stellt auch das offizielle Berlinportal *berlin.de* etwas bemüht klingend fest: »Seinen Charme offenbart Lichtenberg erst beim zweiten Hinsehen.« Wenn das mal reicht. Wäre Lichtenberg ein Mädchen, würde es wohl Chantal oder Jacqueline heißen. Wäre es ein Junge, dann Maik. Die Stadtvermarkter des Senats charakterisieren die Einwohner des Bezirks als »kernig«. Falls Sie »kernig« nicht kennen: Das ist der Bruder von »schlampig«.

Lichtenberg war Stasi-Stadt. In der Normannenstraße hatte Erich Mielke seine Zentrale, in der Genslerstraße seinen Folterknast, am Sportforum im Weißenseer Weg seinen Lieblingsfußballklub »Dynamo«, vor den Plattenbauten an der Falkenberger Chaussee seine Rentnerparkbank – und auf dem Zentralfriedhof an der Gudrunstraße liegt heute seine Asche. Überhaupt, Lichtenberg war eine DDR im Kleinformat, mehr Institution als Mitte, Pankow und Wandlitz zusammen: Im Grafenauer Weg residierte die sowjetische Militärverwaltung, in der Zwieseler Straße die Deutschlandzentrale des KGB, in der Hauptstraße betrieb die Volkspolizei das alte Nazigefängnis weiter – und in der Herzbergstraße wartete die Fahrbereitschaft der SED kegelnd auf Kundschaft. Noch heute holt die Linkspartei in Lichtenberg bei Wahlen ihre stadtweit besten Ergebnisse, und jedes Jahr im Januar trifft sich die Parteiführung zur Ehrung von Rosa Luxemburg und Karl Liebknecht an der Gedenkstätte der Sozialisten im Ortsteil Friedrichsfelde.

Nach der Wende kamen aber erst mal die Nazis zurück: Der Weitlingkiez galt als »national besetzt«, und der Bahnhof Lichtenberg war für Punks, Grüne und Vietnamesen ohne Helm nur unter Lebensgefahr zu erreichen. Bis heute lebt der Lichtenberger mit dem Ruf, gerne bewaffnet auf die Straße zu gehen. Es war bestimmt kein Zufall, dass die Bundespolizei eines Tages ankündigte, ausgerechnet auf den Bahnstrecken von und nach Lichtenberg Waffenkontrollen einzuführen – allerdings nur an ausgewählten Wochenenden und mit Ankündigung. So macht man das hier in Berlin, damit hinterher niemand sagen kann, er habe von nichts gewusst. Da der Lichtenberger aber nicht so gerne Zeitung liest, weil da ohnehin nur drinsteht, an was für einem schrecklichen Ort er lebt, machte die Polizei gleich beim ersten Einsatz fette Beute. Die meisten festgestellten Straftaten waren allerdings verbotener Drogenbesitz, man betäubt sich hier auch gerne mal. Kleiner

Beifang der nächtlichen Aktion: Es wurden gleich noch fünf vermisste Kinder gefunden.

Heute hat Lichtenberg dank des Dong Xuan Centers, das genau zwischen MfS-Zentrale, Stasiknast und Sozialistenfriedhof liegt, die stadtweit größte Dichte an Nagelstudios aufzuweisen, auf irgendetwas muss man ja stolz sein dürfen. Auch die schönsten Polizeimeldungen kommen aus Lichtenberg: Nur hier flüchtet ein Autofahrer nach einem Unfall zu Fuß und vergisst seine Familie im Wagen – vielleicht dachte er aber auch, die Familie habe ihn schon vergessen.

Im ehemaligen Gefängnis Rummelsburg, umgebaut zu schicken Wohnungen und einem hippen Hotel, lungern heute tagsüber die Partnerinnen erfolgreicher Zuzügler herum, das Leben in Berlin hatten sie sich irgendwie anders vorgestellt. Nachmittags treffen sich die Rummelsburgerinnen in der »Hafenküche«, Lichtenbergs einziger gastronomischen Einrichtung, die dem offiziellen Tourismusportal *visitBerlin.de* eine Erwähnung wert ist. Hier wird über all jene gelästert, die heute zufällig nicht da sind oder wegen der Kinder erst später kommen.

Für den durchschnittlichen Lichtenberger und den normalen Stadtangestellten ist die Hafenküche etwas zu teuer, sie gehen lieber in den Tierpark, mit Jahreskarte. Auf den berühmteren Zoo im Westen schauen sie hier mit Verachtung: Der Lichtenberger Tierpark ist der größte Europas, und er ist berühmt für seine riesigen Kamelwiesen. Hier trägt der Bezirk seinen Titel »Ort der Vielfalt«, aus undurchsichtigen Gründen 2008 von der Bundesregierung verliehen, tatsächlich mal zu Recht, auch wenn das wohl anders gemeint war. Die Stadtangestellten in Lichtenberg haben übrigens mehr Zeit außerhalb ihres Jobs als in allen anderen Bezirken: Bei einer Untersuchung wurde festgestellt, dass hier 48 Prozent der Arbeitsplätze im öffentlichen Dienst regelmäßig unbesetzt sind – wegen

Krankheit, Elternzeit, Fortbildung, Vertretung, Urlaub, Freizeit ... einsamer Berlinrekord.

Unbedingt muss hier allerdings noch darauf hingewiesen
werden, dass Lichtenberg seit mindestens 20 Jahren »im Kommen« ist, jedenfalls sagen das die Lichtenberger Politiker; es wurden sogar schon vegane Burger gesichtet. Auch Neukölln war
lange »im Kommen«, es gibt also noch Hoffnung, man muss nur
dran glauben. Wobei es der Glauben schwer hat in Lichtenberg,
egal welcher Konfession. Sogar der Polizeischäferhund von der
Bahnhofswache hört hier auf den Namen »Teufel«.

Der meditative Bezirk

In *Zehlendorf*, pardon, *Steglitz-Zehlendorf*, gehen die Uhren langsamer, falls überhaupt. Wer griechische Restaurants sucht, bei
denen schon zur Vorspeise ein Ouzo serviert wird, oder Italiener,
wo der Gastraum mithilfe von viel Gips zur Grotte umgestaltet
wurde, der muss nach Zehlendorf. Typische Zehlendorfer sind
um die 90 und so fit, dass sie immer noch wöchentlich ohne
Brille ihren Perserteppich saugen können. Die typische Wohn-
form heißt hier »Villa«. Um Mitternacht erscheint in einigen
dieser Villen der Geist von Kommissar Derrick und plündert
die Hausbar. Zehlendorfs hippe Schwester heißt Kleinmachnow und liegt bereits in Brandenburg. Dass der Gangsta-Rap-
per Bushido zeitweise in Kleinmachnow sein Quartier aufschlug
und nicht etwa in Zehlendorf, gilt dort als erfreulichstes Ereignis
seit dem Ende der Luftbrücke 1948.

Böse Zungen behaupten, dass einige Zehlendorfer noch
immer nicht vom Fall der Mauer gehört haben. Dies ist insofern unrichtig, als auch der Bau der Mauer bis heute manchen
Zehlendorfern unbekannt ist. Zehlendorf ist eher eine Art
Seinszustand als ein Wohnort. Wenn du irgendwann im Leben

dein inneres Zehlendorf gefunden hast, bist du gefeit gegen alle Schicksalsschläge und die Wechselfälle der Geschichte.

Berühmte Zehlendorfbewohner von einst und heute gehören oft zum Film- und Fernsehbusiness, genannt seien Götz George, Wolfgang Menge und Eckart von Hirschhausen. Sollten aber eines Tages neureiche Blogger oder YouTuber in Zehlendorf auftauchen, könnte sogar dieser friedliche Menschenschlag die Geduld verlieren und eine Bürgerinitiative gründen.

Die größte Demütigung der Zehlendorfer bestand bisher in der verwaltungsmäßigen Vereinigung zu einem Doppelnamenbezirk mit Steglitz, einem, um es in der Filmsprache zu sagen, weniger wohlsituierten Spin-off von Zehlendorf.

In Steglitz befindet sich der Botanische Garten, weil Steglitzer sich, im Gegensatz zu Zehlendorfern, in der Regel keinen eigenen Garten leisten können. Der Botanische Garten gilt als sehr artenreich. Hier finden auch Feste statt, bei denen Bäume und Sträucher verschwenderisch mit Lichtern geschmückt sind und die Bewohner, unter vielen »ah«- und »oh«-Rufen, so lange umhergehen, bis sie vom Artenreichtum genug haben. Wahrzeichen von Steglitz ist ein Hochhaus namens »Steglitzer Kreisel«, dessen Name für einen der zahlreichen Berliner Bauskandale steht. Die zukünftigen Eigentumswohnungen im Kreisel, der interessanterweise eine eckige Form hat, werden vom Immobilienentwickler mit dem Slogan »Wohnen wie in Manhattan« beworben. Weil laut mehrerer Grundsatzurteile Tatsachenbehauptungen auch in der Werbung zumindest ansatzweise stimmen müssen, ist zu befürchten, dass die Wohnungspreise demnächst an die Preise des Trump Towers in Manhattan angepasst werden.

Der Ortsteil Friedenau gehört offiziell zu Tempelhof-Schöneberg, muss aber, wie Kleinmachnow, spirituell eher dem Zehlendorfer Lebensmodell zugerechnet werden. Friedenau besteht aus engen Straßen, gesäumt von Gründerzeithäusern, vielen Vorgärten und prächtigen Wohnungen. Die sogenannte »Parkplatznot« wurde Mitte des 20. Jahrhunderts in Friedenau erfunden, von dort breitete sich das Phänomen weltweit aus. In Friedenau lebten viele berühmte Schriftsteller, bevor sie wegzogen.

Der Chefbezirk

Diese Bezirksgebietsreform von 2001 hatte es echt in sich: *Schöneberg* in Zwangsehe mit *Tempelhof*? Und dann auch noch Tempelhof im Doppelnamen vorweg? Das geht aus Sicht des Schönebergers gar nicht. Schließlich heißen berühmte Schöneberger David Bowie oder Marlene Dietrich. Berühmte Tempelhofer heißen Michael Müller. Auch Klaus Wowereit ist ein berühmter Tempelhofer, aber der ist ja nach Wilmersdorf gezogen.

Klar, Schöneberg hat auch schmutzige Ecken, und manche Straßenzüge fallen im »Sozialstrukturatlas« auf. Aber eigentlich ist Schöneberg ein Ort für die Avantgarde, für Künstler, Designer, Musiker und Genießer. Zur Begrüßung sagen sie hier inzwischen »Hi«, »Bonjour« oder »Ciao«. Hier wird ein Egomei Alta Tinto verkostet und Trüffelpasta bestellt, hier zaubern die Baristas schöne Figürchen auf den laktosefreien Cappuccino. Nebenan in Tempelhof gibt's Filterkaffee und Schlachteplatte zum Korn, dort sagen sie bestenfalls »Tach«, und Michael Müller fragt die Leute, wo sie »der Schuh drückt«. Die »Begegnungszone« in der Schöneberger Motzstraße hält der Regierende Bürgermeister von Berlin übrigens für »großen Käse«, aber er hat hier ja nichts zu sagen.

Okay, auch Kevin Kühnert ist ein berühmter Tempelhofer, und gegenüber vom backsteinexpressionistischen Ullsteinhaus am Teltower Kanal hält sich seit den Siebzigerjahren die Tempelhofer »ufaFabrik«, ein kommunitäres Kulturprojekt mit Theater,

Tieren und allem Pipapo, sogar eine eigene Schule haben die. Aber die einstigen Besetzer des Kopierwerks der Filmfirma in der Viktoriastraße kamen alle aus Schöneberg, aus der Kurfürstenstraße. Die ufaFabrik verhält sich zu Tempelhof wie damals West-Berlin zur DDR, nur andersherum. Sie haben nichts miteinander zu tun.

Wenn David Bowie von seiner Wolke herunterschaut, vermisst er zwar den »Dschungel« in der Nürnberger Straße, wo er zu seiner Schöneberger Zeit die Nächte verbrachte. Aber das KaDeWe, über das er in seinem letzten Berlin-Song *Where are we now?* ebenfalls so schön melancholisch sang, das steht noch. Ohne das KaDeWe wüssten Hunderttausende Russen und Chinesen nicht, wie sie in Berlin auf die Schnelle viel Geld loswerden sollten.

Über Tempelhof wird nicht gesungen, jedenfalls nicht so richtig. Nur Ingo Insterburg, auch so ein berühmter Berliner, allerdings aus Grunewald, dichtete mal für ein Lied die Zeile: »Ich liebte ein Mädchen in Tempelhof, die war sehr lieb, doch bisschen doof.«

Tempelhof und Schöneberg trennt vieles, aber beide Stadtteile haben große Momente der Nachkriegsgeschichte erlebt. Auf dem Tempelhofer Flughafen landeten während der Berlin-Blockade 1948/49 die »Rosinenbomber« zur Versorgung der eingeschlossenen West-Berliner. Vor dem Rathaus Schöneberg hielt John F. Kennedy 1963 in der nun durch eine Mauer geteilten Stadt seine Freiheitsrede mit dem berühmten Satz »Ich bin ein Berliner«. An den Versuch Helmut Kohls, am 10. November 1989 an gleicher Stelle die deutsche Nationalhymne zu singen, erinnern sie sich hier in Schöneberg jedoch nicht so gerne.

Heute tagt im historisch bedeutsamen Rathaus Schöneberg einmal im Monat die Bezirksverordnetenversammlung. Die Uhr im dortigen Bürgeramt hat elf Tage, fünf Stunden und eine Minute Verspätung, aber niemand weiß, wie man sie stellt. Der Rollstuhltreppenlift am Behinderteneingang war fünf Jahre lang kaputt. Als sich die Leute schließlich beschwerten, schraubte die Verwaltung das Schild »Rollstuhltreppenlift« ab. Es gibt wichtigere Projekte im Bezirk. Die bienenfreundliche Bepflanzung von BVG-Wartehäuschen zum Beispiel. Oder ein Eichhörnchenseil quer über die Grunewaldstraße.

Auf dem Tempelhofer Feld landen seit 2008 keine Flugzeuge mehr. Im Schließen von Flughäfen lässt sich Berlin nichts vormachen, da ist die Stadt spitze. Bebauen wollten die Berlinerinnen und Berliner das Feld aber nicht, auch nicht ein kleines bisschen am Rand. Dabei ist das Feld so groß, dass ganz Monaco draufpassen würde, plus Flugplatz und Hafen für die Milliardärsjachten. Aber Berlin liegt nicht am Meer, und Milliardäre sind auch nicht wirklich willkommen. Der Bürgermeister von Mitte schlug vor, am Flughafenrand »Verrichtungsboxen« für Prostituierte und ihre Kunden aufzustellen, damit die Autos nicht im Weg stehen. In Berlin nennen sie so etwas »Verkehrskonzept«.

Apropos Verkehr: Das Bezirksamt Tempelhof-Schöneberg ist stadtweit zentral zuständig für die Ausstellung der »Hurenpässe«. Aber weil es lange keinen halbwegs anonymen Raum für die Antragstellerinnen gab, kam kaum jemand vorbei. Als die Bürgermeisterin Angelika Schöttler nach Zahlen gefragt wurde, sagte sie: »Also 'ne Strichliste führen wir nicht.« Sie meinte das ernst. Damit war die Sache erledigt, zumal sich keine Behörde für die Kontrolle der »Hurenpässe« zuständig fühlt – die Ordnungsämter arbeiten nachts ja nicht.

Mit dem Verkehr ist das in Berlin halt so eine Sache. Eines Abends kam Michael Müller im Dienstwagen nach Hause und entdeckte in seiner kleinen Straße hinterm Tempelhofer Damm lauter neue Halteverbotsschilder, angeblich wegen der Radfahrer. Verärgert rief er die zuständige Stadträtin von den Grünen an, doch die ließ ihn abblitzen. Da schrieb der Regierende Bürgermeister von Berlin einen Brief an alle seine Nachbarn, er wolle mal deren Meinung hören, und: »Selbstverständlich kann Unverständnis über diese überzogene Maßnahme auch direkt an das Bezirksamt Tempelhof-Schöneberg gerichtet werden. Per Post: Bezirksamt Tempelhof-Schöneberg, BürgOSGrün, 10820 Berlin oder telefonisch unter (030) 90 277-6 001.« Die Schilder sind natürlich immer noch da.

Der gemütliche Bezirk

Charlottenburg und das benachbarte *Wilmersdorf* bildeten die beiden Herzkammern des alten West-Berlin. Die bekannteste Straße heißt Kurfürstendamm und führt in den Grunewald. Ortsteile wie Grunewald, Westend oder Halensee stehen für gepflegte Bürgerlichkeit, deshalb war diese Gegend in den wild bewegten Nachwendejahren erst einmal out.

Das hat sich geändert. Die Charlottenburger Altbauwohnung mit sieben Zimmern, Erker und Stuck, idealerweise nicht weit entfernt von einem der Seen und einem guten Restaurant, ist womöglich die schönste Daseinsform, welche Berlin zu bieten hat. Typisch für die riesigen Charlottenburg-Wilmersdorfer Altbauwohnungen ist das sogenannte »Berliner Zimmer«, welches die beiden Flügel der Residenz verbindet. Dieses Durchgangszimmer besitzt nur ein einziges Fenster, es kann also von den Charlottenburger Kindern im Winter zum Fußballspielen genutzt werden.

Russischkenntnisse sind in Charlottenburg fast immer hilfreich. Bei jungen Frauen, die in kurz berocktem und sehr blondem Zustand auf dem Kurfürstendamm flanieren, handelt es sich in der Regel um Großnichten eines Milliardärs aus Sankt Petersburg. Russen finden nämlich seit mindestens hundert Jahren Charlottenburg toller als zum Beispiel Pankow. Die in der DDR vorgeschriebene deutsch-sowjetische Freundschaft hat daran nichts geändert. Wie divers auch in Charlottenburg das Leben ist, kann man mit der Tatsache illustrieren, dass so grundverschiedene Stars wie der Autor Thilo Sarrazin und die Moderatorin Barbara Schöneberger dort als Nachbarn koexistieren. Frau Schöneberger hält Hühner. Natürlich ist im toleranten Berlin, anders als anderswo, Kleintierzucht auch in Wohngebieten erlaubt. Über die Tierliebe von Thilo Sarrazin ist wenig bekannt.

Einige Meter entfernt befindet sich das Olympiastadion. Der Berliner Fußballklub Hertha muss dort seine Heimspiele austragen, obwohl er das Stadion, völlig zu Recht, furchtbar öde findet und gerne ein neues hätte. Das kann aber auch ein Trick sein. In den letzten Jahren ist es Hertha BSC nämlich gelungen, wegen der Frage, ob der Klub ein neues Stadion bekommt, öffentlich im Gespräch zu bleiben. Mit den sportlichen Leistungen der Mannschaft wäre dies nicht in jeder Saison möglich gewesen.

Charlottenburg ist auch berühmt für sein Schloss sowie den Flohmarkt und die Technische Universität, Letztere kann man wegen ihrer Architektur leicht mit dem Steglitzer Kreisel verwechseln. Für alle, die Nierentische und Petticoats lieben, gibt es im Tiergarten, kurz hinter der Grenze zum Bezirk Mitte, ein Bauwerk namens »Schwangere Auster«. Im Austerninneren machen polyglotte Menschen was mit Kultur. Angeblich gibt es in Berlin mehr multikulturelle Kulturzentren als in Amsterdam Brücken, das kann aber auch ein Gerücht sein.

Wilmersdorf dagegen war lange Zeit vor allem berühmt für seine Witwen, denen im Berlin-Musical *Linie 1* ein künstlerisches Denkmal gesetzt wurde. Die Wilmersdorfer Witwe ist heute aufgrund des medizinischen Fortschritts und der dadurch verursachten Langlebigkeit älterer Ehemänner vom Aussterben bedroht. Bereits verschwunden sind die drogenaffinen »Kinder vom Bahnhof Zoo« und, trotz veganer Ernährung, das bis heute betrauerte Nilpferd »Bulette« im dazugehörigen Zoo. Von den alten Charlottenburger Mythen ist einzig die »Paris Bar« immer noch prächtig in Form. Sie tut recht überzeugend so, als läge sie in Paris, und ist vielleicht deshalb bei den Modernisierungs- und Imagebegradigungsmaßnahmen der Berliner Verwaltung bis heute übersehen worden. Sobald der Touristenanteil in der Paris Bar 50 Prozent übersteigt, wird automatisch Feueralarm ausgelöst.

Der Betonbezirk

Berlins berühmteste Marzahnerin kommt gar nicht aus *Marzahn*: Cindy kommt aus dem brandenburgischen Luckenwalde, und sie lebt in Wilmersdorf, dem Ortsteil der Wohlhabenden, Weinseligen und Witwen. Cindy, die eigentlich Ilka Bessin heißt, hat es immerhin bis in die *New York Times* geschafft, das können nicht viele Wilmersdorferinnen von sich sagen. Aber ohne Marzahn, so viel steht fest, hätte es nicht »Cindy aus Marzahn« gegeben. Cindys gibt es hier übrigens tatsächlich, nur wird der berühmte Name in Marzahn nicht so vornehm ausgesprochen. Sie sagen hier »Zündi«.

Marzahn ist für Berlin so eine Art angeheirateter Onkel vom Land, mit dem niemand gerne spricht und den auch niemand so richtig kennenlernen will. Füße auf dem Tisch, immer einen rechten Spruch parat, bringt nie Geschenke mit, aber nimmt gern noch ein Schnäpschen und labert alle mit seinen Problemen voll. Die Tante, das Hellersdorf der Familie, verteidigt ihn leidenschaftslos: Na ja, er hat auch seine guten Seiten. Ihm ist eben manchmal langweilig. Okay, okay, er *ist* auch langweilig. Hat ja immer die gleichen Klamotten an. Aber der Jogginghose sieht man nicht an, dass sie von KiK ist, oder? Ja, er hat Karies, aber nicht überall. Kommt nicht aus dem Quark, ist aber manchmal durchaus bemüht. Nein, er hat keinen Job. Er will umschulen, auf Rapper. Fahle Haut, bisschen Mundgeruch, das schon. Aber schöne Augen hat er!

Marzahn-Hellersdorf ist ein in Plattenbaubeton gegossenes Klischee, einst größte Großsiedlung der DDR, Wohnungsbauserie 70, Getto mit Dorfanschluss. Hier knurren sogar die Pudel wie Pitbulls. Vom friedlichen »Bello-Dialog« über das Berliner Hundegesetz hat hier jedenfalls noch niemand gehört. Bildung: Baumschule. Äußere Kennzeichen: Brett vorm Kopp. Typischer Dialog: »Ich kann kein Mathe.« »Ich auch nicht.« »Na, dann sind wir ja schon zu dritt.« Als auf dem Berliner Ring neue Autobahn-Abfahrtsschilder aufgestellt wurden, stand auf allen vieren in Richtung Marzahn »Mahrzahn«. Der Fehler war niemandem aufgefallen. Vielleicht sind die Schilder sogar in Marzahn hergestellt worden. Wenn ja, dann war sicher kein Ironiker am Werk. Hier gibt's keine Zwischentöne. Hier gibt's direkt aufs Maul.

Mitte der Siebziger sind die Leute aus Prenzlauer Berg hierhergezogen, um den Verfall des Innenstadtviertels hinter sich zu lassen. Zum Bezug der millionsten Wohnung 1978 kam sogar stolz Generalsekretär Erich Honecker vorbei. Heute ziehen die Leute hierher, weil sie sich den Rest Berlins nicht mehr leisten können. Nirgendwo sind die Mieten billiger, die Vermieter locken die Leute mit kostenlosem Probewohnen. Marzahn-Hellersdorf zahlt pro Kopf die niedrigste Einkommensteuer Berlins (242 Euro) und hat den höchsten Krankenstand aller Bezirke (6,2 Prozent). Nirgendwo sonst ist die Pro-Kopf-Spielplatzfläche geringer als hier. Marzahn-Hellersdorf ist auch so fertig, weil es nie richtig fertig wurde. Die Wirtschaftsstadträtin fordert: »Wir brauchen festen Belag auf allen Straßen.«

Nur in Marzahn-Hellersdorf verzeichnet der »Start-up-Monitor« für Berlin kein einziges Start-up. Nur Marzahn-Hellersdorf hat kein Freibad. Nur in Marzahn-Hellersdorf ist die AfD stärkste Partei. Nur in Marzahn-Hellersdorf darf Egon Krenz 30 Jahre nach der Wende im bezirkseigenen »Freizeitforum« den Republikgeburtstag als Festredner feiern, Titel der Veranstaltung: »Die DDR war die glücklichste Etappe der deutschen Geschichte.«

Ein Leipziger Halloween-Freizeitpark wirbt an der Avus mit dem Spruch »Gruseliger als Marzahn«. Aber nach Marzahn wollen nicht mal die Filmproduzenten: Ganze drei Drehgenehmigungen werden hier pro Jahr beantragt, in Mitte mehr als 600. Der Markt für Horrorfilme ist eben begrenzt.

Von alledem ist nichts zu sehen, wenn man mit der Seilbahn über die wunderbaren »Gärten der Welt« gondelt. Die »Internationale Gartenausstellung« war ein großes Ding hier, sogar Berliner sind aus der Stadt angereist, um sich das anzuschauen. Jetzt wollen sie in Pankow auch so eine schicke Seilbahn haben, die BVG soll ihr Netz erweitern. Es gibt einen »Kastanienboulevard« und »Conny's Container« und im 21. Stock eines Plattenbaus einen Skywalk, von dem aus die Marzahner bis zum zwölf Kilometer entfernten Fernsehturm sehen können. Marzahn-Hellersdorf hat ein tolles Gründerzeitmuseum, über Jahrzehnte liebevoll zusammengesammelt von Charlotte von Mahlsdorf, die 1928 als Lothar Berfelde auf die Welt kam. 1944 erschlug sie ihren Nazi-Vater mit einem Nudelholz.

Viel mehr ist hier nicht los. Aber einmal tauchte der arme Bezirk sogar im Bericht des Rechnungshofs auf. Die Schüler und Lehrer der Fuchsberg-Grundschule in Biesdorf hatten 20 Jahre lang in verschimmelten Containern ausharren müssen, bis ihr neues Gebäude endlich fertig war. Die Stadt spendierte der Schule zum Dank für so viel Geduld ein bisschen »Kunst am Bau«. Das *Goldene Nest* des Künstlers Thorsten Goldberg kostete inklusive Material, Honorar und Sicherheitstechnik 92 500 Euro. Aufgefallen ist die Sache aber erst, als das Nest geklaut worden war.

Der Weichwasserbezirk

Den Hauptmann von Köpenick kennt jeder, aber wer kennt Henriette Lustig? Henriette Lustig hat, so sagt man, die moderne Wäscherei erfunden, falls es nicht doch die Chinesen gewesen sind.

In *Köpenick* ist das Wasser weicher als in Berlin, ein Standortvorteil. Wäsche gewaschen haben die Leute wohl immer, womöglich schon in der Steinzeit. Henriette Lustig, geboren 1808 in der damals selbständigen Stadt Köpenick, hatte die Idee, dies als Dienstleistung für alle anzubieten. Der Adel und das wohlhabende Bürgertum hatten ihr Personal, doch wer sich kein Personal leisten konnte, besaß vielleicht trotzdem genug Geld, um eine Wäscherei zu bezahlen. Freiberufliche Lohnwäscherinnen gab es damals schon. Henriette Lustig war 27 Jahre alt, als sie in großer Zahl Waschmädchen einstellte und Hunde dazu dressierte, einen Wäschewagen zu ziehen. Damit ließ sie ausliefern. Nebenbei gebar sie 17 Kinder, die sie, so wird vermutet, in eine damals sogenannte »Kinderbewahranstalt« gab, den Vorläufer der Berliner Sekundarschule. Erwachsen wurden nur acht von ihnen. Henriettes Spitzname lautete »Mutter Lustig«.

Köpenick bildet mit Treptow einen Doppelbezirk, der sogar »Treptow-Köpenick« heißt statt umgekehrt. Für eine selbständige Stadt stellt das eine Demütigung dar, die dem ähnlich selbstbewussten Spandau erspart blieb. Köpenick hat eine Altstadt, ein Schloss, den Bundesligisten FC Union und noch so manches vorzuweisen. Vor allem aber besitzt dieser Bezirk, ähnlich wie die Malediven, viele Badestellen. Berühmtestes Gewässer ist der Müggelsee, an dessen Gestaden sich ein mählich verfallendes, einst sehr schönes Strandbad befindet, ein Denkmal für die Fähigkeit Berlins, bauliche Probleme ohne vorschnelle Entscheidungen anzugehen. Die Sanierungsarbeiten sollten ursprünglich 2014 abgeschlossen sein und beginnen vielleicht früher als erwartet, nämlich 2020. Berühmtester Müggelseeanwohner ist der Regisseur Leander Haußmann, der gemeinsam mit Sven Regener den Trashfilmklassiker *Hai-Alarm am Müggelsee* zur Welt gebracht hat, mit einer Besetzung, die aufhorchen lässt: Henry Hübchen als Bürgermeister, Michael Gwisdek als Bademeister, Tom Schilling als Fischexperte, Benno Fürmann als reicher Sack, Detlev Buck als Polizist, Katharina Thalbach als Wahnsinnige und Jürgen Flimm als Der Jürgen. Dem Bademeister wird bei der Kontrolle der Wassertemperatur eine Hand abgebissen, der Bürgermeister versucht, die Gefahr herunterzuspielen. Die Bevölkerung wird durch eine unbegrenzte Verlängerung des Bölsche-Straßenfests ruhiggestellt. Vertrieben wird der Hai, dies ist der realistischste Teil des Drehbuches, durch die Einleitung großer Mengen Berliner Bieres in den Müggelsee. Das Bier befand sich immerhin in noch ungetrunkenem Zustand.

Es gibt viele Geschichten, die in Köpenick spielen, weiche und leider auch harte. Bruno Lüdke, Sohn eines Köpenicker Wäschereibesitzers, galt lange als der schlimmste Serienmörder der deutschen Geschichte. Nach eigener Aussage hat er 84 Frauen ermordet, gefasst wurde er 1943. Die Nazis stellten ihn für medizinische Experimente zur Verfügung, daran starb er.

Der berühmte Regisseur Robert Siodmak drehte über das angebliche Monster Lüdke nach dem Krieg den Schocker *Nachts, wenn der Teufel kam*, mit Mario Adorf als Bruno. Auch dieser Film ist ein Klassiker. Anders als *Hai-Alarm am Müggelsee* erhielt er den Bundesfilmpreis und wurde sogar für den Oscar nominiert. Inzwischen gilt es als wahrscheinlich, dass der geistig behinderte, als gutmütig geltende Lüdke keinen einzigen Mord begangen hat. Er gestand einfach nur alles, womöglich wollte er, für einen Berliner nicht untypisch, einfach nur in

Ruhe gelassen werden. Die wegen des Krieges personell und wegen der Nazis auch moralisch stark ausgedünnte Berliner Polizei verbesserte mit seiner Hilfe ihre Aufklärungsstatistik. Eine Gerichtsverhandlung gab es nie.

Zurückbleiben bitte

Warum es leichter ist, von London nach Paris zu kommen als von Marzahn nach Gatow.

Dieses Kapitel beginnt mit einem Geständnis: Ja, ich habe am 12. März 2020 gegen 11 Uhr auf der Leipziger Straße einem älteren Mercedes, Farbe Dunkelgrün, mit der Faust aufs Dach gedonnert und bin danach mit meinem Fahrrad über die Wilhelmstraße, die Niederkirchnerstraße und über den Parkplatz des Martin-Gropius-Baus geflüchtet. Zu meinen Gunsten bitte ich allerdings zu berücksichtigen, dass die Fahrerin des Wagens mich zuvor beim rücksichtslosen Ausparken in der Krausenstraße beinahe vom Rad gerammt hat. Als ich schimpfend weiterfuhr, versuchte sie mich, diesmal absichtlich, mit einer scharfen Lenkbewegung nach rechts gegen ein anderes Auto zu drücken. Daraufhin nahm ich die Verfolgung auf. Dabei kam es meinerseits zu einem Verstoß gegen die Straßenverkehrsordnung an der Lichtzeichensignalanlage Mauerstraße (Ausweichen über den Gehweg), für den ich um Verzeihung bitte. Ich gebe außerdem zu bedenken, dass der Vorfall in der Leipziger Straße hätte verhindert werden können, wenn die Fahrerin des Mercedes nicht dort im üblichen Stau stecken geblieben wäre.

Eine Meldung aus dem Jahr 2018 löst in Berlin bis heute Verwunderung und Erheiterung zugleich aus. Sie lautet: »Senat gibt Verkehrslenkung auf.« Wer in Berlin unterwegs ist, ganz egal wie, bezweifelt aus guten Gründen, dass es je eine

Behörde mit dem Namen »Verkehrslenkung« gab, geschweige denn eine Verkehrslenkung – es sei denn, es wäre ihre Aufgabe gewesen, die Leute absichtlich in die Irre zu führen. Jahrelang beobachteten die Mitarbeiter der Verkehrslenkung das Durcheinander auf den Straßen so fasziniert wie ein Biologe eine verrückt gewordene Ameisenkolonie. »Wenn ein Auto so intelligent ist, sich am Ernst-Reuter-Platz zurechtzufinden, wird es das auf der ganzen Welt schaffen«, stellte irgendwann der TU-Professor Şahin Albayrak, fest – ein weltweit anerkannter Spezialist für die Entwicklung des autonomen Fahrens. Der Ernst-Reuter-Platz ist ein Kreisverkehr, an dem es so zuverlässig kracht wie im Senat, also nahezu täglich. Eigentlich war es nur konsequent, die Behörde aufzulösen, zumal die Leitungsstelle seit Jahren vakant war. Auf Ausschreibungen meldete sich einfach niemand. Nicht einmal die verlockende Aussicht, sich seine eigene grüne Welle schalten zu können, zog als Argument.

Jetzt sollte die Behörde also zur Abteilung eines »Verkehrsmanagements« umgemodelt werden. Basis dafür war die Empfehlung eines Gutachtens, das die Verwaltungsspitze in Auftrag gegeben hatte, um die »Verkehrslenkung Berlin« (VLB) zu evaluieren. Fazit: »Die VLB hat sich über Jahre ihren schlechten Ruf erarbeitet.« Na immerhin. Das Gutachten lag übrigens ein Jahr herum, bevor sich jemand daran erinnerte.

Mit etwas Distanz betrachtet, wirkt der Verkehr in Berlin wie ein naturwissenschaftliches Experiment ohne Versuchsanleitung. Es ist ein darwinistisch-anarchistischer Überlebenskampf, Revierstreitigkeiten unter Artgenossen inklusive. Nur wenn Eindringlinge auftauchen, wie Pferdekutschen, Bierbikes, Rikschas, Leihfahrräder oder E-Scooter, verbünden sich die anderen.

Dazu passt, dass die Busse der Linie M29 sich nur im Rudel auf die Straße trauen: Entweder kommt gar keiner, oder es kommen alle auf einmal, vermutlich aus Artenschutzgründen. Über

Nacht mit Graffiti verzierte U-Bahn-Wagen schickt die BVG vorsorglich nicht auf die Strecke, sie könnten als Beitrag zur »Art Week« missverstanden werden. Für längere Wartezeiten bittet das Unternehmen – gleich pauschal im Plural – »um Entschuldigungen«. Auf den Bahnsteigen der S-Bahnhöfe spielen die Leute »Betriebsstörungsbingo«, das Unternehmen ist sehr kreativ darin, ständig neue Erklärungen für Verspätungen oder Ausfälle zu erfinden. Oft fallen zum Beispiel Züge aus, weil die Fahrer mit der S-Bahn zum Dienst fahren. Mit all den Ausfallkilometern ließen sich mehrere Mondreisen unternehmen, den Bahnchef würden die Berliner gerne hinterherschießen.

Der Fußgänger (und damit die überwiegende Mehrheit der Verkehrsteilnehmer) steht in Berlin ganz unten in der Hierarchie. Wer zu Fuß über die Straße will, hat bei grüner Ampel exakt eine Sekunde Zeit pro Meter, bis die nächsten Autos heranrasen. Im Berliner Jargon heißt das »sputen statt bluten«. Oder: »Lieber an der Ampel flitzen, als wochenlang im Rollstuhl sitzen.« Die Polizei hat bei Autofahrern tatsächlich »eine geringe Akzeptanz langer Rotlichtphasen« registriert. Und der alternative Verkehrsverein VCD stellt fest: »Eltern fahren ihre Kinder zur Schule, damit sie von Eltern, die ihre Kinder zur Schule fahren, nicht umgefahren werden.« Bleibt das Fahrrad. Fahrrad fahren ist in Berlin wie die Teilnahme an einer Treibjagd, und zwar in der Rolle des Hasen. Vielleicht wurde deshalb ein Radweg in Zehlendorf im absurden Zickzack-Kurs um ein paar Bäume herum auf den Gehweg gemalt. Fahrradfahrer haben aber auch nicht gerade den besten Ruf. Der Berliner Klischee-Radler fährt mit Kopfhörern auf den Ohren nachts ohne Licht bei Rot auf dem Gehweg eine Oma um.

Also doch lieber der Bus? Na, dann steigen wir mal ein ... Wenn man uns denn lässt. Busfahrer in Berlin sind nämlich eine besondere Spezies. Am Lenker sitzen überdurchschnittlich viele Urberliner; sie wissen um ihre exponierte Stellung und

spielen sie aus, mal so, mal so, abhängig von Gemüt, Tages-
form und Gästen. Manche von ihnen haben offenbar zu viel
Verstehen Sie Spaß? geschaut, andere träumen von einem Job
als Stadtführer oder hoffen auf eine Entdeckung fürs Casting
von *Deutschland sucht das Supertalent.* Sie genießen ihre Macht,
auch wenn die zeitlich begrenzt ist, im Wesentlichen auf die
Sekunde des Einstiegs. Der Tag, an dem der Senat beschloss,
dass der Einstieg für die Passagiere an manchen Haltestellen
und in Stoßzeiten nicht nur vorne im Bus, sondern auch an
den hinteren Türen erlaubt ist, war für den Berliner Busfahrer kein guter. Der Klassiker ist das Modell »Dienst nach Vorschrift«, und das bedeutet: Fragen werden korrekt beantwortet,
zumal dann, wenn viele Ortsfremde oder Neuberliner auf der
Strecke unterwegs sind. Das ist natürlich vor allem zwischen
den wichtigsten Knotenpunkten wie Bahnhöfen, Flughäfen und
zentralen Plätzen der Fall.

»Sind Sie der TXL?« Die korrekte Antwort in Berlin: »Nein,
ich bin der Busfahrer.«

Korrekt war auch die Auskunft, die ein Busfahrer an der
Haltestelle Zehlendorfer Eiche gab. Ein Mann wollte wissen,
wie er zur S-Bahn kommt, der BVG-Chauffeur antwortete: »Hier
links, Teltower Damm.« Was er allerdings nicht erwähnte: dass
die S-Bahn gar nicht fuhr und er selbst den Ersatzbus lenkte.

Und auch, wer sich mit der Buslinie nicht ganz sicher ist,
sollte lieber genau fragen. Denn wer »Sind Sie 125?« vom Fahrer wissen will, bekommt sonst zu hören: »Nee, 53.«

Die Machtposition des Berliner Busfahrers beruht auf seiner Unberechenbarkeit, und die will gepflegt sein. Vorbereiten
kann sich ein Fahrgast darauf ebenso wenig wie auf eine Kon-
frontation mit dem Bouncer am Eingang zum Berghain. Eine
BVG-Kundin zum Beispiel, die freundlich lächelnd ihr Ticket
zeigte, sah sich selbst mit einer Frage konfrontiert: »Und wat
hab' ick davon?«

Die größte Schmach beim Busfahren droht jenen, die ein Ticket mit einem 20-Euro-Schein lösen wollen. Busfahrer nehmen so etwas persönlich und lassen sich für diesen Teil der Kundschaft deshalb einiges einfallen, meist laut genug, um auch den Rest der Fahrgemeinschaft auf Kosten des Blamierten zu erheitern. Ein solcher Auftritt mit dem Schein in der Hand anstatt mit abgezähltem Münzgeld ist eine Einladung zur Erniedrigung. »Seh ick aus wie 'ne Sparkasse?« ist das Mindeste, was zu erwarten ist, auch »Bin ick 'ne Wechselstube?« ist bei den Älteren geläufig, ebenso wie: »Keene Monatskarte, aber eenen uff dicke Hose machen – dit ham wa jerne.«

Noch unbeliebter sind nur Fahrgäste mit Kreditkarte. Eine junge Touristin fragt mit deutlichem Akzent: »Hallo, kann man hier auch mit Karte zahlen?« Die klare Antwort des Busfahrers: »Wat?«

Aber diese Einstiegsszenarien bieten wegen der Zurechtweisungserwartung natürlich auch die perfekte Vorlage für das Fahrermodell »Schnauze mit Herz«. Demütige Einstiegsfrage an der Haltestelle vor dem Steglitzer Schlossparktheater: »Akzeptieren Sie einen 20-Euro-Schein?« Das »Akzeptieren« antizipiert die Ablehnung. Die Mitnahme in einem öffentlichen Verkehrsmittel wandelt sich wie bei der Metamorphose von der Selbstverständlichkeit trotz Solvenz zur Willkürentscheidung, der man sich zu unterwerfen hat. Also: »Akzeptieren Sie einen 20-Euro-Schein?« Die unberechenbare Antwort lautet: »Nein. Aber Sie sind herzlich eingeladen.« Andere Varianten sind »Ick hab' keene Fahrscheine bei, jeh'n Se durch« oder, gerne in der Vorweihnachtszeit mit einem freundlichen Nicken, »Genießen Sie den Advent«. Sind Kinder an Bord, wird's mitunter sogar musikalisch. Wenn im X34 der Fahrer das Mikro einschaltet und »Ein Männlein steht im Walde« singt, um ein Baby zu beruhigen, gibt's Beifall im Bus. Auf der Strecke des M49 ist eine Fahrerin unterwegs, bei der das regelmäßig zu erleben ist.

»Herz ganz ohne Schnauze« gibt's natürlich auch: Ein älterer, offensichtlich obdachloser Mann, der sich am späten Abend mit einer Handvoll Cent ein Ticket kaufen wollte, um der Nachtkälte zu entfliehen, bekam zu hören: »Komm lass ... Setz dich hinten rein, kannst bis Schichtende mitfahren. Gute Nacht!« Einer Touristin aus Paris, die am Olivaer Platz in den Bus stieg und um einen Fahrschein zum Nollendorfplatz bat, riet der Fahrer: »Bleiben Sie hier bei mir stehen und kaufen Sie beim nächsten Stopp – dann ist es nur Kurzstrecke.« Und eine Fahrerin im 106er überraschte ihre Fahrgäste: »Guten Abend, meine lieben Fahrgäste. Ich begrüße Sie recht herzlich. Ich bin ausgeruht, das Wetter ist schön, die Sonne ist draußen. Und ich wünsche Ihnen einen tollen Abend. Mir war gerade danach.« Applaus für die Busfahrerin. Das Social-Media-Team der BVG, unterwegs unter dem Motto »Weil wir dich lieben«, reagiert auf solche Geschichten meistens mit Bemerkungen wie »Der muss neu sein«, »Die kann nicht von uns sein« und »Abmahnung ist raus«.

Ausgesprochen allergisch reagieren Berliner Busfahrer allerdings auf Belehrungen, besonders dann, wenn sie ihre Fahrweise betreffen. Typischer Dialog (selbstverständlich wieder O-Ton): Fahrgast ruft von hinten: »Das war schon rot!« Antwort des Fahrers: »Hier vorne noch nicht, Klugscheißer!«

Besonders beliebt in Berlin sind vom Fahrer kommentierte Versuche, die Türen freizubekommen. »Jetzt bleib von der Tür weg, bis sie schließt! Danach kannste sie von mir aus abknutschen« ist ebenso ein Klassiker wie »Seien Sie bitte so freundlich und optimieren Sie Ihren Körperumfang, damit sich die Mitteltür befreit«. Auch zuweilen zu hören: »An den Schlaumeier da hinten 'n Rätsel: Wenn Se 20 Sekunden die Tür blockieren, wat passiert dann? Wir sind a) zu früh, b) pünktlich oder c) zu spät. Na, schaffen Se dit?« Das ist auch mit Berliner Bildungsabschluss zu lösen. Oder mit einem Hinweis auf die angespannte Personalsituation: »Die BVG braucht Fahrer, keine Türsteher.« Ein Problem, das auch die U-Bahn betrifft, wie in der U8, als die Fahrerin über die Lautsprechanlage einer Frau zuruft: »Nimm deinen Zuckerarsch aus meiner Tür!« In der etwas raueren Fassung (hier: S9) heißt das: »Schwing deinen Arsch in den Waggon, du Kanaille!«

S-Bahn-Fahrer haben es offensichtlich auch schwerer, sich durchzusetzen. Gelegentliche Versuche der Kommunikation, die nicht der Erklärung von Verspätungen oder Zugausfällen dienen, werden von den Bahngästen immerhin wohlwollend zur Kenntnis genommen, wie dieser hier aus der S3 am frühen Montagmorgen um 5 Uhr: »Ich begrüße Sie auf der Fahrt von Köpenick nach Ostbahnhof. Leider musste ich feststellen, dass die wenigsten von Ihnen heute schon Morgengymnastik gemacht haben, also möchte ich Sie bitten, jetzt einmal kräftig zu lächeln, das strafft nicht nur die Gesichtsmuskulatur, sondern hilft auch, schön und gut gelaunt in die Woche zu starten.« Aber Vorsicht, die auf manche geradezu schockierend wirkende Begrüßung »Guten Morgen, sehr geehrte Fahrgäste, ich hoffe, Sie hatten einen angenehmen Start in den Tag und fühlen sich wohl bei uns an Bord« ist zuweilen bloß die Ouvertüre zu einer längeren Bekanntmachung über Weichenstörungen und Wartezeiten. Es könnte auch, wie hier in der S5 auf dem Weg zum Olympiastadion, folgende Durchsage folgen: »Ich kann im Bahnhof Zoo noch nicht einfahren. Vor uns steht noch ein Vorzug. Und vor dem steht auch noch ein Vorzug. Die S-Bahn hat heute nur Vorzüge.« Das wird dann vom Publikum mit Beifall bedacht.

Obwohl sie als Respektpersonen gelten, sind die Busfahrer nicht allwissend, nicht mal in Berlin. In Grunewald bat einer über Mikrofon, ob ihm jemand den Weg zeigen könne, er fahre die Strecke zum ersten Mal. Selbstverständlich wurde ihm geholfen. Als ein Mann im 118er den Fahrgästen mitteilte, dass der Fahrer sein Kumpel Konrad sei und heute Geburtstag habe, sang der ganze Bus: »Happy Birthday, lieber Konrad ...«

Die Ökobilanz der Busse ist verheerend. 56 Liter auf 100 Kilometern verdieselt der »Solaris-Schlenki B-V 4220«, Berlins lauflängster BVG-Bus; die Doppeldecker schlucken sogar 63 Liter auf 100 Kilometern – immerhin 3,3 Liter pro Passagier, da sind zwei Leute im Kleinwagen klimaschonender unterwegs. Irgendwann, voraussichtlich noch vor dem Weltuntergang, soll die Flotte auf Elektro umgestellt sein: Die ersten Versuche verliefen allerdings eher so, als würde die BVG gegen den Strom schwimmen, nicht mit ihm fahren. Von den vier Testbussen war an einem typischen Tag kein einziger unterwegs. Im ersten ging die Tür nicht zu, beim zweiten hatte die Bordelektronik einen Kurzschluss, und die beiden übrigen blieben gleich im Depot, weil die Ladestation kaputt war.

Bei der U-Bahn sieht es nicht viel besser aus. Jahrelang waren keine neuen Waggons bestellt worden, selbst Oldtimer wurden wieder fit gemacht, um die Lücken zu stopfen. Dann verlängerte die BVG die Taktzeiten, damit die Verspätungen nicht so auffallen. Als schließlich die ersten neuen Wagen kamen, hatten die leider einen Dachschaden, es lief Wasser rein. Ja, verglichen mit anderen Städten bietet die Berliner U-Bahn schon eine Menge, wenn man unter »U« Unterhaltung versteht.

Das »S« in S-Bahn steht in Berlin für »Signalstörung« und »Schienenbruch«. Vor gut zehn Jahren brach die S-Bahn komplett zusammen, der Betrieb wurde für mehrere Wochen vollständig eingestellt. Und die Nachricht »Berliner S-Bahn verfehlt ihr Ziel« gehört neben »BER-Eröffnung verschoben« zu den umweltfreundlichsten Meldungen der Stadt: Wegen ihrer Doppeldeutigkeit und Wiederholbarkeit ist sie endlos recycelbar.

Dass die S-Bahn eine Tochtergesellschaft der Deutschen Bahn ist, haben viele Berliner noch nicht mitbekommen. Für sie ist an allem, was falsch läuft, »die BVG« schuld. Beide Unternehmen sind deshalb darum bemüht, ihre Eigenheiten und Unterschiede herauszustellen. So heißt der U-Bahnhof der BVG am Olympiastadion »Olympia-Stadion«, der S-Bahnhof der Bahn dagegen »Olympiastadion«.

Die BVG bemüht sich seit Jahren um ein hippes Image. Sie verkleidete einen Rapper als Kontrolleur für ein lustiges Musikvideo (»Is mir egal!«), brachte limitierte Turnschuhe mit integrierter Jahreskarte auf den Sneaker-Markt und ist mit allen per Du, auch in ihren Stellenanzeigen. Als die irische Band U2 im Olympiastadion spielte, verglich die BVG sie auf Facebook und Twitter mit der U-Bahn-Linie U2 (hält auch am Olympiastadion, pardon: Olympia-Stadion): »Enthält betrunkene Iren – Enthält irre Betrunkene. Spielt ›With or without you‹ – Fährt with or without you. Gitarrist: Edge – Handyempfang: Edge.« Verspätungen auf zentralen Linien werden schon mal so betwittert: »Service: Falls Sie (noch) im Gefängnis sitzen und gerade ihre Flucht durch Berlin planen: U6 und U8 fahren heute leicht unregelmäßig.« Das freut die Leute, auch wenn sie sich eigentlich lieber ärgern möchten.

Bei so viel guter BVG-Laune hat's die S-Bahn natürlich doppelt schwer. Als die Deutsche Bahn auf die Idee kam, die Drogendealer vom Bahnhof Hermannstraße mit atonaler Musik zu vertreiben, dachten die Leute, sie hörten eine Klanginstallation im Rahmen eines der üblichen schrägen Musikfestivals.

Unerreicht von der BVG ist die S-Bahn aber in der fantasievollen Begründung von Verspätungen und Ausfällen. Hier ein Auszug, natürlich O-Ton S-Bahn: Abbau eines Baugerüsts, Betriebsstörung, Weichenstörung, Signalstörung, Schrankenstörung, Stellwerksstörung, Stellwerksausfall, technische Störung, Türstörung, Zugstörung, Fahrzeugstörung, Triebfahrzeugstörung, Bahnübergangsstörung, Schrankenstörung, Bauarbeiten, Bauzeitüberschreitung, Ausbesserungsarbeiten, Abbauarbeiten, Weichenarbeiten, Gleisarbeiten, Gleisverlegungsarbeiten, Gleisquerungsarbeiten, Gleisschäden, Baum auf Gleis,

Oberbaummängel, Schienenbruch, Schienenschleifarbeiten, Schwellenauswechslungsarbeiten, Brückenanfahrt, Brückenarbeiten, Brückenbauarbeiten, Hilfsbrückenausbauarbeiten, Ausrüstungsarbeiten, Ausbesserungsarbeiten, Vegetationsarbeiten, Stellwerksabnahme, Streckensperrung, Stromengpässe, Stromausfall, Stromnetzausfall, Beschallungsausfall, Beleuchtungsausfall, Störung der Energieversorgung, Computerabsturz des Fahrdienstleiters, Polizeieinsatz, Feuerwehreinsatz, Notarzteinsatz, Fahrgastfehlverhalten, Fahrgastversorgung, Bahnsteigkantenschaden, Vandalismusschaden, Vegetationsarbeiten, kurzfristige Arbeitszugfahrten, Staatsbesuch, Böschungsbrand, Tiere im Gleis, Schwan im Gleisbett, Kabeldiebstahl, erkrankter Prüfingenieur, überdurchschnittlicher Krankenstand, Unregelmäßigkeiten in der Personaldisposition, verspäteter Zugführer, fehlender Zugführer, auflaufender Stau, Linienmaßnahmen, außerplanmäßige Zugkreuzung, Adhäsionsprobleme, Zugfehlleitung, Hindernisbereitung, Störung im Betriebsablauf ...

Aber vielleicht sind wir auch zu kritisch. Paul Willard aus Stockport in England, der mit seiner Familie zu Besuch war, twitterte hinterher begeistert: »Had a great weekend in Berlin. I was really impressed with public transport, its cost and efficiency.« Tatsächlich fiel die Verspätungsstatistik 2019 der S-Bahn etwas besser aus als sonst. Allerdings wurden auch nur Verspätungen ab fünf Minuten registriert und ausgefallene Züge gar nicht.

Wer wie wir schon seit mehr als einem Vierteljahrhundert in Berlin lebt, weiß: Die Stadt wird voller und voller und damit auch die Gehwege, Straßen, Busse, Tram-, U-, S- und Autobahnen. Eines der großen Vorhaben der Politik ist daher die »Verkehrswende«, der Senat hat sie offiziell ausgerufen. Seitdem wird tatsächlich sehr viel mehr auch an die Bedürfnisse von Verkehrsteilnehmern ohne Auto gedacht. Als der Bau von »Verrichtungsboxen« am Straßenstrich in der Kürfürstenstraße ins

Gespräch kam, präferierte der Senat deshalb »eher die Aufstellung kleinerer Boxen für Fußgänger und Radfahrende als die Aufstellung von mit dem Auto befahrbaren Boxen«. Fußgänger bekommen mehr Zeit für das Überqueren von Straßen; bislang schien die Verwaltung ihre Ampelphasen am Tempo von Berlins Olympiaheld Jesse Owens orientiert zu haben. Aber der musste ja auch nicht noch einen Rollator vor sich herschieben. »Komfortabler« soll die Straßenquerung werden, es gibt natürlich wie immer ein »Aber«: »An lichtzeichengeregelten Kreuzungen kann es aber aufgrund der Knotengeometrie oder notwendiger Einzelsignalisierungen von Verkehrsbeziehungen auch dazu kommen, dass sich der Komfort der Gesamtquerung innerhalb eines Umlaufs nicht realisieren lässt.« Da Knotengeometrie an Berliner Schulen nicht auf dem Lehrplan steht, ist das Schlimmste zu befürchten.

Für das Umschalten der Ampeln auf den neuen Takt wird ein Zeithorizont von bis zu zehn Jahren genannt. Die vor über zehn Jahren beschlossene »Fußverkehrsstrategie 2011–2020« befand sich zuletzt übrigens »in der Phase der internen Vorabstimmung«. Die Strategiepapiere für den Verkehr müssten jedenfalls ausreichen, um die 11 724 Kilometer Gehweg in Berlin damit auszulegen.

Noch übler sieht's nur beim Ausbau der Radwege aus. Selbst wenn das bisherige Tempo vervielfacht wird, vergehen bis zur Vollendung der »fahrradgerechten Stadt« noch ein paar Tausend Jahre. Bis dahin genießt Berlin die Verkehrswende auf absehbare Zeit in immer volleren Zügen. Mehr als eine Milliarde Fahrgäste pro Jahr transportiert allein die BVG, bei der S-Bahn ist es eine halbe Milliarde, Tendenz steigend. Das Material ächzt, die Werkstätten kommen kaum hinterher. Laut Zeitplan des Senats soll aber schon im Jahr 2035 der öffentliche Personennahverkehr tipptopp sein, 28 Milliarden Euro werden dafür investiert. Michael Müller ist dann über 70 und im Besitz einer Seniorenkarte.

Private Autos sollen bis dahin kaum noch unterwegs sein. »Wir möchten, dass die Menschen ihr Auto abschaffen«, sagt die Verkehrssenatorin von den Grünen, vor allem wegen des Klimas. Der Regierende Bürgermeister, jahrelang in der Stadt unterwegs mit dem sichersten, aber auch umweltschädlichsten Dienstwagen aller Ministerpräsidenten, einem Mercedes S 600 Guard mit 530 PS, ist da eher skeptisch. Vorsichtshalber bemühte er sich deshalb zur gleichen Zeit darum, die Internationale Automobil-Ausstellung (IAA) nach Berlin zu holen – letztlich vergeblich.

Berlin ist, was die durchschnittliche Pro-Kopf-Zahl an Autos betrifft, traditionell eher rückständig, heute würde man sagen: fortschrittlich. In keiner anderen deutschen Großstadt sind, bezogen auf die Einwohnerzahl, weniger Autos angemeldet. Spötter sagen, das liege an den Wartezeiten der Kfz-Zulassungsstellen, immer wieder fischt die Polizei Autos mit selbst gebastelten Kennzeichen aus dem Verkehr. Aber die Wartezeiten haben sich verbessert. Tatsächlich haben viele Leute ihr Auto abgeschafft, weil sie keinen Parkplatz finden oder noch länger im Stau stehen, als sie auf die S-Bahn warten. Angeblich sucht im Durchschnitt jeder Berliner Autofahrer 62 Stunden im Jahr einen Parkplatz und verbringt 103 Stunden im Stau. Das reicht in Deutschland für einen Spitzenplatz.

Auf der anderen Seite genießen Autofahrer in Berlin immer noch fantastische Privilegien, jedenfalls solange sie »Anwohner« sind. In Stockholm beträgt die Jahresgebühr für einen Anwohnerparkausweis auf öffentlichem Straßenland 872 Euro, in Amsterdam 535 Euro, in Kopenhagen 148 Euro, in Wien 120 Euro und in München immerhin 30 Euro. In Berlin waren es jahrelang 10,20 Euro, deutlich unter dem, was die deutsche Gebührenordnung zulässt.

Anwohnervignetten gibt's beim Bürgeramt, der Berliner Vorhölle. Auf einen Termin, um ihre Wohnung anzumelden oder einen neuen Personalausweis zu beantragen, warten die

Leute hier schon mal vier Wochen und mehr. Wer allerdings eine Anwohnervignette haben möchte, wird als »Notfallkunde« eingestuft und direkt bedient. Alleinerziehende Mütter dagegen warten auf ihren Unterhaltsvorschuss in Berlin schon mal zehn Monate und mehr, ohne dass der Nachweis eines echten Notfalls die Bearbeitung beschleunigen würde. Aber ein Parkausweis, der ist wichtig! Die Verwaltung will offenbar vermeiden, dass Anwohner wochenlang mit ihren Autos bei sich zu Hause abwechselnd um den Block fahren, wenn sie keine Parkvignette haben. Für das Klima wäre das gar nicht gut.

Wer kein Anwohner ist, zahlt in der Innenstadt einen bis vier Euro die Stunde. Das Falschparker-Knöllchen kostet zehn Euro, das ist meistens günstiger, als jedes Mal brav ein Parkticket zu ziehen – das machen in Berlin nur Touristen und Pedanten. Denn die Mitarbeiter vom Ordnungsamt kommen kaum hinterher, wenn sie nicht ohnehin gerade krank sind. In keinem Bereich des öffentlichen Dienstes in Berlin ist die Abwesenheitsquote höher, das liegt auch an den Auswirkungen des »Kundenkontakts«.

Bei Autofahrern beliebte Parkplätze in Berlin sind Busspuren, Radwege, Gehwege und Kreuzungseinmündungen. An einem normalen Freitagnachmittag stehen dem M29 auf den paar Kilometern zwischen Görlitzer Bahnhof und Anhalter Bahnhof im Durchschnitt 21 Autos im Weg, entweder auf der Busspur oder in der zweiten Reihe parkend. Nur selten lässt die Polizei mal ein Auto »umsetzen«, weshalb sich die BVG jetzt selbst drei Abschleppwagen gekauft hat. Allerdings vergingen anderthalb Jahre, bis die auch eingesetzt werden konnten, es war nicht so leicht zu klären, wer für die Genehmigung eigentlich zuständig ist.

Auch gerast wird in Berlin ganz gerne, jedenfalls dann, wenn die Straße mal frei ist, also nachts. Tempo 155 auf der Nonnendammallee, wo 50 erlaubt ist, oder 222 auf der Stadtautobahn, wo 80 gilt, das kommt immer wieder mal vor. Die Polizei teilt dazu süffisant mit: »Nach Abzug der Toleranz.« Und als dreizehn Jahre nach Eröffnung der inoffiziellen Rennstrecke Tiergartentunnel endlich die Installation moderner Schwarzlichtblitzer ausgeschrieben wurde, legte der Senat nicht nur Wert auf eine klimakatastrophengerechte Ausstattung (»Betrieb von −20 bis +50 Grad«), sondern auch darauf, dass der »Geschwindigkeitsmessbereich« den Berliner Verhältnissen angepasst ist: Eine Funktionsfähigkeit »von mindestens bis zu 250 km/h muss gewährleistet sein«, hieß es – erlaubt sind hier je nach Verkehrslage Tempo 30 bis 50.

Dass sich Schwarzlichtblitzer für die Berliner Landeskasse durchaus lohnen können, zeigt ein Dauerveranstaltungshinweis für Neuberliner: Die dümmsten Raser der Stadt sind im Autobahntunnel Britz zu sehen. Hier ließen sich innerhalb eines Jahres 80 521 Autofahrer kostenpflichtig fotografieren – den Hinweis »Radarkontrolle« hatten sie schon nach wenigen Metern wieder vergessen.

Höchstgeschwindigkeitsschilder nehmen Berliner Autofahrer so ernst wie den Ratschlag ihres Hausarztes, mal ein bisschen Sport zu machen – als nett gemeinte Empfehlung. Im Hermsdorfer Waldseeviertel, wo die Verwaltung Tempo 30 angeordnet hat, liegt die Durchschnittsgeschwindigkeit bei 44 Stundenkilometern, aber auch 93 kommt vor. Mehr als 95 Prozent der Autofahrer sind hier zu schnell unterwegs. Die Anwohner protestieren seit 20 Jahren gegen die »Verkehrsanarchie« in ihrem Kiez, die Polizei hat aufgegeben und sich zurückgezogen, sie hält es mit dem chinesischen General Sun Tzu: »Führe nie einen Krieg, den du nicht gewinnen kannst.«

Kapituliert hat die Polizei auch in der Pankower Friedrich-Engels-Straße, hier gilt Tempo 10. Wie soll das gehen? Tempo 10 haben die meisten ja schon drauf, wenn sich der Anlasser dreht. Natürlich hält sich niemand an Tempo 10. Die

Polizei versuchte es mit mobilen Messgeräten, dann gab sie auf: »Eine spürbare Erhöhung der Normenakzeptanz«, erklärte die Behörde, sei »faktisch nicht zu erzeugen«. Auch die Idee, stationäre Blitzer aufzustellen, scheiterte: »Für eine beweissichere Anwendung sind die baulichen Gegebenheiten nicht ausreichend« – Straße, Gehwege und Grünstreifen sind hier so desolat, dass die Geräte keinen sicheren Stand haben.

Ähnlich wie auf Tempo-Schilder reagieren Berliner Autofahrer auf Durchfahrtsverbotsschilder, Halteverbotsschilder, Zebrastreifen und Ampeln: Sie werden, wie Beipackzettel, oft einfach nicht zur Kenntnis genommen. Sogar die Straße vor dem Verkehrsgericht ist täglich komplett zugeparkt – trotz eines absoluten Halteverbots. In Zehlendorf scheiterte der Versuch, eine Fußgängerzone einzurichten – die Leute fuhren einfach weiter mit ihren Autos durch. An der Rathausbrücke vor dem Stadtschloss, Radfahrern und Fußgängern vorbehalten, stieg ein Autofahrer aus und schob die Absperrung kurzerhand beiseite; alle anderen fuhren natürlich hinterher. Seitdem ist dort wieder Stau. Selbst an Kreuzungen mit Blitzlichtgeräten gibt es kein Halten, die alten Dinger funktionieren ohnehin meistens nicht, es gibt keine Ersatzteile mehr. Als die Verwaltung einige moderne Säulen anschaffte, wurde es erst mal auch nicht viel besser: Irgendjemand hatte vergessen, den Strom anzuschließen. Es dauerte Wochen, bis das überhaupt auffiel.

Sehr reale Beispiele für die modernen Plagen der Innenstadt sind auch Taxis, Pferdekutschen, Bierbikes, Rikschas, Leihfahrräder und E-Scooter. Alle sechs Spezies bilden in Summe nur einen Bruchteil der Artenvielfalt im Berliner Verkehr, haben aber einen überproportionalen Einfluss auf den Blutdruck der anderen Verkehrsteilnehmer. 10 000 Elektrotretroller gegen 1,2 Millionen Autos, da sind die Verhältnisse eigentlich klar. Aber jeder falsch abgestellte Roller regt die Leute mehr auf als tausend falsch abgestellte Autos. Die Zeitungen sind voll davon, die Politik reagierte schnell: Es wurden »Regularien« entworfen und Abstellverbotszonen eingerichtet, das Brandenburger Tor und das Holocaust-Mahnmal sind jetzt für E-Scooter gesperrt, und die Polizei hat plötzlich Zeit für Schwerpunktkontrollen. Radfahrer blicken mit Verachtung auf die Gefährte, die maximal 20 km/h schnell sind. Dabei sind diese Roller eine echte Ergänzung zu Bus und Bahn, jedenfalls innerhalb des S-Bahn-Rings, wo sie quasi überall herumstehen, um für einen kurzen, schnellen Weg genutzt zu werden. Auch für Anzugträger sind E-Scooter bestens geeignet; man schwitzt nicht so wie beim Fahrradfahren oder in der U-Bahn. Okay, es fahren auch Betrunkene damit, aber das soll bei Autofahrern ja ebenfalls vorkommen. Und bei Radfahrern. Die Massenhysterie in puncto E-Scooter ist angesichts der Mengenverhältnisse eigentlich nur mit einer Überdosis Dieselduft zu erklären – oder frei nach Rosa von Praunheim: Nicht der E-Scooter ist pervers, sondern die Situation, in der er fährt.

Bei den Bierbikes ist es eher andersherum. Wieso es möglich und erlaubt ist, sich zum Zweck der Alkoholeinnahme feiernd und feixend in einem pedalangetriebenen Kriechfahrzeug in den Straßenverkehr zu begeben, ist selbst in Berlin schwer zu erklären. In der Definition des Kreuzberger Stadtrats sind diese Bierbikes »mobile Veranstaltungsflächen, die dem geselligen Zusammensein dienen. Die Ortsveränderung des thekenähnlichen Fahrzeugs ist lediglich ein Nebeneffekt«. Aber eben einer mit Aus- und Nebenwirkungen und jedenfalls ein unwillkommener Beitrag zur Ballermannisierung Berlins. Tourismuschef Burkhard Kieker sagt: »Den Bierbikes in Mitte würde ich am liebsten die Luft aus den Reifen lassen.« Aber das ist gar nicht so einfach, das Verwaltungsgericht konnte keine Gründe für ein generelles Verbot erkennen. Das gemeinschaftliche Besäufnis auf einer rollenden Bude bleibt in Berlin also für Betrunkene eine Touristenattraktion, nüchtern betrachtet jedoch ein Ärgernis.

Das gilt allerdings für die gesamte Verkehrspolitik der vergangenen Jahre, trotz aller Ankündigungen, Beschlüsse und Gesetze – vor allem für Radfahrer ist sie eine Enttäuschung. Statt langer Radwege gibt's lange Verwaltungswege, und statt der »Vision Zero« näherzukommen, also dem Ende von Verkehrstoten, steigt die Zahl der Opfer. Die Politik steckt in der Tiefebene der Bürokratie fest wie ein Kleinwagen im Wüstensand, zuweilen mit traurigen Folgen. So stellte die Bezirksverordnetenversammlung Tempelhof-Schöneberg fest: »Der Angebotsstreifen für den Fahrradverkehr auf der Kolonnenstraße kurz vor der Hauptstraße ist eine gefährliche Unsicherheitszone. Hier ist Gefahr im Verzug.« Die »zuständigen Stellen« wurden aufgefordert, die Fahrbahnmarkierungen zu korrigieren, und zwar »dringend«. Dabei blieb es. Ein halbes Jahr später riss ein Lastwagenfahrer genau an dieser Stelle beim Rechtsabbiegen eine Radfahrerin in den Tod. Die »zuständigen Stellen« erachteten sich offenbar nicht für zuständig. Getrennte Ampelschaltungen wären eine Lösung, aber dagegen spricht für die Verkehrsverwaltung sowohl die »geringe Akzeptanz langer Rotzeiten« als auch die Umweltbelastung: Autos mit laufendem Motor sollen möglichst nur kurz an Kreuzungen stehen.

Der Politik fällt es jedenfalls schwer, der von ihr selbst erweckten Erwartungshaltung wenigstens halbwegs gerecht zu werden. Sie hat nicht einmal einen Überblick, was schon geschehen ist und was noch zu tun wäre. Sie feiert sich selbst für ein paar Hundert Meter abgepollerten, grün gefärbten neuen Radweg – und merkt gar nicht, dass dieser bereits an der nächsten Kreuzung in eine gefährliche Abbiegerweiche führt. Sie markiert auf der viel befahrenen Oberbaumbrücke mit großem Tamtam samt Senatseröffnung ein Stück vom rechten Rand für Radfahrer, doch kein Verantwortlicher merkt, dass es viel zu schmal ist und gegen das Mobilitätsgesetz verstößt.

Die Radverkehrspolitik ist im Niemandsland zwischen Senat und Bezirken unterwegs wie der Fliegende Holländer: Sie kommt nirgendwo richtig an. »Die Koalition wird das sichere und bedarfsgerechte Fahrradparken weiter vorantreiben. Dazu werden vermehrt Fahrradbügel aufgestellt«, heißt es im Koalitionsvertrag. Zuständig dafür sind aber die Bezirke. Und wie viele Fahrradbügel gibt es da? Hier das Ergebnis einer kleinen Umfrage: »Keine gesonderte Statistik«, »Keine Aussage«, »Statistik wurde nicht geführt«, »Aus personellen Gründen keine Statistik«, »Nie gezählt«, »Aufgrund unzureichender Personalkapazität nicht bekannt« ... Natürlich weiß auch niemand, wie viele Fahrradbügel eigentlich gebraucht werden, denn: »Die Bedarfe an Fahrradabstellanlagen steigen analog zur Anzahl der Radfahrenden.« Und damit hat sich auch diese Sache erledigt.

Überall in der Stadt enden Radwege plötzlich mitten im Schwerlastverkehr oder auch im Nichts. Manchmal lässt sich sogar herausfinden, woran das liegt: In Pankow hatten »mehrere Fahrbahnmarkierer kurzfristig gekündigt«, ihnen war wohl etwas gegen den Strich gegangen. Aber einen Überblick hat niemand, das veranschaulicht ein Frage-Pingpong zwischen dem SPD-Abgeordneten Sven Kohlmeier und dem Staatssekretär der Verkehrsverwaltung, es liest sich wie ein Offenbarungseid: »Wie viele Kilometer Radweg wurden seit 2017 gebaut?« »Eine entsprechend detaillierte und umfassende Radwegebaustatistik wird in Berlin nicht geführt.« »Wie viele Kilometer wurden seit 2017 saniert?« »Eine entsprechend detaillierte und umfassende Radwegebaustatistik wird in Berlin nicht geführt.« »Wie viele Kilometer werden bis 2021 gebaut?« »Eine Vorausberechnung oder verlässliche Vorausschätzung ist nicht möglich.« »Wie viele Kilometer werden bis 2021 saniert?« »Eine detaillierte und umfassende Statistik zum Sanierungsbedarf wird in Berlin nicht geführt.« Immerhin weiß der Staatssekretär des Senats, warum er nichts weiß: Die Bezirke sind zur Erfassung der Radwege »nicht verpflichtet« und »nicht in der Lage«. Und er natürlich auch nicht.

Dass es auch anders geht, zeigte sich gleich zu Beginn der Corona-Krise: Kaum waren die gewohnten Verwaltungswege durch den »Lockdown« blockiert, wurden überall in den Bezirken völlig unbürokratisch auf den Straßen provisorische Radspuren angelegt. Die rebellischen Kreuzberger waren die Ersten, die offizielle Begründung: Auch Fahrradfahrer müssen zueinander auf Abstand gehen können, um sich nicht anzustecken. Und der Senat erklärte Fahrradläden während der Pandemie kurzerhand zu systemrelevanten Einrichtungen: Sie durften trotz der Anordnung, die eigene Wohnung nur aus triftigem Grund verlassen zu dürfen, geöffnet bleiben.

Viele Berlinerinnen und Berliner sind allerdings der Meinung, dass dem Radfahren von der Politik zu viel Bedeutung beigemessen wird. Ihnen gehen die Aktivisten auf den Keks, die bei jedem Radwegparker gleich die 110 anrufen und Falschabbieger mit ihrer Helmkamera filmen, aber selbst gerne die Abkürzung über den Gehweg nehmen und rote Ampeln für vergessene Weihnachtsdeko halten. »Hollywood-Star radelt bei Rot in Berlin«, meldete die Boulevardzeitung *B.Z.* auf Seite 1, nachdem Hugh Jackman in der Stadt unterwegs gewesen war. Sehr seltsam. »Radelnder Hollywood-Star bleibt bei Rot in Berlin stehen«, das wäre mal eine Nachricht gewesen. Aber immerhin sorgen die Punks in der Stadt für ein wenig Ordnung in der Anarchie, auf der Oberbaumbrücke weisen sie, Bierflasche in der Hand, Musik volle Dröhnung, auf dem Gehweg dahinradelnde Hipster aufs Straßenverkehrsgesetz hin: »Dit is hier verboten, Mann!«

9

Die Stadt als Beute

Berlin ist auch in der Kriminalität
eine Metropole von Weltrang.

Ich stand dreimal als Beschuldigter in Berlin vor Gericht. Das
erste Mal Mitte der Achtzigerjahre, der Vorwurf lautete »Widerstand gegen Vollstreckungsbeamte«. Angeblich sollte ich gleich
drei Polizisten und zwei BVG-Mitarbeiter im Wachhäuschen
auf dem U-Bahnhof Mehringdamm zusammengeschlagen haben, alle auf einmal. Das klang zwar ziemlich beeindruckend
und nach Superkräften, aber ich schwöre: So war es nicht. Viel-
mehr war es so: Als einzigen in einer Menge von Dutzenden
Fahrgästen fragte mich die BVG-Streife auf dem Bahnsteig
ruppig nach meinem Fahrausweis, vorsichtshalber hielt man
mich dabei an den Armen fest, weil ich nicht aussah wie die
Menge. Damals fiel man noch auf mit wild in alle Richtungen
abstehenden bunten Haaren und selbst zusammengetackerten
Klamotten. Ich geriet unter adoleszenten Anarchisten-Verdacht,
was zwar nicht ganz falsch war, aber Django hat Monatskarte.
Immer! Heute würde man das wohl »Racial Profiling« nennen.
Jedenfalls wollte ich im Gegenzug den Dienstausweis der Herren sehen, was diese verweigerten. Stattdessen drängten sie
mich ins Diensthäuschen, von wo aus sie zur Unterstützung
die Polizei riefen. Es kamen gleich drei Mann, Marke »Wachtmeister Wampe«. Sie zeigten mir ihre Dienstmarke, nahmen
meine Personalien auf, mokierten sich über Hausbesetzer und

»Krawallmacher«, schubsten mich zum Abschied fröhlich gegen die Wand und verpassten mir ein, zwei »Erziehungsmaßnahmen«.

Als ich weg war, zeigten sie mich an.

Die Aussagen der Polizisten und der BVG-Leute lasen sich so, als hätten sie es mit dem »Joker« zu tun gehabt. Sie sagten alle ziemlich übereinstimmend das Gleiche aus: Ich hätte sie übel attackiert. Mein Vater empfahl mir als Anwalt den Strafverteidiger Gerhard Jungfer, den kannte er noch vom Studium. Jungfer stand damals in der linken Szene schwer unter Beschuss wegen seiner Rolle in einem Vergewaltigungsprozess, das hatte ich im *Spiegel* gelesen. Dass er später auch Erich Mielke verteidigen würde, wusste Jungfer damals selbst noch nicht, die Mauer stand ja noch. Er haute mich halbwegs raus: Verfahrenseinstellung gegen Zahlung von 600 Mark. Das war eine Menge Geld, aber immerhin war ich nicht vorbestraft. Der Richter traute mir den Heldenkampf wohl nicht so recht zu.

Ich hatte mir damals alle fünf Namen der Polizisten und BVG-Mitarbeiter notiert, mit Adresse, ich war sauer und hegte Rachefantasien. Aber sie wohnten irgendwo in Reinickendorf, Spandau und Mariendorf, und ich hatte irgendwie nie Zeit, so weit rauszufahren. Ehrlich gesagt hatte ich einfach keine Lust darauf. Leider finde ich die Liste nicht mehr, sonst würde ich heute hinfahren und den Herren sagen, dass ich ihnen vergeben habe.

Das zweite Mal, dass ich als Beschuldigter vor Gericht stand, war teurer. Der Vorwurf diesmal: Verstoß gegen das Telekommunikationsgesetz. Ich war damals, Ende der Neunzigerjahre, Berlinchef beim *Tagesspiegel* und hatte einen Informanten, der den Polizeifunk abhörte. Tag und Nacht saß er in einer heruntergekommenen Bude in der Nähe vom Rosa-Luxemburg-Platz vor seinen Empfängern und ließ das Tonband mitlaufen. So hörte er am 17. Februar 1999 auch live mit, was sich am Bismarck-platz in Halensee abspielte: Eine Gruppe von 75 PKK-Aktivisten stürmte das israelische Generalkonsulat und knüppelte dabei 30 Berliner Polizisten nieder. Israelische Wachleute schossen in die Menge, töteten zwei Männer und eine Frau und verletzten 16 weitere Menschen.

Die offizielle Darstellung des Ablaufs durch die Polizei wich in mehreren Punkten von dem ab, was sich aus dem Funkver-kehr der Polizei erschließen ließ. Offenbar hatte es Kommu-nikationspannen gegeben, die vertuscht werden sollten. Also veröffentlichten wir den Ablauf im *Tagesspiegel*, und zwar so, wie ihn unser Informant verbotenerweise mitgeschnitten hatte. Die Staatsanwaltschaft klagte mich an.

Ein gutes Jahr später kam es zur Verhandlung. Der Staats-anwalt ließ eine ganze Reihe von Zeugen aussagen, die Zu-schauerbänke waren voll mit Polizisten, die grimmig drein-blickten und bei meiner Aussage höhnisch lachten. Am Ende stellte die Richterin das Verfahren ein, diesmal gegen eine Zah-lung von 1000 Mark. Sie hielt mir zugute, dass sich die Pub-likation wegen des öffentlichen Interesses »im Grenzbereich des Rechtswidrigen« bewegt habe. Ich habe übrigens damals vergessen, mir die 1000 Mark vom *Tagesspiegel* erstatten zu las-sen, das war schließlich kein Privatvergnügen; aber ich fürchte, die Sache ist heute abrechnungstechnisch verjährt.

Unser Informant, der Polizeifunkabhörer, verschwand spä-ter plötzlich – ziemlich sicher ermordet, hieß es. Er machte wohl nebenbei irgendwelche krummen Geschäfte in Bulgarien, der Verdacht ging jedenfalls in diese Richtung. Es wurden zwar Blutspuren von ihm auf seinem Sofa gefunden, doch nie seine Leiche.

Das dritte Mal vor Gericht habe ich mich aufrichtig ge-schämt, aus mehreren Gründen. Vor ein paar Jahren war ich nachts mit meinem klapprigen MG, Baujahr 1968, auf der B1 zwischen Grünheide und Berlin unterwegs. Kurz hinter dem Tunnel in Alt-Friedrichsfelde wurde ich herausgewunken, ich war zu schnell. Exakt einen Stundenkilometer zu schnell, um ohne Punkt davonzukommen. Noch nie hatte ich einen Punkt bekommen, ich wollte auch keinen Punkt, nicht wegen eines Kilometers pro Stunde.

Eine Kollegin empfahl mir einen Anwalt in Moabit, aber ich war nicht überzeugt. Wegen so etwas vor Gericht? Und die Sachlage war ja nun mal eindeutig. Aber der Anwalt sagte: »Ick find immer wat.«

Der Auftritt vor Gericht war mir peinlich – der ganze Aufwand! Richterin, Protokollführerin, eine Polizistin und ihr Kollege als Zeugen, sie hatten sicher etwas Besseres zu tun. Alles wegen so einer Lappalie. Es war mir peinlich, und es lief auf die erwartete Niederlage hinaus.

Da beantragte mein Anwalt plötzlich, auch den Polizisten als Zeugen vorzuladen, der das »Laserhandmessgerät« gehalten hatte. Ich machte mich noch kleiner. Die Richterin seufzte, gab dem Antrag jedoch statt, der Zeuge müsse also an einem anderen Termin angehört werden.

»Das wird nicht gehen«, sagte da zaghaft die Polizistin.

»Doch, natürlich geht das«, entgegnete unwirsch die Richterin.

»Nein«, widersprach die Polizistin, »das geht nicht. Der Kollege ist leider verstorben.«

»Sach ick doch«, flüsterte mir der Anwalt zu, »ick find immer wat.«

Natürlich wurde das Verfahren eingestellt – bis heute habe ich keinen Punkt auf dem Konto.

Die Wahrscheinlichkeit, in Berlin wegen ähnlich banaler Geschichten wie eben beschrieben einen Termin vor Gericht zu bekommen oder auch nur einen Strafbefehl, ist in den vergangenen Jahren deutlich gesunken. Selbst bei schweren Verbrechen ist ein ordnungsgemäßes Verfahren nicht mehr sicher.

Zwar werden wieder mehr Staatsanwälte und Richter eingestellt, aber die Justiz in der deutschen Hauptstadt erklärt sich selbst für überfordert. Der Rechtsstaat sei »in weiten Teilen nicht mehr funktionsfähig«, sagt Oberstaatsanwalt Ralph Knispel, Vorsitzender der Vereinigung der Staatsanwälte. Es fehlt an Personal, die technische Ausstattung ist desaströs, Beweise werden jahrelang nicht ausgewertet, Tausende Haftbefehle nicht vollstreckt, Verdächtige aus der Untersuchungshaft entlassen, weil die Zeit für eine Anklage nicht reicht. In Berlin ist es zuweilen einfacher, aus dem Knast zu fliehen, als überhaupt reinzukommen – der Begriff »Freiabo« hat hier eine ganz eigene Bedeutung. Kontaktanzeigen in der Knastzeitung *Lichtblick,* in denen es heißt »Zauberer sucht Partner, Säge vorhanden« sind durchaus ernst zu nehmen. »Die lachen uns aus«, so Knispel.

Den Berliner Richtern geht's genauso: »Wir wissen nicht, wie wir die Eingänge verteilen sollen«, hieß es in einem offenen Brief des Landgerichtspräsidiums an die Justizverwaltung. Eine tat- und schuldangemessene Ahndung von Straftaten sei beim Landgericht nicht mehr zu erwarten. Wegen der Engpässe werden Hauptverhandlungen nicht rechtzeitig eröffnet, mutmaßliche Täter kommen frei. Auf mündliche Verhandlungen in Verkehrssachen müssen die Verfahrensbeteiligten schon mal zwei Jahre warten, die Ladungen mit den futuristisch anmutenden Terminierungen erheitern so manchen Anwaltsstammtisch.

Eine Verfahrenseinstellung ist die Regel, auf die man sich in Berlin vor allem bei Ordnungswidrigkeiten geradezu verlassen kann. Innerhalb eines Jahres mussten mehr als 40 000 Verkehrsverfahren wegen Verjährung eingestellt werden, die

Bußgeldstelle der Polizei konnte die Verantwortlichen nicht rechtzeitig ermitteln. Selbst bei Fahrerflucht kommen nur noch 17 Prozent der Fälle zur Anklage, und es werden jedes Jahr weniger, sogar dann, wenn die Polizei selbst betroffen ist. Hier ein kleines Beispiel: Eine Polizistin, in Zivilkleidung auf dem Fahrrad unterwegs, wurde von einer Autofahrerin angebrüllt und abgedrängt. Als sie die furiose Verkehrsteilnehmerin zur Rede stellte und ihren Dienstausweis zeigte, fuhr die Frau sie auch noch absichtlich an und raste dann davon. Es gab Zeugen der Szene, die Polizistin hatte sich das Kennzeichen notiert und zeigte die Autofahrerin wegen Nötigung, gefährlicher Körperverletzung und Widerstands gegen Vollstreckungsbeamte an. Ein Jahr später bekam sie Post von der Staatsanwaltschaft. In fünf Zeilen wurde ihr die Einstellung des Verfahrens mitgeteilt, die Begründung: geringe Schuld, kein öffentliches Interesse.

Soweit alles wie immer. Doch als der *Tagesspiegel* über den Fall berichtete, ließ sich Justizsenator Behrendt die Akte zukommen; danach nahm die Staatsanwaltschaft die Ermittlungen wieder auf und zog die Sache durch, ausnahmsweise war ja nun ein öffentliches Interesse entstanden. Die bis zuletzt uneinsichtige Frau wurde zu 60 Tagessätzen à 30 Euro und zwei Monaten Fahrverbot verurteilt.

Wer sich mit Kriminalität in Berlin beschäftigt, kennt natürlich die großen Fälle, die von heute, die von früher und die von ganz früher. Die meisten Verbrecher haben mal klein angefangen, so wie die Brüder Sass. Als gewöhnliche Einbrecher waren sie eher erfolglos, als Tresorknacker mit Schneidbrenner allerdings sehr fortschrittlich. Der Durchbruch (und das ist wörtlich zu verstehen) gelang ihnen 1929: Sie gruben am Wittenbergplatz vom Keller eines Nachbarhauses aus einen Tunnel zum Tresorraum der Diskontobank-Filiale, wo sie 179 Schließfächer und zwei Flaschen Wein leerten. Dann verschwanden sie mit zwei Millionen Reichsmark. Schnell hatte die Polizei die Brüder im Verdacht, doch nachweisen konnte sie ihnen nichts. Bei einer heiteren Pressekonferenz im Restaurant Lutter & Wegner machten sich Franz und Erich Sass über die vergeblichen Bemühungen der Ermittler lustig. Danach zogen sie nach Dänemark. Wäre Ralph Knispel damals schon Oberstaatsanwalt in Berlin gewesen, er hätte wohl gesagt: »Die lachen uns aus.« Erst Jahre später wurden die Sass-Brüder in der neuen Heimat wegen weiterer Einbrüche gefasst, nach Deutschland ausgeliefert und 1940 im KZ Sachsenhausen ermordet.

Berühmt war auch Werner Gladow. Angefangen hatte er mit 16 Jahren als Schwarzhändler auf dem Alexanderplatz, aber sein Vorbild war Al Capone, in jeder Hinsicht. Also zog er sich einen Maßanzug an und gründete eine Bande, die in der Nachkriegszeit unter dem Namen »Weiße Krawatte« bekannt wurde. Sein Trick: Nach den Raubzügen im Westen der Stadt flüchtete er jeweils über die Sektorengrenze nach Ost-Berlin. Bei seiner Festnahme – er war gerade 18 – ballerte er beidhändig drauflos, bei seiner Hinrichtung klemmte zweimal das Fallbeil.

Einem Slapstick glich die Verfolgung des Berliner Kaufhauserpressers Arno Funke, bekannt geworden als »Dagobert«. Daniel Düsentrieb hätte allerdings besser gepasst, denn Funke dachte sich immer neue technische Tricks für die insgesamt 30 Versuche einer Geldübergabe aus. 1988 hatte Funke im KaDeWe zwei Bomben versteckt, der Konzern zahlte daraufhin 500 000 Mark. Vier Jahre später machte er weiter, diesmal war der Karstadt-Konzern an der Reihe. Die Polizei verlegte sich auf die Übergabe von Papierschnipsel-Paketen. Als Zeichen der Zahlungsbereitschaft – es ging um 1,4 Millionen Mark – musste das Unternehmen Kleinanzeigen in Zeitungen schalten, der Text: »Dagobert grüßt seinen Neffen.« Eine »Soko Dagobert« wurde gegründet, die Beamten bekamen einen speziell angefertigten Anhänger mit der Disney-Figur als Erkennungszeichen überreicht: die Hand am Geldschein, den Fuß auf der Truhe.

Und wie im Comic ging es dann auch im echten Leben zu. Funke bastelte einen Behälter für das Lösegeld und montierte ihn mit Saugnäpfen an einen ICE, zum Schein ließ er eine Zeitschaltuhr laufen. Die Polizei wartete deren Timer ab, tatsächlich aber hatte »Dagobert«, wie er jetzt halbamtlich hieß, den mit Papierschnipseln gefüllten Behälter bereits kurz nach der Abfahrt per Fernbedienung gelöst. Ein weiterer Übergabeversuch scheiterte, weil die Polizei an der Abwurfstelle bereits auf den Erpresser wartete. Funke flüchtete auf seinem Fahrrad, ein Beamter, der ihn schon fast eingeholt hatte, rutschte auf nassem Laub aus, einem anderen wich der Erpresser aus wie einst Muhammad Ali den Schlägen seiner Gegner. Eine Szene, die in einen Comic des Berliner Zeichners Gerhard Seyfried gepasst hätte: »Pop! Stolizei! Äh: Stei! Polizop! Nein, öh ... Stop! Poliz ... Weg isser ...!«

Fortan observierte die Polizei Berliner Elektronikläden, man ging davon aus, dass Dagobert weiterbasteln werde. Und tatsächlich: Eines Tages wurde er beim Kauf einer Zeitschaltuhr gesehen, doch wieder scheiterte der Zugriff. Diesmal flüchte Funke vor seinen Verfolgern durch einen Notausgang. Für die nächste Übergabe ging Dagobert in den Untergrund. Als Übergabeort wählte er eine Streusandkiste aus, den Schlüssel dafür sowie weitere Anweisungen deponierte er in einem Bahnhofsschließfach. Was die Polizei nicht wusste: Funke hatte zuvor, als Bauarbeiter verkleidet, den Eingang zu einem Regenwasserkanal zubetoniert, und genau darüber stand jetzt die Kiste. Mit einem Funkmikrofon verfolgte Dagobert, wie das Paket abgelegt wurde, dann stemmte er von unten die provisorische Decke auf, nahm es an sich und verschwand in der Kanalisation. Die Ermittler standen wieder mal da wie Stan und Ollie in *Dick und Doof als Polizisten*.

Aber es waren wieder nur Papierschnipsel im Paket, also probierte Dagobert es weiter: In einem leeren Kaufhausaufzug

ließ er eine Bombe detonieren und teilte einen neuen Übergabeort mit. Diesmal bastelte der Erpresser ein Miniaturschie-
nenfahrzeug; darauf wollte er das Lösegeld per Fernsteuerung
über eine stillgelegte Bahnstrecke in der Nacht zu seinem Ver-
steck lotsen. Entlang der Gleise spannte er Stolperdrähte. Als
die Polizisten die Lore verfolgten, lösten sie durch den Kontakt
mit Dagoberts Falle den Abschuss roter Leuchtkugeln aus, im
allgemeinen Durcheinander entgleiste das Wägelchen – und
Dagobert war wieder weg.

Geschnappt wurde Funke schließlich in einer Telefonzelle,
ein Ermittler hatte Dagoberts Fahrrad wiedererkannt. Dem echten Dagobert wäre das nicht passiert, der hatte einen Chauffeur.

Kurz nach Funkes Verurteilung betrat Moutaz Al Barazi,
genannt »Tunnel-Toni«, die Szene. Er hatte, wie einst die Gebrüder Sass, mit seinen Leuten von einer gemieteten Garage
aus einen Stollen zur Commerzbank in der Breisgauer Straße
in Zehlendorf gegraben. Selbst Tiefbau-Experten waren später
beeindruckt von der Präzision dieser Konstruktion – es kann also
in Berlin durchaus präzise gebaut werden. Das Besondere an
dem Coup aber war etwas anderes: Damit »Tunnel-Toni« unten
ungestört die Schließfächer knacken konnte, starteten einige
Bandenmitglieder oben ein spektakuläres Ablenkungsmanöver.
Sie stürmten die Bank durch den Haupteingang, bewaffnet mit
Gewehren und Handgranaten, nahmen 16 Geiseln und forderten fünf Millionen Mark Lösegeld. Während draußen die Polizei
noch auf das Ende des Ultimatums wartete, türmten Toni und
seine Leute einschließlich der Geiselnehmer in aller Ruhe durch
den Tunnel. Sie wurden aber schon bald erwischt, einer der Täter
war aufgefallen, weil er verdächtig viel nagelneue teure Wäsche
bei sich hatte.

Spektakuläre Verbrechen in jüngerer Zeit ähneln stark
einigen Serien auf Netflix, manchmal ist es auch andersherum. Am Potsdamer Platz überfielen 2010 vier Männer ein

internationales Pokerturnier im Grand Hyatt und raubten die Startgelder, insgesamt 240 000 Euro. Allerdings hatten sie sich verzockt: Alle wurden geschnappt – aber der größte Teil der Beute blieb verschwunden. Am Wittenbergplatz stürmten fünf Maskierte mit Hämmern, Macheten und Reizgas bewaffnet das KaDeWe, schlugen Vitrinen ein und raubten Schmuckstücke im Wert von 817 000 Euro. Nach 79 Sekunden waren sie wieder weg. Auf der Museumsinsel kletterten drei Männer nachts durch ein offenes Fenster ins Bode-Museum und klauten die 100 Kilogramm schwere Goldmünze »Big Maple Leaf«. Auf dem Rückweg fiel ihnen das Ding aus der Schubkarre, also schleiften sie es in ihren Wagen.

In allen drei Fällen gehörten Verdächtige und später Verurteilte stadtbekannten Großfamilien an, sogenannten Clans. Früher hießen Familienclans, die Berlin ausplünderten, zum Beispiel »Hohenzollern«, heute tragen sie überwiegend arabische Namen. Damals wie heute bieten ihre Geschichten jede Menge Filmstoff. Bei einer Berlinale-Eröffnung begrüßte die Moderatorin Anke Engelke den Regierenden Bürgermeister Michael Müller mit den Worten: »Er ist der Grund, warum Serien wie *4 Blocks* nicht nur Fiktion sind.« Das ist sicher ein wenig übertrieben, der Regierende Bürgermeister besitzt in Berlin ja nur eine eingeschränkte Richtlinienkompetenz, oder Anke Engelke weiß mehr, als sie sagt.

Auch die Spur der Goldmünze führte nach Neukölln, dorthin, wo nach Netflix-Informationen die Clans wohnen, allerdings über Umwege. Die Polizei hatte im Fahrzeug eines Verdächtigen Staub gefunden, Goldstaub vermutlich. Aber stammte das Gold von der geklauten Riesenmünze, abgerieben beim Transport? Oder waren es vielleicht doch nur die Reste vom Brautschmuck der letzten Großfamilienhochzeit? Die Polizei schickte die Körnchen zur Bundesanstalt für Materialforschung, dort haben sie einen Wellenlängenschieber, »eine monströse

Apparatur«, wie selbst BAM-Mitarbeiter ehrfürchtig sagen. Und was kann so ein Wellenlängenschieber? Er kann mit fluoreszierenden Materialien höherfrequente Photonen absorbieren und niedrigfrequente Photonen emittieren, kurz, die Goldmünzenräuber überführen. Aber wir sind hier ja in Berlin, also hörte die Polizei vom BAM: nichts. Der Wellenlängenschieber hatte klammheimlich seine Arbeit eingestellt, irgendein technischer Defekt, der Goldstaub wurde wieder eingesammelt und zur Analyse anderswohin geschickt, weit weg von Berlin.

Ein paar Monate nach dem Raub der Riesengoldmünze brachen Unbekannte in ein Schöneberger Polizeigelände ein und entleerten den Inhalt eines Feuerlöschers in einem beschlagnahmten Auto, offenbar um Spuren zu verwischen. Der Audi A6 gilt als Fluchtfahrzeug im Goldmünzenraub. Hätte ein Drehbuchautor sicher auch so geschrieben.

Einbrüche in Polizeieinrichtungen sind keine Seltenheit in Berlin. In manchen Jahren werden die Tore zu den Kfz-Sicherstellungshöfen bis zu zwölfmal geknackt, immer wieder werden dort beschlagnahmte Autos besprüht oder angezündet. Manchmal haben es die Täter aber auch nur auf Antiquitäten aus dem Polizeimuseum abgesehen oder auf Buntmetall. Die Polizeigewerkschaft ist jedenfalls schwer genervt, ihr Sprecher Benjamin Jendro meinte: »Es wäre besser, wenn endlich die komplette Liegenschaft geklaut wird, damit wir da einen Neubau mit funktionstüchtiger Heizungsanlage und ordentlichen Fenstern hochziehen könnten.« Bewacht werden die Liegenschaften der Polizei übrigens von privaten Wachschützern, die sind billiger.

Der Respekt vor der Berliner Polizei ist in manchen Kreisen nicht allzu groß. Da wird ein Beamter, der in voller Montur beim Hornbach-Baumarkt ein Kissen kauft, auch schon mal von der Kassiererin grinsend abgefertigt: »Ick sach jetzt mal nüscht.« Als würde er sich in der Wache gleich wieder schlafen legen. Aber das ist noch harmlos. Jedes Jahr werden Mitarbeiterinnen und Mitarbeiter der Polizei in mehr als 6500 Fällen beleidigt und attackiert, im Durchschnitt fast 18-mal am Tag.

Ein besonders heißes Pflaster ist die Rigaer Straße, eine Hochburg der linksradikalen Szene; hier werden die Beamten schon mal mit Steinplatten beworfen oder, nicht ganz so gefährlich, angepupst. Der Gruppenleiter der »PPPP«-Einheit 23, in Hamburg bei den G20 als Pimper-Pinkel-Party-Polizei aufgefallen, zeigte jedenfalls nach einem Einsatz in der Rigaer Straße einen Linksaktivisten an, der Vorwurf: »Beleidigung und Ehrverletzung einer Beamtin durch Flatulenz.« Gegen den dafür verhängten Strafbefehl von 900 Euro klagte der Mann vor dem Amtsgericht, das Verfahren wurde schließlich eingestellt. Allerdings war die Anstrengung für diese Luftnummer enorm, wie die interne Abrechnung zeigt: Insgesamt wendeten 23 Dienstkräfte für das (eingestellte) Verfahren 17 Stunden und 13 Minuten Arbeitszeit auf.

Auf den Straßen von Neukölln haben es die Beamten eher mit renitenten Jugendlichen, Dealern und Mitgliedern der Clans zu tun. Hier fliegt statt Steinen bisweilen ein Käselaib aus dem sechsten Stock auf einen Streifenwagen, der wegen Ruhestörung angerückt ist – die Folge: erheblicher Dachschaden. So richtig ernst genommen werden Berliner Streifenpolizisten offensichtlich nicht, wenn sie in ihrem Opel Corsa vorfahren. Gegen die testosteronbetriebenen CLS 500, die hier überall herumstehen, haben sie keine Chance. Auch Meldungen wie »Berliner Polizisten könnten künftig kleiner werden«, bezogen auf die vorgeschriebene Mindestgröße der Beamten, tragen nicht unbedingt zur Stärkung der »Street Credibility« bei. Immerhin, je kleiner die Beamten sind, desto besser passen sie in ihre Streifenwagen.

Im Kampf gegen die Clans haben Polizei und Justiz inzwischen einen Gang zugelegt. Frühere Versuche, das

Gewaltmonopol des Staates durchzusetzen, sahen oft so aus: Am Freitagabend dreht das Ordnungsamt Neukölln mit Unterstützung von Steuerfahndung und Polizei eine Runde durch lokale Wettbüros und Shisha-Bars, Sonntagnacht gehen alle neun dabei eingesetzten Dienstwagen auf einem verschlossenen Gelände in Flammen auf. Auch Innensenator Andreas Geisel stellte nach einer nächtlichen Fahrt über die Sonnenallee fest: »Da ist mir manche Illusion abhandengekommen über das, was ich früher für Folklore hielt.« Vom Besuch einer Shisha-Bar riet ihm der Polizei-Abschnittsleiter ab: »Man würde uns nichts antun, aber wüst beschimpfen.« Lange Zeit waren in Neukölln immer wieder stark erhöhte Bleiwerte in der Luft festzustellen, bei Revierkämpfen wird eben scharf geschossen. Doch dann rief der Innensenator zum »Clan-Gipfel«, um mit Bezirksbürgermeistern, Polizei sowie Finanz- und Justizverwaltung zu besprechen, wie man gewohnheitskriminellen Großfamilienmitgliedern möglichst effektiv auf die Nerven geht. Als probates Mittel erwies es sich, ihnen die Rolex, den Mercedes und das Haus wegzunehmen – eine Strategie der permanenten Nadelstiche. Seitdem vergeht kaum mehr ein Tag ohne Razzia. Unter dem neuen Verfolgungsdruck haben die Clans begonnen, ihre Strategie zu ändern, Hinterzimmer von Wettbüros, Spätis und Shisha-Bars eignen sich nicht mehr so zur Geschäftsabwicklung. So registrieren die Ermittler seit einiger Zeit, dass in Neukölln, aber auch in anderen Bezirken plötzlich auffällig viele neue Friseurgeschäfte und Barber-Shops eröffnen. Ihre Vermutung: Vorne wird das Haupthaar gewaschen, hinten das Geld.

Doch einfache Streifenpolizisten haben es weiterhin schwer, nicht nur in Neukölln, aber da ganz besonders. Zuweilen werden sie so herablassend behandelt wie Hausmeister, und manche von ihnen sind sogar welche. Das steht jedenfalls in einer Übersicht der genehmigten Nebentätigkeiten:

Hunderte Polizisten in Berlin haben einen Zweitjob. Die meisten Doppeljobber arbeiten in ihrer Freizeit als Komparsen, Verkäufer, Taxifahrer, Stromableser und Kellner, 26 von ihnen sind sogar »schriftstellerisch tätig«.

Eine regelmäßige Nebentätigkeit hatte auch der Chef der chronisch überlasteten Fahnder, die für die Überwachung des späteren Breitscheidplatz-Attentäters Anis Amri zuständig waren. Der Kriminaldirektor, laut Polizei »ein leistungsstarker, hoch motivierter und mit enormer Identifikation für den Polizeiberuf versehener Mitarbeiter«, hielt Vorträge und Seminare bei Unternehmen, alles in seiner Freizeit, allein 2016 immerhin an insgesamt 36 Tagen.

Der Sonderermittler im Fall Amri stellt in seinem Abschlussbericht katastrophale Zustände beim Berliner LKA fest. Der Attentäter vom Breitscheidplatz hätte lange vor der Tat verhaftet werden können, eine lückenlose Überwachung scheiterte aber unter anderem am Dienstplan: »Alle Observationen beschränken sich auf die Wochentage Montag bis Freitag, und zwar auch in den Wochen, in denen Amri auf Rang 1 der Berliner Gefährder steht. An Wochenenden und Feiertagen finden keine Observationen statt. Sie beginnen am späten Vormittag, gelegentlich auch nachmittags, dauern selten länger als bis 23 Uhr und werden selbst dann beendet, wenn sich Amri noch im Stadtgebiet bewegt.« Alles Weitere regelt der Personalrat. Eilig hatte es die Polizei hingegen nach dem Anschlag: Bereits 48 Stunden später waren die ersten Akten manipuliert.

Die Polizei, unser Freund und Helfer, braucht in Berlin jedenfalls dringend Unterstützung. Viele Stellen sind nicht besetzt, der Krankenstand steigt und steigt. Nicht mal der Notruf ist verlässlich zu erreichen, was aber auch daran liegt, dass viele Berliner lieber die 110 wählen als die Telefonseelsorge der evangelischen Kirche. Ein Mann aus Lichtenrade meldete sich an einem einzigen Tag 139 Mal, dann kam die Polizei tatsächlich – allerdings nur, um ihm das Handy wegzunehmen. Der betrunkene 68-Jährige wollte sich bloß ein bisschen unterhalten. Aber auch Meldungen wie »Pickel am Penis« oder »Klodeckel um den Hals« landen in der Notrufzentrale. Die Beamten verweisen dann freundlich an den Arzt oder den Klempner.

Durchschnittlich sieben Wochen im Jahr ist jeder Polizeibeamte arbeitsunfähig. Der Begriff »Liegevermerk« ist also durchaus doppeldeutig zu verstehen, denn hier führt das eine zum anderen. Bei der Polizei kommt ein Liegevermerk an jede Akte, an der seit mehr als einem Monat nicht gearbeitet wurde. Die Ermittler müssen dann begründen, warum sie nicht weitergemacht haben, meistens schreiben sie »Personalmangel« in ihren Liegevermerk, zu viele Kollegen liegen im Bett. In einem einzigen Jahr (2017) wurden 128 273 solcher Liegevermerke an Akten gezählt, das sind 128 273 Fälle, in denen nichts weitergeht. Setzen wir je eine Minute für das Anlegen eines Liegevermerks an, kommen wir locker auf 267 Acht-Stunden-Tage Arbeit pro Jahr nur für das Anfertigen von Nichtarbeitsnachweisen.

Die Stadt geht nicht wirklich gut um mit ihren Polizeibeamten. Die Dienstgebäude sind von Ratten bewohnt und von Schimmel befallen, hier ist immer Pilzsaison. Auch die Asservatenkammer in Schöneberg war monatelang wegen Amtsschimmels gesperrt. Zum Wiehern ist das nicht; die dort gelagerten Beweisstücke konnten nicht vor Gericht verwendet werden, der eine oder andere Verdächtige machte sich aus dem Staub.

Die Schießanlagen der Polizei sind marode und gesundheitsgefährdend, sie setzen krebserregende Stoffe frei. Gegen die stellvertretende Polizeipräsidentin leitete die Staatsanwaltschaft deshalb sogar ein Ermittlungsverfahren ein, aber der Senat ernannte die Juristin daraufhin zur Chefin aller Staatsanwälte. Sicher ist sicher.

Die technische Ausstattung der Polizei ist noch immer auf dem Niveau von Entenhausen, Dagobert hätte gute Chancen davonzukommen. Eine Diebstahlsanzeige im Hauptbahnhof beispielsweise landet erst mal bei der Bundespolizei, die ist hier zuständig. Die Bundespolizei schickt die Anzeige dann an die Landespolizei, und zwar in Papierform. Die elektronischen Systeme der Bundespolizei sind nicht kompatibel mit denen der Berliner Polizei. Da kann dann schon mal eine Woche vergehen. Die Brieftaube hat in Berlin eine große Zukunft.

Als die Polizei endlich neue Dienstpistolen bekam, eigneten die sich nur als Wurfgeschosse. Erst fielen die Magazine heraus, einfach so, und wenn sich doch mal ein Schuss löste, flog die Kugel sonst wohin, nur nicht ins kleine Schwarze. Es stellte sich heraus, dass die Waffen noch eingeschossen werden mussten, das war irgendwie vergessen worden. 60 Testschüsse à 45 Cent mal 24 000 Pistolen, das macht 640 000 Euro zusätzlich. Der Senat verhängte einen Bestellstopp.

Dienstwaffen gehen bei der Berliner Polizei aber auch gerne mal verloren, zum Beispiel auf dem Klo. Manchmal tauchen sie dann bei einem Überfall wieder auf. Auch 708 Reizstoffsprühgeräte, 78 Schlagstöcke, 231 Mehrzweckstöcke und 26 ballistische Schutzwesten verschwanden in den vergangenen Jahren. Einige dieser Gerätschaften werden bei den Eingangskontrollen der Gerichte wiederentdeckt; allein am Justizcampus Moabit konfiszierten die Wachtmeister innerhalb eines Jahres mehr als 7000 gefährliche Gegenstände, darunter Cutter, Klingen, Taschenmesser, Küchenmesser, Hämmer, Schraubendreher, Zangen, Pfefferspray, CS-Gas, Reizgas, Gasflaschen, Scheren, Schlagstöcke, Kabelbinder und Nahkampfwaffen wie Kubotans. Die Justizverwaltung hat jetzt vorsichtshalber eine halbe Million Euro in Schutzwesten für die Wachtmeister investiert.

Doppelt so viel, also eine Million Euro, gab die Innenverwaltung für einen Polizeipanzer der Marke »Survivor R« aus. Als die nagelneue »Anti-Terror-Waffe« auf den Hof rollte, sprach die Polizeipräsidentin pathetisch von einem »Schritt in die Neuzeit«. Die erste Fahrt des Siebzehntonners führte dann gleich in die Werkstatt, Diagnose: Morbus Berlinus – die Bremsen an dem nagelneuen Wagen waren kaputt.

Und auch auf dem Wasser wird aufgerüstet, denn da ist die Polizei bislang eher als lahme Ente unterwegs: Von den sechzehn Streifenschiffchen fällt jedes im Jahresdurchschnitt III Tage aus. Zum Glück hat die Polizei noch eine andere Möglichkeit, in die Spree zu stechen: Laut Allgemeinem Sicherheits- und Ordnungsgesetz kann sie Tretboote beschlagnahmen. Zwar nur dann, »wenn es die Situation erfordert«, doch nach Lage der Dinge ist das fast immer der Fall.

Mit ihrer Imagekampagne »Wir können Hauptstadt« richtet sich die Polizei in dunklen Stunden selbst wieder auf – und wirbt damit um Nachwuchs für die eigene Akademie. *Police Academy* ist eine US-Kinoklamotte aus den Achtzigern, die es trotz unterirdischer Witze auf immerhin sechs Fortsetzungen brachte. In der Filmhauptstadt Berlin ist ein Remake in Arbeit, allerdings nicht als Komödie, sondern als Reality-Soap, mit echten Schülerinnen und Schülern der Polizeiakademie in Spandau. Hier eine unvollständige Liste der Vergehen, die dem Polizeinachwuchs innerhalb eines halben Jahres zur Last gelegt wurden: Trunkenheit im Straßenverkehr, Fahren ohne Führerschein, Fahrerflucht, Verwenden von Kennzeichen verfassungswidriger Organisationen, Körperverletzung, Verstoß gegen das Pflichtversicherungsgesetz, fahrlässige Brandstiftung, Diebstahl, Stalking und einiges mehr. Falschparken sowieso, gerne auch vor der Akademie. Die Schulleiterin schickt deshalb auch schon mal einen Trupp ihrer angehenden Ordnungshüter nach draußen, um den Kollegen in einer praktischen Übung Knöllchen zu verpassen.

Nach Beschwerden von Ausbildern und dem Verdacht, arabische Clans unterwanderten die Akademie, setzte die Verwaltung auch hier einen Sonderermittler ein. Der beklagte sich erst mal, dass er »weder gegrüßt noch zurückgegrüßt« wurde, der Mann kam aus Bayern und kennt sich in Berlin nicht so gut aus. Im Bericht vermerkte er einen Mangel an »Sozialtugenden« wie Pünktlichkeit, Höflichkeit, eine deutliche Aussprache und die Bereitschaft, sich anzustrengen – mehr als 60 Prozent der Polizeischüler rasselten beim Deutschtest durch. 192 Disziplinarverfahren gegen Anwärter gab es dem Bericht zufolge, auffällig wurden unter anderen ein »Pornopolizist«, ein »Rockerpolizist« und ein »Hehlerpolizist«. Aber »der summarische Anteil des Fehlverhaltens der Azubis aus Zuwandererfamilien« lag, anders als zuvor lanciert, »nicht höher als der der herkunftsdeutschen Azubis«. Und damit war die Sache erledigt.

Kiffende Polizei-Azubis gibt es natürlich auch, aber gefährlich werden können ihnen eigentlich nur ihre tierischen Kollegen der Hundestaffel. 102 Polizeihunde gibt es in Berlin, sie heißen Terror, Franzi, Frodo, Sissy, Gammel, Ösi, Chili, Birte, Nugat oder Gundula und sind ganz lieb, wenn man sie in Ruhe nach Sprengstoff oder Drogen schnüffeln lässt. Terror ist übrigens ein Terrier.

Oft werden die Drogenspürhunde aber gar nicht gebraucht. Cannabisfreunde pflanzen ihr Grünzeugs gerne offen auf Grünstreifen an, auch direkt an den »Parklets« in Kreuzberg hat die Polizei schon geerntet, und 525 Hanfpflanzen sammelten Drogenfahnder auf einem landeseigenen Grundstück am Müggelsee ein – ausgewiesen ist es »für Erholungszwecke«, das hatte wohl jemand falsch verstanden.

Auch Koks fließt durch Berlin wie Blut durch die Adern: Die Menge der nachgewiesenen Rückstände im Abwasser hat sich in den vergangenen vier Jahren fast verdoppelt, Koks-Taxifahrer werden dringender gesucht als Personal fürs Bürgeramt. Aber Fachkräfte sind knapp in Berlin, in jeder Branche, das macht es leichter für die Ermittler. In Waidmannslust wurde die Polizei alarmiert, weil in einem Hausflur eine Jeans und

Tütchen mit weißem Pulver lagen. Als man klingelte, öffnete im ersten Obergeschoss ein Mann in Unterhose, der sich auch nicht erklären konnte, was seine Jeans im Flur machte. Auf dem Couchtisch hinter ihm lagen weitere Tütchen herum. Er sei noch neu im Drogenbusiness, entschuldigte er sich. Und eine 29-jährige Neuköllnerin, ebenfalls neu im Geschäft, versuchte sich offen als Cannabis-Influencerin: Sie bot ihr Dope per Video auf Instagram an. Die Polizei verschaffte sich einen Gästelistenplatz zum »Meet & Greet« ...

In Berlin wird »learning by doing« ja durchaus geschätzt, Quereinsteiger sind nicht nur als Lehrer willkommen. Im Görlitzer Park wollten Aktivisten der Piraten-Partei den Dealern sogar ein Denkmal setzen mit der Begründung: »Drogendealer leisten einen gesellschaftlich wertvollen und von vielen Menschen geschätzten Dienst – und zwar dort, wo sie gut zu erreichen sind: mitten im Bezirk, vor allem in den Parks.« Und das funktioniert ja gut, zu gut sogar. Als sich ein aufgeregter Bayer bei einem Polizisten darüber beschwerte, dass er im Görli beschimpft wurde, weil er keine Drogen kaufen wollte, erwiderte der Beamte nur: »Hättense halt welche jekooft.«

Vor Gericht haben Kleindealer in Berlin nicht viel zu befürchten, meistens wird die Sache sowieso eingestellt, siehe oben – jedenfalls dann, wenn es sich um ein ordentliches Gericht handelt. In Berlin gibt es allerdings drei Gerichtsbarkeiten: die deutsche Justiz, die »Friedensrichter« der Clans und das »Kiezgericht« der Linksextremisten. Je nachdem, wo man landet, kann eine Sache so oder so ausgehen.

Die Friedensrichter der Clans fällen ihre Urteile oft direkt auf der Straße, der Vollzug der Strafe erfolgt unmittelbar. Eine Revisionsverhandlung findet zuweilen im Krankenhaus statt, in den Nachrichten ist dann vom muskulären Austausch von Argumenten zweier Großfamilien mithilfe von Macheten die Rede.

Das Kiezgericht der Linksextremisten tagt in der »Kadterschmiede«, das ist die Kneipe eines teilbesetzten Hauses in der Rigaer Straße. Als Anwohner einem durch Schläge Verletzten halfen und die Polizei riefen, wurden sie vom selbsternannten Volksgericht vorgeladen. »Sie werden aufgefordert, am Donnerstag, den 15. März, pünktlich um 21:00 Uhr in der Kadterschmiede, Rigaer Str. 94, vorzusprechen. Dabei soll ihr Verhalten zur Sprache kommen und ein Weg gefunden werden, wie sie den entstandenen Schaden eindämmen können. Der Termin kann nicht verschoben werden, da das weitere Verfahren möglichst schnell geklärt werden soll.« Eines muss man der Autonomen-Strafjustiz lassen, sie arbeitet konsequenter und schneller als die staatliche Konkurrenz. Die Anwohner hatten gegen das Gesetz der Straße verstoßen: »Auseinandersetzungen im Kiez sind ohne Zuhilfenahme der Polizei zu lösen«, heißt es da. Verschärfend kam in diesem Fall hinzu, dass der beschuldigte Schläger Türsteher in der Kadterschmiede war. Weil die Angeklagten, vom Kiezgericht als »Denunzianten«, »Schweine« und »Kollaborateure« beschimpft, beim Prozess unentschuldigt fehlten, wurden sie per Steckbrief mit vollem Namen, Adresse und Arbeitgeber zur Fahndung ausgeschrieben und mit täglichem Psychoterror bestraft.

Obwohl die »Szene« die Gegend rund um die Rigaer Straße zu einer Art linksmilitantem Reichsbürgergebiet ausbaut, steht sie in Berlin unter politischem Denkmalschutz. Selbst als ein Stoßtrupp der »Rigaer« die Justizverwaltung stürmte und den für Inhaftierte zuständigen Referatsleiter drangsalierte, passierte: nichts. Dem Beamten drohten sie anschließend schriftlich, sie würden zurückkommen, um ihn »an seine Schreibtischtäterschaft zu erinnern«. Das war nicht der erste massive Einschüchterungsversuch in dieser Sache, auch der Privatwagen einer Schließerin ging schon in Flammen auf, aber in Berlin ist das kein großes Ding. Die Justizverwaltung, grün geführt, hielt den Überfall aufs eigene Haus nicht einmal für wichtig genug, um ihn bekanntzugeben.

Vielleicht ist die »War was?«-Haltung aber auch Teil einer perfiden Strategie der Behörden. Erstmals nach dem 1. Mai 1987 verzichtete die Polizei 2019 auf die obligatorische Schadensbilanz-Pressekonferenz, sehr zum Unmut der Kiez-Guerilla, die sich wie immer auf ihr Zeugnis gefreut hatte. Und als Autonome vermummt und mit viel Pyro-Einsatz ein leer stehendes Gebäude besetzten, bot der Verwalter der stadteigenen Eigentümergesellschaft den Aktivisten Gespräche an und versicherte ihnen, nicht räumen zu lassen. Da jammerten die Autonomen, weil sie vergessen hatten, Schlafsachen einzupacken. »Wir sollen also nachts frieren?«, twitterten sie empört, und: »Wir lassen uns nicht verarschen und verlassen jetzt das Haus.«

10

Ich hab' noch einen Antrag in Berlin ...

... und deshalb muss ich bald mal wieder hin.
Eine kurze Gebrauchsanleitung für die Berliner Verwaltung

Wenn Klaus Wowereit sauer war wegen eines Kommentars oder eines Artikels, musste man sich in Acht nehmen. Es konnte sein, dass er einen verfolgte, zum Beispiel bei einem Empfang. »Mensch, was haben Sie denn da wieder für einen Mist geschrieben!«, schimpfte er los, und wenn er fertig war, sagte er: »So, und jetzt gehen wir ein Bier trinken.« Wenn Michael Müller sauer ist, gibt's nichts zu trinken. Bei einer Berlinale-Moderation sagte Anke Engelke über Wowereits Nachfolger: »In Zeiten des Exzesses und der Ausschweifungen ist es gut, einen Mann an der Spitze zu wissen, der dieser Dinge überhaupt nicht verdächtig ist.« Es lässt sich jedenfalls feststellen, dass Berlin heute nüchterner regiert wird als zu Wowereits Zeiten. Über besser oder schlechter ist damit nichts gesagt.

Der Stadt war es schon immer ziemlich egal, wer unter ihr regiert. Berlin ist nicht *wegen* der Politik so, wie es ist, sondern *trotz* der Politik. Und die passt sich an, das ist auch so ein Berliner Phänomen, egal woher die Akteure kommen. Es sind ja nicht nur Eingeborene wie Wowereit und Müller am Werk. Wer hier etwas ändern will, braucht Zeit, sehr viel Zeit. Die Berliner sind skeptische Menschen, sie machen nicht einfach, was man ihnen sagt. Und die Verwaltung macht sowieso, was sie will. »Wer glaubt, mit einer Maßnahme ein Problem zu lösen, der wird vor den Schrubber laufen«, erklärte Michael Müller, und auch sein Stellvertreter, Kultursenator Klaus Lederer von der Linkspartei, stellte fatalistisch fest: »Die Dinge brauchen ihre Zeit. Blöder Aktionismus ist fehl am Platz.«

Berlin ist nur schwer regierbar, manchmal auch gar nicht, und das dann sogar offiziell. Eines schönen Herbsttages anno 2019 erklärten sich die Reste des Senats, die nicht auf Dienstreise oder im Urlaub waren, für beschlussunfähig. Es fehlten der Regierende Bürgermeister und seine beiden Stellvertreter, also der Kultursenator und die Wirtschaftssenatorin, außerdem der Finanzsenator, der Justizsenator, die Bildungssenatorin ... Es war nicht irgendeine Sitzung, es sollte um den Mietendeckel gehen, das ehrgeizigste und wichtigste Projekt der Koalition. Die Aufregung war trotzdem kurz und blieb überschaubar. Personalmangel ist nicht unüblich in Berlin, Fachkräfte fehlen überall, angeblich mehr als 140 000, und da ist die Politik noch nicht mal mitgezählt.

Eines der größten ungelösten Berliner Probleme ist die zwischen den Senats- und Bezirksverwaltungen organisierte Unzuständigkeit. Manchmal mäandert sie auch in eine Multizuständigkeit, aber das Ergebnis ist immer das gleiche. Bei einer kleinen Tour durch die Stadt können wir beides erleben.

Beginnen wir mal in Schöneberg am Nollendorfplatz – eine kurze Fahrt mit der U2, und schon sind wir da. Der Nollendorfplatz ist keine Schönheit, seit Jahren schon soll er umgebaut werden, die Beschlüsse dazu sind längst gefasst. Bekannt ist der Platz außerhalb Berlins allenfalls dadurch, dass hier mal ein Bundestagsabgeordneter mit Crystal Meth erwischt wurde, ansonsten ist er zum Vergessen.

Also, wie steht's denn nun mit dem Umbau? Die Verkehrsverwaltung des Senats erklärt, sie könne »diese Sachverhalte nicht aus eigener Zuständigkeit und Kenntnis beantworten«. Die Bezirksverwaltung erklärt, sie warte »auf vertiefende

verkehrliche Untersuchungen der zuständigen Verkehrsverwaltung«. Natürlich ist das noch nicht alles. Beide Verwaltungen erklären unisono, sie würden noch auf einen Zeitplan der
Verkehrsbetriebe warten – die teilen wiederum mit, dass sie
ihrerseits auf nähere Informationen der Verkehrs- und der Bezirksverwaltung warten.

So viel Zeit haben wir nicht, also fahren wir vier Stationen
weiter zur Leipziger Straße am Potsdamer Platz. Hier wurde
eines der ersten Dieselfahrverbote verhängt, monatelang konnte es nicht durchgesetzt werden – die Stadt scheiterte daran, die
entsprechenden Schilder aufzustellen. Wer daran schuld war,
weiß niemand. Die Verkehrsverwaltung bemerkte irgendwann:
»Es liegt kein bearbeitungsfähiger Antrag vor, daher keine Anordnung.« Wer den Antrag hätte stellen müssen, blieb unklar.

Wir steigen wieder ein in die U2, weiter geht's bis zur
Schönhauser Allee, ein kurzer Fußweg, und schon sind wir am
Gleimtunnel, von dem bereits die Rede war. Hier hat sich etwas
Seltsames zugetragen: Weil die Autofahrer eine neue Einbahn-
straßenregelung nach der großen Überflutung einfach ignorierten, war der Tunnel eines Tages komplett gesperrt. Doch wer
hat's angeordnet in der Welthauptstadt der Unzuständigkeit?
Der Sprecher der Wasserbetriebe sagt: »Aus bautechnischer
Sicht ist die Vollsperrung überflüssig, wir haben das nicht gefordert, definitiv nicht.« Der Sprecher der Verkehrsverwaltung des
Senats zeigt sich von der Straßensperrung überrascht: »Interessante Sache. Damit haben wir nichts zu tun, die Verantwortung
liegt beim Bezirk.« Der Verkehrsstadtrat des Bezirks sagt: »Ent-
scheidend für die Sperrung ist die Einschätzung der Verkehrslenkung des Senats.« Die Verkehrslenkung des Senats sagt gar
nichts: »Das Postfach des Empfängers ist voll und nimmt keine
Nachrichten an.« Tja, da kannste nix machen. Zuständig für die
Verkehrslenkung ist die Verkehrsverwaltung des Senats, aber
die hat ja, wie gesagt, mit alledem »nichts zu tun«.

So geht es in Berlin immer und überall. Berlins Verwaltung, teilt das Bezirksamt Mitte offiziell mit, »kann für Außenstehende verwirrend sein«. Offenbar nicht nur für die ...

Mit der Tram M10 fahren wir weiter in die Habersaathstraße am Invalidenpark und schauen uns an, warum es dort mehr als drei Jahre dauert, vor den beiden Kitas einen dringend benötigten Zebrastreifen auf die Straße zu pinseln. Wir stellen fest: 18 Verwaltungsvorgänge sind hier zu überqueren, mehr, als am Ende Striche auf die Straße kommen. Wer es genau wissen will, kann den Weg hier nachverfolgen. (Wer keine »Querungshilfe« braucht, springt schnell rüber zum übernächsten Absatz.)

1) Hinweis, zum Beispiel einer Bürgerin, einer Schule oder der Polizei, an das Bezirksamt (BA). 2) Das BA leitet den Hinweis weiter an die »AG Förderung des Fußverkehrs« (AGFFV) bei der Senatsverwaltung mit Teilnehmern von Senat, Bezirken, Polizei, Verkehrsbetrieben u. a. 3) Die AGFFV veranlasst eine Prüfung der Notwendigkeit mittels Verkehrszählungen, Ortsterminen und Abstimmungsrunden. 4) Die AGFFV entscheidet, ob eine »Querungshilfe« angelegt werden soll. 5) Die Senatsabteilung »Verkehrsmanagement« erteilt eine verkehrsrechtliche Anordnung. 6) Das Straßenamt des Bezirks erstellt eine Kostenschätzung. 7) Die AGFFV prüft den Finanzbedarf nach der »Gesamtberliner Prioritätenliste«. 8) »Zum gegebenen Zeitpunkt« fertigt die AGFFV einen Bescheid über die Mittelzuweisung an. 9) Das Straßenamt des Bezirks leitet ein Vergabefahren für die Planung ein, prüft und wertet die Angebote der Firmen, erteilt den Zuschlag und beauftragt die Firmen. 10) Nach dem Vergabeverfahren begleitet das Straßenamt des Bezirks die Ingenieurplanungen. 11) Das Straßenamt des Bezirks teilt der AG »Förderung des Fußverkehrs« den aktualisierten Mittelbedarf mit. 12) Die AGFFV prüft den aktualisierten Mittelbedarf nach Gesamtberliner Prioritätenliste. 13) »Zum

gegebenen Zeitpunkt« fertigt die AGFFV einen Bescheid über die Mittelzuweisung an. 14) Das Straßenamt des Bezirks leitet ein Vergabefahren für die Bauleistungen ein, prüft und wertet die Angebote der Firmen, erteilt den Zuschlag und beauftragt die Firmen. 15) Das Verkehrsmanagement ordnet eine Baustellenabsperrung an. 16) Das Straßenamt des Bezirks begleitet die Bauleistungen. 17) In Abstimmung mit der Verkehrsbehörde des Senats nimmt das Straßenamt des Bezirks die fertigen Leistungen ab. 18) Das Straßenamt des Bezirks prüft die Rechnung, fordert die Bereitstellung der Beträge bei der AG »Förderung des Fußverkehrs« an, die das Geld auf einem Konto der Verkehrsverwaltung bereitstellt – und der »Fußgängerüberweg, kurz FGÜ« wird in Betrieb genommen.

Es kann gut sein, dass sich die Sache dann aber schon erledigt hat, weil die Schule inzwischen wegen Baufälligkeit geschlossen wurde und die Kinder mit Bussen ein paar Kilometer weiter zu Ersatzcontainern kutschiert werden. Denn es gibt ja weitere zeitverzögernde Faktoren wie Frühling, Sommer, Herbst und Winter sowie personelle Ausfälle an jedem der genannten Punkte. Durchschnittlich fehlt ein Mitarbeiter bzw. eine Mitarbeiterin im öffentlichen Dienst krankheitsbedingt an fast 40 Tagen im Jahr. Die Stadträtin des Bezirks Tempelhof-Schöneberg sagt zum Zebrastreifen-Prozedere: »Das Verfahren hat sich bewährt.« Die Senatsverwaltung kündigt an: »Das Verfahren soll noch effizienter werden.« *Noch* effizienter!

Die nächste Station unserer kleinen Tour durch Berlins Verwaltungsdschungel liegt im Tegeler Forst, für die Fahrt dorthin nehmen wir das Fahrrad mit in die S25. 2013 hatte hier an der Kreuzung Heiligenseestraße/Konradshöher Straße ein Autofahrer die Ampel umgefahren, und wir wollen wissen, warum es fünf Jahre dauerte, eine neue aufzustellen. Der Staatssekretär erklärt es uns (und wer dafür keine Geduld hat: Im übernächsten Absatz geht es ohne Ampel weiter):

Es gibt für LSA-Maste sowie für Gemeinschaftsmaste, also Maste, an denen sowohl Signalgeber einer LSA als auch eine Beleuchtung montiert werden, keine vorgegebene Norm. Aufgrund neuer EU-weiter Normen zu Lastannahmen (insbesondere Windlast) wurde es jedoch erforderlich, diese Maste neu zu dimensionieren und zu berechnen. Als Erstes musste folglich die Berechnungsweise der Statiken geklärt werden. Insgesamt handelt es sich um 17 verschiedene reguläre Masttypen (ohne Sonderkonstruktionen), zu denen jeweils unterschiedliche Anbauten (Anzahl an montierten Signalgebern, Auslegerlänge, Beleuchtungsmittel, Verkehrszeichen etc.) zu berücksichtigen sind. Über die Statik des einzelnen Mastes hinaus, ist zudem die Gründungsstatik mit teilweise unterschiedlichen Fundamenten zu berechnen. Bereits die erste Berechnung der Maststatiken nach neuer Dimensionierung der Maste hat bei diesem Umfang einen größeren Zeitbedarf erfordert. Die Statiken wurden zweimal von Prüfstatikern überprüft, die zu unterschiedlichen Ergebnissen kamen, wodurch aufwändige Klärungen erforderlich wurden. Da die Verwaltung in diesem Bereich keine eigene Fachkompetenz besitzt, mussten für alle Berechnungen und Prüfungen externe Fachkräfte beauftragt werden, was zusätzlichen Zeitaufwand bedeutete.

Noch länger als das Aufstellen einer Ampel dauert in Berlin der Bau einer Wildvogelstation: 52 Monate wurden dafür veranschlagt, aber wir sparen uns den Weg dorthin, von Tegel bis Marzahn ist es weit. Nur so viel: An den Ornithologen lag es nicht. Ob sich das steigern lässt? Na klar: Sechs Jahre lang wurde in Berlin versucht, die Bürgerämter mit genau solchen Dokumentenprüfgeräten auszustatten, die bei der Polizei und den Bundesämtern längst im Einsatz sind. Zuletzt hieß es: »Es kann keine verlässliche Aussage zum Zeitpunkt des Einsatzes der Geräte getroffen werden« – es fehlt noch immer die Zustimmung der Datenschutzbeauftragten, des Hauptpersonalrats, der Hauptschwerbehindertenvertretung ... Und seit unfassbaren sechzehn Jahren versucht der Bezirk Spandau, eine völlig verkorkste Kreuzung umzubauen, weil die Senatsverwaltung und die Bezirksverwaltung sich bis heute nicht einigen können, wer dafür zuständig ist. Fest steht: Es braucht in Berlin nicht mal einen Kreisverkehr, um durchzudrehen. So gesehen lag der Flughafen BER zeitlich eigentlich immer ziemlich gut im Rennen.

Neuberliner, zumal aus Kleinstädten wie München, Hamburg, Köln, Düsseldorf, Frankfurt und Stuttgart, tun sich etwas schwer damit, sich an das Tempo der Großstadt Berlin zu gewöhnen. Wenn sie irgendwo das Wort »demnächst« hören, stellen sie sich an. Nach ein paar Wochen merken sie, dass »demnächst« in Berlin »kannste vergessen« bedeutet. Dann stellen sie auch fest, dass Meldungen wie »Sanierung der Schneckenbrücke verzögert sich um mindestens zwei Jahre« und »Auch heute wieder Stau auf der Schnellerstraße« keine Berlin-Parodien aus dem Comedy-Programm sind, sondern eine echte Reality-Soap; alle Neuberliner gehören ungefragt zum Cast. Sie wissen dann, dass es kein Witz ist, wenn für die Einrichtung eines 700 Meter langen Radwegs an der Heerstraße 400 Werktage angesetzt werden. Selbst der Sprecher der vermeintlich zuständigen Verwaltung sagt: »Das ist doch keinem Menschen zu vermitteln.« Das Vorhaben wurde dann doch zurückgestellt, auf »demnächst«.

Natürlich gibt es auch gute Gründe dafür, dass hier alles etwas länger dauert, technische und menschliche. Berlin hat die langsamste Netzgeschwindigkeit aller deutschen Großstädte und die Verwaltung die ältesten Rechner, das Faxgerät spielt in der Kommunikation immer noch eine wichtige Rolle. Zur Sicherheit werden Schreibmaschinen bereitgehalten.

In der Corona-Krise offenbarte sich das ganze Ausmaß des Desasters: Von den 100 000 Beschäftigten des öffentlichen Dienstes waren lediglich vier Prozent vom Homeoffice aus voll arbeitsfähig, mehr sichere Zugänge von außen auf die Behördenrechner konnte das Land nicht zur Verfügung stellen. »Wir sind technisch kurz hinter der Karteikarte«, kommentierte resigniert Stadträtin Sabine Weißler. Und ein Mitarbeiter der Straßenverkehrsbehörde von Mitte schickte Antragstellern, die Bauaufträge ausführen wollten, eine Standardantwort zu mit der Bitte, sich nach dem Lockdown wieder zu melden. Alle bisher eingegangenen Anträge würden »ungelesen vernichtet/gelöscht«.

Ohnehin haben Politik und Verwaltung sehr viel mit sich selbst zu tun, da bleibt wenig Zeit für anderes. In Mitte stritten der Bürgermeister und der Personalrat eineinhalb Jahre lang erbittert um ein Dienstzimmer, sie zogen deswegen sogar vor Gericht. Derweil warteten Verordnete monatelang auf die Beantwortung ihrer Anfragen, eine trug irgendwann den Titel: »Anfrage zur Anfrage zu Anfragen«: Eine Politikerin wollte vom Bürgermeister wissen, warum ihre »Anfrage zu Anfragen« noch nicht beantwortet worden war. Es ist nicht unwahrscheinlich, dass sie irgendwann eine »Anfrage zur Anfrage zur Anfrage zu Anfragen« stellt.

Die Berlinerinnen und Berliner passen sich dem Tempo von Politik und Verwaltung an. »Wegen unserer Weihnachtsfeier bleibt das Geschäft am Montag den 5. August geschlossen«, steht an einer Ladentür in der Bergmannstraße. Gut möglich, dass dann auch noch Weihnachtsbäume auf der Straße herumliegen und ein paar weggeworfene Geschenke, die nicht gefallen haben.

Für solche Fälle hat der Senat eine Ordnungsamts-App eingerichtet. Hier kann alles gemeldet werden, was nicht in Ordnung ist: auf der Straße abgestellte Schrottschränke und Autowracks, aber auch Lärm, Gestank und Graffiti. Anhand einer digitalen Ampel können die Leute den Stand der Dinge verfolgen: Rot steht für »eingegangen«, Gelb für »in Bearbeitung«

und Grün für »erledigt«. Die meisten Ampeln stehen auf Grün, Schrottschränke und Autowracks aber meistens trotzdem noch an derselben Stelle. Die Bezirksämter erklären das so: »Aufgrund der Menge der Meldungen ist eine zeitnahe Bearbeitung nicht zu schaffen. Daher werden die Anliegen weitergeleitet und mit Status ›erledigt‹ versehen. Eine Qualitätsprüfung erfolgt nicht.« »Weitergeleitet« ist in Berlin ein anderes Wort für »erledigt«.

Eine Qualitätsprüfung fand auch vor dem Bau einer Sportanlage in Reinickendorf nicht statt, was zur Meldung »Neues Fußballfeld zu schmal« führte – die Planer hatten sich um 1,90 Meter verrechnet, der Berliner Fußballverband verweigert die Zulassung. Seitdem gießen sie hier den Kunstrasen mit Bier, in der Hoffnung, er werde noch ein bisschen in die Breite wachsen.

Es fehlt der Verwaltung oft einfach die Zeit für eine Qualitätsprüfung, die Angestellten sind mit anderen wichtigen Dingen beschäftigt, zum Beispiel mit dem Ausdrucken von E-Mails oder der Bearbeitung des Antrags auf Ausrichtung eines Kinderflohmarkts. Fragen wir doch mal das Straßen- und Grünflächenamt Pankow, wer so alles damit zu tun hat. Hier die Antwort: »Im Umlaufverfahren werden gemäß der beantragten Nutzung alle relevanten Stellen beteiligt: Umweltamt, Denkmalschutzamt, Neubau, Grünunterhaltung, Spielplatzunterhaltung, Straßenunterhaltung, Werkhof sowie die Grundstücksverwaltung.« Macht ganze acht Stellen für die Genehmigung eines Kinderflohmarkts. Wenn die Kinder Glück haben, werden sie ihre *Conny*-Heftchen noch kurz vor dem Abi los.

Bei so viel Beschäftigung kann man eben nicht alles erledigen, und manches geht dann auch schon mal unter. So konstatierte der Stadtrat von Charlottenburg-Wilmersdorf, dass »Meldungen oder Anträge über die Aufstellung von Containern« von der Straßenverkehrsbehörde nicht bearbeitet werden – also einfach gar nicht –, und das schon »seit einiger Zeit«. »Seit einiger Zeit« ist in Berlin die Vergangenheitsform von »demnächst«, also »ewig«. Im Fall der Container war es nicht ganz so schlimm, der Stadtrat hat noch einmal nachgeschaut: »Wir haben festgestellt, dass diese Anträge seit acht Jahren nicht mehr bearbeitet werden.« Ein Phänomen, das auch in anderen Bezirken anzutreffen ist.

Einem Bundestagsabgeordneten der Grünen war diese besondere Form der organisierten Unzuständigkeit sehr recht: Er stellte sich einen solchen abschließbaren Container, sechs Meter lang, 2,50 Meter breit und 2,80 Meter hoch, direkt vor seinem Haus auf die Straße und nutzte ihn jahrelang ungestört wie einen zusätzlichen Keller als Abstellraum. Die Nachbarn dachten, dass die Bauarbeiter bestimmt bald kommen. Spätestens »demnächst«.

Auch der international renommierte Berliner Schriftdesigner Erik Spiekermann hat so seine Erfahrungen mit der Verwaltung gemacht. Die interessanteste: Aus Frust über die mangelhafte Fahrrad-Infrastruktur in der Stadt kaufte er sich Anfang der Neunzigerjahre einen Fahrradbügel und baute ihn einfach vor seinem Büro in der Schöneberger Motzstraße auf, ohne Genehmigung. Bereits 25 Jahre später musste er 120 Euro Strafe zahlen wegen unerlaubter Nutzung öffentlichen Straßenlands. Das Ding steht immer noch.

Hätte Spiekermann einen Antrag gestellt, wäre es ihm vermutlich so ergangen wie 30 Jahre später dem Berliner Feuilletonisten Peter von Becker. Auch er wollte in seinem Charlottenburger Kiez Fahrradbügel aufstellen. Sonstige Anschließmöglichkeiten wie Verkehrsschilder oder Laternen sind ausgerechnet hier, wo es viele Kitas, Schulen und Läden gibt, echte Mangelware. Aber er machte nicht einfach, sondern schickte, als ordentlicher Bürger, eine E-Mail mit der Bitte um Genehmigung. Die erste Reaktion vom Amt: die Zusage, das zu prüfen, und zwar schnellstmöglich. Und tatsächlich: Nach nur neun Monaten war die Prüfung »des zuständigen Bezirksingenieurin« (sic!) abgeschlossen. Hier der Bescheid in Kurzform:

1) Gegen die Aufstellung gibt es »keine Bedenken«. 2) Genehmigt wird aber nur ein einziger dieser sogenannten »Kreuzberger Bügel«. 3) Die exakte Position des Bügels ist auf einer Ortsskizze mit farbiger Markierung gekennzeichnet. 4) Das Amt möchte mit dem Antragsteller eine »Vereinbarung« treffen (13 Paragrafen). 5) Der Antragsteller erwirbt den Bügel. 6) Vorabzahlung an die Bezirkskasse: 200 Euro. 7) »Eigennutzung des Bügels kann nicht garantiert werden.« 8) Der Antragsteller »hat seine Ansprüche auf Besitzstörung selbst geltend zu machen«. 9) Aber: »Das Anbringen jedweder Beschilderung ist unzulässig.« 10) Der Antragsteller muss »Farbschmierereien umgehend und Wildplakatierungen binnen 48 Stunden, an Wochenenden innerhalb von 72 Stunden ordnungsgemäß beseitigen«.

Wer das einmal durch hat, wird die Verwaltung nie wieder mit einem solchen Antrag behelligen. Das dürfte beiden Seiten sehr recht sein.

Im Allgemeinen sind die Angestellten der Verwaltung besser als ihr Ruf. Manche machen sich sogar eine Freude daraus, mit verblüffender Zuvorkommenheit die geduckte Erwartungshaltung ihrer Kunden zu enttäuschen, und agieren schnell, pragmatisch und hilfsbereit. Sie können aber auch anders: »Ick hab' Feierabend«, heißt es dann oder: »Kollege kommt gleich«, obwohl der Kollege, siehe oben, längst Feierabend hat. Die Berliner Verwaltung ist notorisch überfordert, egal, wie viele Mitarbeiter sie gerade hat. Einen Termin beim Bürgeramt um die Ecke zu bekommen, beispielsweise für eine Wohnungsanmeldung, ist innerhalb der gesetzlich vorgeschriebenen Frist von vierzehn Tagen auf dem Weg der Onlinebuchung seit Jahren nahezu unmöglich. Dutzende Planstellen sind unbesetzt,

Tausende Termine fehlen. Der Innensenator bittet die Bezirks-bürgermeister manchmal zum Bürgeramts-Gipfel, danach präsentiert er Lösungen wie diese: Die »Slots« müssen verkürzt werden, um mehr Termine in den Tag pressen zu können, das wäre dann so eine Art Speeddating auf dem Amt. Die Bürgermeister wollen das nicht, also lassen sie es. Die Leute sind mittlerweile dazu übergegangen, gleich mehrere Termine zu bestellen, für alle Fälle, das verschärft das Problem noch. Es gibt Vorschläge aus der Politik, Bürger zu bestrafen, die so etwas machen. Sie werden aber trotzdem weiter »Kunden« genannt.

Besonders schlimm dran sind in Berlin heiratswillige Paare und junge Eltern. Um einen Termin beim Standesamt Mitte zu bekommen, stellen sich manche schon am Vorabend in der Klosterstraße an – für eine Wartemarke. Die Wartemarken sind aber leider rationiert, wer keine mehr bekommt, geht nach einer durchwachten Nacht auf der Straße ohne Termin wieder nach Hause. Auch amtlich beglaubigtes Ableben dauert in Berlin seine Zeit. In Steglitz-Zehlendorf gab es für den monatelangen Verzug immerhin eine Erklärung: Der Standesbeamte war selbst verstorben und ein Nachfolger nicht zu finden. Auch das Bezirksamt Tempelhof-Schöneberg hat ein paar Leichen im Keller: Verstorbene bekommen Wahlunterlagen zugeschickt; und Jahre nach seinem Tod wurde hier ein Mann per E-Mail aufgefordert, als Wahlhelfer einzuspringen. Das Vertrauen der Verwaltung in die Loyalität der Bürger ist offenbar unsterblich.

Auch alleinerziehende Mütter warten manchmal monatelang auf die Bearbeitung ihres Antrags auf Unterhaltsvorschuss. Wer es wagt, nach dem Stand der Dinge zu fragen, wird zurechtgewiesen: Wegen der Störung dauere es jetzt noch ein bisschen länger. Elf quälend lange Monate brauchte das Jugendamt Tempelhof-Schöneberg, um den Antrag auf Unterhaltsvorschuss einer alleinerziehenden Mutter zu bearbeiten – ihr Partner, Vater der zwei Kinder, war im Jahr zuvor gestorben.

Doch jetzt, schon zehn Wochen nach der Bewilligung, fordert das Amt, vom Aktenzusammenbruch offenbar genesen, eine Aktualisierung der Auskünfte »zur Prüfung, ob die Anspruchsvoraussetzungen noch gegeben sind«. Auch ein telefonischer Hinweis auf die bereits nachgewiesenen Umstände änderte nichts: »Sie sind verpflichtet, mir diese Angaben zu machen, auch wenn sich keine Veränderung ergeben hat« – bei Verweigerung würden die Leistungen eingestellt. Die Begründung, warum bereits zehn Wochen nach Bewilligung des Antrags eine Anspruchskontrolle stattfindet, ist Berliner Realsatire: Der Antrag sei ja schon so alt. Es stellte sich dann heraus: Eine Wiederauferstehung des Vaters hatte leider nicht stattgefunden.

Der ehemalige *NZZ*-Journalist Benedict Neff meint, Berlin sei ein bisschen wie Afrika, und *Welt*-Chefredakteur Ulf Poschardt schreibt: »Es ist so, als würde Borat hier regieren«, eine Kunstfigur des britischen Komikers Sacha Baron Cohen. *Focus*-Autor Jan Fleischhauer nennt Berlin das Venezuela Deutschlands. Na und? Afrika hat tolle Musik, Venezuela wunderbare Strände, und Borat wäre als Regierender Bürgermeister sicher lustiger als Michael Müller. Aber Berlin ist nicht so. Berlin ist anders, man kann es nicht oft genug wiederholen. »Solche Weicheier sollten nicht über Berlin urteilen«, kanzelt die Kreuzberger Bürgermeisterin Monika Herrmann derart kritische Journalisten ab. Echte Berliner sind härter, das zeigt sich schon an den Titeln der Projekte, die aus dem Hauptstadtkulturfonds gefördert werden: »Wir verrecken vor Lachen«, »Back to zero«, »This machine kills«, »The last Goodbye«, »Hopeless« – wer es hier schafft, nicht unterzugehen, der schafft es überall. Sogar in Venezuela.

Die Verwaltung sucht dringend neue Leute, um die Zustände zu verbessern, das Amtsblatt ist voller Ausschreibungen. Dabei ist es erst ein paar Jahre her, dass Berlin massiv Personal abgebaut hat. Die Stadt war pleite, völlig überschuldet, der Senat fuhr einen harten Sparkurs. Im Tempelhofer Finanzamt hängt noch immer ein leicht vergilbtes Zeugnis jener Zeit, per Aushang fragt die Innenverwaltung die Angehörigen des öffentlichen Dienstes: »Sie sind an einer beruflichen Neuorientierung und Qualifizierung außerhalb des öffentlichen Dienstes interessiert? Das Land Berlin unterstützt den Wechsel in eine neue Tätigkeit.« Die Finanzämter sind die einzigen Ämter Berlins, die halbwegs zuverlässig funktionieren.

Heute hätte die Politik die Leute gerne wieder zurück. Von A wie »Ansprechpartner« über L wie »Lebensmittelkontrollhauptsekretärin« und M wie »Mechatroniker Zierbrunnen« bis Z wie »Zahlstellenverwalterin« gibt's im öffentlichen Dienst derzeit kaum eine Stelle, die nicht dringend zu besetzen ist. »Arbeiten Sie dort, wo sich andere erholen«, wirbt das Bezirksamt Treptow-Köpenick – gesucht wird ein Leiter für die Friedhofsverwaltung.

Ein Wirtschaftswissenschaftler, seines Zeichens Dr. rer. oec., summa cum laude, mit zusätzlichem Matheabschluss und Auslandserfahrung in Brüssel, bekam – ein halbes Jahr nach seiner Bewerbung auf die ausgeschriebene Stelle als »tarifbeschäftigte Nachwuchskraft für eine zweijährige befristete hauptberufliche Tätigkeit« – ein automatisiertes Ablehnungsschreiben der Innenverwaltung: Leider habe er die Voraussetzungen nicht erfüllt. Natürlich hatte der Mann inzwischen ohnehin längst einen anderen Job in der Privatwirtschaft angenommen.

Als die Fluggesellschaft Air Berlin pleiteging, veranstaltete der Senat eine Jobmesse für die Angestellten. Dort wurde den Interessenten mitgeteilt: »Lassen Sie sich nicht von den Anforderungsprofilen oder den Fristen abschrecken. Das sind nur Ideale. Einstellungsverfahren dauern beim Land Berlin immer sehr lang.« Also alles ganz normal. Ausschreibungen der selbst ernannten Digitalhauptstadt des Universums sind oft mit dem

Hinweis »Bewerbungen ausschließlich in Papierform« versehen, selbst bei Social-Media-Redakteuren oder wenn es um die
»Umsetzung des E-Government-Gesetzes« geht.

Am dringendsten aber werden in Berlin Lehrerinnen und
Lehrer gesucht. Dutzende Schulleiterstellen sind dauerhaft unbesetzt, nirgendwo fällt mehr Unterricht aus, die Ergebnisse
der Berliner Schülerinnen und Schüler bei den deutschland-
weiten Vergleichstests sind zuverlässig katastrophal. Der Senat
stellt inzwischen jeden an, der bis drei zählen kann. Es gibt in
Berlin Schüler, die bis zum Abitur nicht ein einziges Mal von
einem ausgebildeten Mathelehrer unterrichtet wurden. Das hat
Folgen bis zurück in die Verwaltung: Auf der Website der Behörde wurde bei der Beispielrechnung für eine Durchschnitts-
note die Summe von »3 + 3« monatelang mit »5« angegeben.
Erst als jemand das schriftlich infrage stellte, wurde noch mal
nachgerechnet und – das immerhin – korrigiert.

Manche Dinge erledigen sich in Berlin aber auch von ganz
allein – zum Beispiel die »Ausnahmegenehmigung für Schankvorgärten«, die Gastronomen brauchen, wenn sie Tische und
Stühle nach draußen auf den Gehweg stellen wollen. Im Berliner Straßengesetz ist das so geregelt: Über einen Antrag ist
»innerhalb eines Monats« zu befinden, und: »Die Erlaubnis gilt
als erteilt, wenn nicht innerhalb der Frist entschieden wird.«
Und wie lange ist die Regelbearbeitungszeit für einen solchen
Antrag? Pankows Bezirksbürgermeister schaut für uns nach:
»Drei Monate.« Damit ist die Sache erledigt, also genehmigt.

Vieles dauert in Berlin aber länger als drei Monate. Nehmen wir jenen Investor, der in Charlottenburg einen Tennis-
platz bebauen will; hier haben schon Erich Kästner und Vla-
dimir Nabokov gespielt, aber aus Lärmschutzgründen ist die
Anlage stillgelegt worden. Wohnungen werden dringend gebraucht in der Stadt, den Bauantrag aus dem Jahr 2016 ließ
die Verwaltung jedoch liegen. Der Unternehmer reichte eine

Untätigkeitsklage ein. Sie liegt seit drei Jahren beim Verwaltungsgericht, unbearbeitet.

Berlin, soviel steht fest, ist anders. Der Senat ist sogar stolz darauf, das neue offizielle Leitbild des Stadtmarketings heißt deshalb »Berlin bleibt anders«. Das soll Mut machen in einer Zeit, in der viele sagen, das war's mit Berlin, hier wird alles so normal, wir ziehen jetzt nach Magdeburg. Besonders originell ist das aber nicht, auf die Idee sind andere auch schon gekommen. Wir haben mal ein paar Beispiele herausgesucht (es gibt Dutzende weitere):

»Wien ist anders«, Oranienburg ist »anders«, Dinslaken ist »anders«, Estland sogar »wunderbar anders« und Südafrika »außergewöhnlich anders«, Darmstadt ist »aus Tradition anders«, Dresden »umwerfend anders«, Bayern »traditionell anders«, Oberammergau »begeisternd anders«, Hückelhoven »immer anders«, Friedrichshafen ist »einfach anders«, Bottrop und Ludwigshafen sind »überraschend anders« – und auch »Wuppertal macht was anders«. Und weiter geht's: Volvo ist »typisch anders«, Suzuki »einzigartig anders«, Mazda »leidenschaftlich anders«, BMW »kompromisslos anders«, Opel »auffallend anders«; Impuls Küchen sind »erfrischend anders«, Blackberry ist »deutlich anders«, Samsung »echt anders«, Kombucha »sehr, sehr anders«, Get Fit »angenehm anders«, Fort Fun »tierisch anders«, die Bundeswehr ist »attraktiv anders« und der Schweizer Alpentilsiter »ganz anders«. So, was noch? Citroën ist »bestechend anders«, das wäre für Berlin gar kein so schlechter Slogan. Und der 1. FC Köln ist natürlich auch anders, »spürbar anders«.

Es ist also nicht ganz leicht, anders zu sein. Aber Berlin gibt sich wirklich Mühe, das muss man schon sagen. Rachel Stewart hat für die *DW*-Reihe *Meet the Germans* ein paar Gründe gesammelt, »warum Berlin kein bisschen deutsch ist« – demnach sind wir hier chaotisch, hektisch, schmutzig, punkig, vielfältig, offen, unglaublich, ungläubig, ausschweifend, ungeregelt, links, vegan und verraucht, aber wegen unseres »Shabby Charme« auch absolut liebenswert. Das macht natürlich so manches wett.

Neuberliner, zumal wenn sie im Winter ankommen, beschreiben die Stadt oft als grau. Aber das legt sich mit der Zeit. Was in Berlin aber immer leuchtet, ja geradezu strahlt, das ist das Gendersternchen, sogar die AfD hat sich damit arrangiert. Die korrekte Platzierung dieses Himmelskörpers ist den Verwendenden jedoch nicht immer ganz klar, zum Beispiel in einer Mitteilung des Bezirksamts Mitte zur Gründung der sogenannten Werbejury:

Der Frauenbeirat Mitte hat die Kriterien ergänzt. Diese lauten: Geschlechterdiskriminierende Werbung (sexistische Werbung) liegt insbesondere vor, wenn: Frauen* und/oder Männer* auf abwertende Weise dargestellt werden.

»Frauen*«? »Männer*«? Mag ja sein, dass »Frauen« und »Männer« in Mitte, Kreuzberg und Friedrichshain keine biologischen Subjekte sind, sondern soziale Konstrukte, deswegen gibt's die hier nur mit *. Aber warum heißt es nicht einfach »... wenn Menschen ...«? Und warum nennt der Frauenbeirat sich »Frauenbeirat«, obwohl es doch eigentlich »Frauen*beirat« heißen müsste? Wir haben mal beim Bezirksamt nachgefragt, hier die Antwort:

Danke erst mal für den Hinweis. Das Sternchen bei ›Frauen*beirat‹ wurde vergessen und wird nachgetragen.

Kann also schon mal passieren. Die Jury hatte unterdessen ihren ersten Fall: Ein/e Bürger*in erregt sich über die »Dildoking«-Werbung, weil das Kronen-Logo dieser Firma aus einer penisartigen Zeichnung besteht. Die Entscheidung: »nicht sexistisch« nach den Kriterien des Bezirks – die Jury-Koordinatorin und Gleichstellungsbeauftragte Kerstin Drobick hält das Signet für »relativ abstrakt« sowie für »logisch und schlüssig«. In Berlin hat man eben schnell mal einen Dildo in der Krone.

Sex spielt in der Berliner Politik generell eine große Rolle, das ist schon seit mindestens den Achtzigerjahren so. Dass seinerzeit bei der großen Bauaffäre ein Bordellbesitzer mit dem Namen Otto Schwanz eine wichtige Rolle spielte, kann kein Zufall sein.

Heute geht's allerdings um ganz andere Sachen. So teilte eine Grünen-Abgeordnete der Welt über ihre sozialen Netzwerke mit, dass sie zu 85 Prozent pervers sei – das hatten ihr jedenfalls die »BDSM-Jugend«, die Initiative »Schlagwerk«, die »Bundesvereinigung Sadomasochismus« und der Verein »BDSM Berlin« bestätigt. Die so Geehrte twitterte fröhlich mit Einhorn-Emoticon ein Foto der BDSM-Urkunde, auf der es heißt: »Gratulation, jetzt ist es offiziell. Eine*r von uns, eine*r von uns! Herzlich willkommen in unserer großen Szene. Du bist: Vollperverse*r. Grad der Perversität: 85 %.« Das ist jedenfalls schon mal gut zu wissen, eine gewisse Transparenz zeichnet gute Abgeordnete* aus. Falls sie bei einer Nachprüfung auf 100 Prozent kommt, werden wir es sicher erfahren. Der Politikerin sollte aber eines klar sein (man erinnere sich an den Bescheid des radfahrenden Autors Peter von Becker): »Das Anbringen jedweder Beschilderung ist unzulässig.« Bei der Perversion möglicherweise entstehende Farbschmierereien sind »umgehend ordnungsgemäß zu beseitigen«.

Wir bleiben noch kurz beim Thema Sex und Politik. Die Bildungsverwaltung lässt die Wiener Sigmund-Freud-Universität alle Berliner Lehrerinnen und Lehrer fragen: »Was ist Ihre sexuelle Orientierung?« Die Pädagogen sollen außerdem detailliert Auskunft geben über die Adresse ihrer Schule, ihr Alter, ihre Dienstjahre ... Nur ihren Namen müssen sie nicht nennen, aber den bekommt der Leistungskurs Informatik noch vor der kleinen Pause raus.

Bei den Berliner Jusos geht's, wie das bei jungen Leuten halt so ist, ebenfalls gerne um Sex. Ihr SPD-Parteitagsantrag, dass künftig »feministische Pornos mit einer realistischen Darstellung von Lust aller Beteiligter gebührenfrei, dauerhaft und niedrigschwellig verfügbar« gemacht werden sollen, zum Beispiel »in den Online-Mediatheken der öffentlich-rechtlichen Sender«, scheiterte knapp. Allerdings kam der Antrag einer Bezirksverordneten der AfD, Sex ausgerechnet im Klub Berghain zu verbieten, ebenfalls nicht durch. Irgendwann müssen die Abgeordneten ja auch mal an sich selbst denken.

Ein anderes wichtiges Thema ist in Berlin die Entkolonialisierung und Entmilitarisierung des Stadtbilds, damit beschäftigt die Politik sich hier gerne. In Kreuzberg ziehen die Grünen gegen Yorck, Blücher, Horn, Möckern, Katzbach, Hagelberg, Großbeeren, Großgörschen, Eylau und Obentraut in den Straßenkampf: Die Schilder sollen weg. Paul von Hindenburg wurde schon die Ehrenbürgerwürde entzogen, anders als die übrigen 130 Ehrenbürger der Stadt darf er jetzt also nicht mehr kostenlos mit der BVG fahren. Im Südwesten soll die Spanische Allee weg, fordern die Linken, vielleicht, weil sie gar nicht nach Spanien führt, sondern zur sogenannten »Spinner-Brücke« über der AVUS. Und in Wedding setzte die Stadträtin der Grünen eine Geheimjury ein, um die Herren Peters, Nachtigal und Lüderitz aus dem Afrikanischen Viertel in die ewigen Kolonialgründe zu versetzen. Nach etlichen Beratungen der »Gutachtenden« lagen dann bereits zwei Jahre nach einem Beschluss zur Umbenennung die Ergebnisse vor. Als neue, antikolonialistische Namensgebende wurde eine Frau ausgewählt, die sich bald darauf als Sklavenhändler*in herausstellte, sowie ein Mann, dem die Kolonialherren seinen Namen aufgezwungen hatten, wie einer seiner Großneffen nach einem Gespräch mit dem heutigen König dem Bezirksvorsteher mitteilte. Eine klassische Verwechslungskomödie, wie gemacht fürs Berliner Boulevardtheater.

Andererseits lassen sich auch die Berlinerinnen und Berliner von der Politik nicht gerne was sagen. So gibt es zwar ein neues Hundegesetz, aber der Leinenzwang gilt nur theoretisch: »Die Verfolgung einer Ordnungswidrigkeit endet oft bei der Weigerung der Hundebesitzer, sich auszuweisen«, teilt der Senat mit, »Zwangsmittel stehen hier nicht zur Verfügung«. Da bellen Pudel und Pit Bull vor Vergnügen im Chor.

Auch das Grillen im Park ist verboten, theoretisch. Dazu der verantwortliche Pankower Stadtrat: »In nahezu allen Grünanlagen wird illegal gegrillt. Die zur Verfügung stehenden personellen oder finanziellen Ressourcen des Ordnungsamtes oder des Grünflächenamtes sind nicht ausreichend, um diese Ordnungswidrigkeiten zu erfassen und zu ahnden.« Ganz besonders gemein: »Häufig wird in den Abendstunden und am Wochenende gegrillt, d. h. außerhalb der regulären Arbeitszeit des Straßen- und Grünflächenamts.« Aus den gleichen Gründen gibt's zur großen Erleichterung der Berlinerinnen und Berliner auch keine Handhabe gegen Spätis, die, wie der Name schon sagt, bis spät in die Nacht geöffnet haben, auch sonntags, wenn es verboten ist, also nach Ladenschluss des Ordnungsamts. Darauf ein »Sterni«.

Natürlich verspricht die Politik, dass alles besser wird mit der Verwaltung in Berlin. Es dauert eben nur ein bisschen. Ab und zu gibt es eine Reform, meistens geht es um Kompetenzen, immer gibt es Krach. »Es sollen alle Bezirke das können, was gekonnt werden kann«, sagt Monika Herrmann, die grüne Bürgermeisterin von Friedrichshain-Kreuzberg. Ihr Kollege aus Pankow, der Linke Sören Benn, wagt schon mal einen Blick in die Zukunft: »Die Verwaltungsmodernisierung entscheidet darüber, ob wir als Berlin Trabi sind oder Lada.« Auf beide Autos hat man im Osten mindestens zehn Jahre gewartet. Vielleicht ist an allem aber auch Ernst Reuter schuld. Der Oberbürgermeister und Regierende Bürgermeister von 1948 bis 1953 gab schon damals, bei allem berlintypischen Optimismus, das Tempo vor: »Wer eine klare Konzeption von dem künftigen Berlin hat, weiß, dass wir auf dem Weg sind, der uns ganz langsam aus der Wirrnis herausführen wird.« Mit Betonung auf »ganz langsam«.

11

Mental herausgefordert

Meckern hilft nicht weiter. Was müsste passieren,
damit in Berlin endlich mal alles rundläuft?

Einmal, zu DDR-Zeiten, steuerte ich nachts, etwa um zwei, auf der Transitstrecke zwischen Westdeutschland und West-Berlin einen Parkplatz an. Ich war müde und brauchte eine Pause, zumindest glaubte ich das. Auf dem Parkplatz stand ein Armeefahrzeug, umringt von fünf ratlosen russischen Soldaten. Sie hatten eine Reifenpanne und keinen Ersatzreifen. In der ruhmreichen Sowjetunion lief offenbar auch nicht alles perfekt. Handys gab es noch nicht. Einer der Russen sagte, in gebrochenem Deutsch: »Du zu Kaserne bringen bitte.«

»Ich bin Westdeutscher, sieht man doch am Auto. Ich darf die Transitstrecke nicht verlassen.«

»Wenn wir sagen, du darfst.«

Die Fahrt nach Potsdam war lustig, in der Kaserne weckten die Soldaten einen Dolmetscher und es gab zum Frühstück süßen russischen Likör. Wenn wir sagen, du darfst. An der Grenze wurde mein Wagen von den DDR-Grenzern sofort herausgewunken. Die Begründung war mir klar, bevor einer der Grenzer den Mund aufmachte: unerlaubtes Verlassen der Transitstrecke.

»Sowjetische Soldaten haben mich angewiesen, es zu tun. Falls es Probleme gibt, sollen Sie bei denen anrufen. Sie wüssten die Nummer.«

Ein Mann ohne Uniform, vermutlich von der Staatssicherheit, kam und stellte in seinem Büro viele Fragen. Er war deutlich verärgerter über die Russen als über den Westdeutschen. Den musste er laufen lassen, er tat dies sichtlich ungern. Trotzdem blieb er korrekt. Zum Abschied gab es ein Leberwurstbrot, serviert mit den Worten: »Damit Sie nicht hinterher behaupten, wir hätten Sie hungern lassen.«

Auch Berlin hat ein paar Probleme, das erwähnten wir. Aber im Gegensatz zu jenem Stasi-Mann haben die Verantwortlichen in Berlin niemanden, den sie anrufen könnten oder anrufen müssten, damit er ihnen sagt, was zu tun wäre. Auch die Berliner haben niemanden, der ihnen am Telefon mal eben aus der Patsche helfen könnte. Wir sind allein, auf uns gestellt.

Ist das womöglich die Wurzel aller Probleme? In der Coronakrise war wieder einmal zu beobachten, wie der Regierende Bürgermeister Michael Müller tagelang lavierte. Strenge Restriktionen, Schulen und Klubs sofort dichtmachen? Oder erst einmal abwarten? Egal, was man tat, man riskierte Ärger. Das Wochenende stand bevor. Also entschied Müller sich dafür, dem Berliner Nachtleben noch einige heiße und vermutlich hochansteckende Abschiedsnächte zu gönnen, die Schließungen und Restriktionen könnten ja dann in aller Ruhe ab Montag beginnen. Das war kein Kompromiss, sondern ein Spiel auf Zeit. Falls es der richtige Weg war, die Seuche durch Vermeidung aller nicht unbedingt nötigen Sozialkontakte einzudämmen, dann musste die Regierung sofort handeln. Falls dieser Weg aber falsch war – der britische Premier Boris Johnson zum Beispiel glaubte das –, dann gab es keinen Grund, die Klubs zu schließen, egal wann. Als Müller bemerkte, dass er sich mit seiner Zögertaktik versehentlich gegen einen europaweiten Trend und gegen die Wünsche der Bundesregierung gestellt hatte, knickte er ein, Berlin wurde dichtgemacht.

Wie wäre es, Berlin einfach wieder in den früheren Vier-
mächtestatus zurückzuversetzen, mit einer amerikanischen,
einer russischen, einer französischen und einer britischen
Zone? Das hat nach dem Zweiten Weltkrieg für eine gewisse Zeit gut funktioniert. Es war klar, wer das Sagen hatte und
wo. Entscheidungen wurden getroffen und umgesetzt. Nach
Gründung der DDR war der Ostteil zwar offiziell Hauptstadt
des neuen Staates, aber ohne Zustimmung der Russen lief dort
nicht viel. In West-Berlin lief nichts gegen den Willen der drei
Stadtkommandanten, die drei Besatzungszonen existierten immer noch. Die Kommandanten übten ihre Herrschaft dezent
aus, schließlich waren wir alle inzwischen Freunde und Partner
und sie unsere Beschützer. West-Berliner Politiker amtierten
mit beschränkter Haftung, sie waren im Grunde Politikattrap-
pen. Auch die Regierung in Bonn hatte mitzureden, von der
kam schließlich das Geld.

Aber die meisten Probleme, die Berlin heute hat, gab es
nicht. Der Nahverkehr zum Beispiel funktionierte bestens, die
Ämter waren nicht überlastet, es wurde zwar manchmal sinn-
frei gebaut und hässlich, aber in der Regel flott.

Wenn Berlin es nicht hinkriegt, lasst einfach andere ans
Ruder. Das ist doch keine Schande. Wenn das Auto kaputt ist
und man es nicht selber reparieren kann, schämt man sich
doch auch nicht, die Hilfe eines erfahrenen Mechanikers in
Anspruch zu nehmen.

Das wird nicht passieren, schon klar.

Eine andere Idee, die etwas realistischer ist: Berlin wird,
wie Washington, D.C., direkt dem Bund unterstellt. Alle Gesetze des Washingtoner Stadtparlaments müssen vom US-Kon-
gress abgesegnet werden, das scheint sich bewährt zu haben.
Es gab in Washington Experimente mit einer vom Volk gewählten autonomen Regierung, die aber schnell zum finanziellen
Kollaps der Stadt führten und deshalb 1873 eingestellt wurden.

Im Repräsentantenhaus darf der Vertreter von Washington vorsichtshalber nicht mitstimmen. Der Versuch, Washington mit dem Nachbarstaat Maryland zu vereinigen, der sich zu Washington etwa so verhält wie Brandenburg zu Berlin, scheiterte 2004, der Vereinigungsversuch zwischen Berlin und Brandenburg 1996.

Wissen die Berliner Parteien vielleicht eine Lösung, womöglich eine bessere? Es sollte auf jeden Fall schnell gehen mit der Problemlösung, sonst werden die Leute ungeduldig, einige sind es bereits. Wir haben also mal schnell die drei Worte »Berlin Probleme Lösungskonzept« gegoogelt und jeweils den Namen einer Partei hinzugefügt. Dann müsste eigentlich gleich das Lösungskonzept kommen.

Bei der Linken, der FDP und der AfD passierte in dieser Hinsicht auf der ersten Seite des Computers nicht viel, das mag auf anderen Computern und zu anderen Zeiten anders sein. In diesem Fall war es ein MacBook im Januar 2020. Bei der Linken und der AfD leuchteten weit oben die Parteiprogramme auf. Man soll offenbar ruck, zuck das linke oder das AfD-Parteiprogramm verwirklichen und zu diesem Zweck diese Partei wählen, dann wird alles gut, urbi et orbi. Sollte es wirklich so einfach sein?

Es steht eigentlich wenig Berlinspezifisches in diesen Programmen. Mehr so das Übliche. Die Linke will viele strenge Regulierungen, zum Beispiel die des Wohnungsmarkts, zum Ausgleich weniger strenge Regulierungen für die Empfänger staatlicher Leistungen. Die AfD will mehr Eigentumswohnungen und, wie überall, mehr Polizei. Die Berliner FDP will immerhin etwas, das sich wirklich nur in Berlin verwirklichen lässt und nirgendwo sonst, nämlich die Offenhaltung des Flughafens Tegel. Dies ist allerdings seit Jahren in Berlin der liberale Unique Selling Point. Das alles wollen wir jetzt gar nicht kommentieren, außer vielleicht mit dem Satz: Viel ist es nicht.

Überraschend war es, dass eine Partei »die Besucherzahlen in der Hauptstadt« kritisch sieht und einen Finanzstopp für jedwede touristische Vermarktung verlangt. Berlin müsse wieder »mehr den Berlinern gehören«. Diese Partei ist die Linke. Berlin den Berlinern, so könnten Böswillige dies durchaus verstehen, und so ist es vielleicht sogar gemeint.

Bei den Grünen steht an erster Stelle erwartungsgemäß der Klimaschutz. »Das Berliner Wetter schreibt aktuell traurige Rekorde«, heißt es in einem Handlungsprogramm zu diesem Thema. Insofern hat sich das Berliner Wetter den Wartezeiten in den Berliner Kfz-Zulassungsstellen angepasst. Weiter im Programm: »Ein gesundes, vielfältiges Stadtgrün ist der Schlüssel für eine lebenswerte Stadt.« Wer wollte dies ernsthaft bestreiten? Gegen den Wiederaufbau des Berliner Schlosses hat die Partei allerdings mehrheitlich opponiert. Ein Schlüssel ohne Schloss nützt gar nichts. »Berlin braucht seine reiche Stadtnatur« – dieser Satz der Grünen könnte in den nächsten Koalitionsverhandlungen mit der Linken zum Stolperstein werden. Wenn die Linke erfährt, dass die Stadtnatur reich ist, ist sie sofort für Enteignungen.

Bei der SPD aber kam bei »Berlin Probleme Lösungskonzept« auf der ersten Seite ein Dokument, das so anfing: »Die Kommission politische Handlungsfelder hat unter dem Vorsitz von Michael Müller, Raed Saleh und Thomas Isenberg inhaltliche Schwerpunkte diskutiert, die Grundlage für die sozialdemokratische Politik in Berlin der kommenden Jahre sein sollen. Der Kommission gehörten neben Vertreterinnen und Vertretern von Senat, Abgeordnetenhaus, Landesvorstand und Arbeitsgemeinschaften auch Neumitglieder und Wissenschaftler*innen an. Neben der Analyse von Zahlen aus der Meinungsforschung, wurden Leuchtturmprojekte diskutiert, die Vorschläge für die inhaltliche (Neu-)Ausrichtung der Berliner SPD beinhalten. Der Bericht der Kommission politische Handlungsfelder wird dem

Landesparteitag zur Diskussion vorgelegt. Anschließend soll der Bericht zur weiteren Beratung an die Gliederungen der Berliner SPD gesendet werden.«

Diese Partei scheint also noch etwas Zeit zur Selbstfindung zu brauchen. Als Leuchtturmprojekt würde sich der Tower in Tegel eignen, aber dies nur über die Leiche der FDP.

Die CDU hatte etwas wirklich Konkretes im Angebot, die Kreation einer App, mit deren Hilfe Berliner nächtliche Autobrände melden können. Die Zahl der von meist Unbekannten abgefackelten Autos lag in Berlin 2019 erstmals bei fast 600. Langsam lohnt sich die Errichtung eines Autobrandabwärmekraftwerks, das Klima wird es danken. Wichtig sei, dass die Bürger das Feuer »auch aus dem eigenen Auto heraus« melden können und nicht aussteigen müssen, was natürlich mancherorts gefährlich sein kann. Wichtig für den Erfolg dieser App wäre allerdings auch, dass es in Berlin überall Internet gibt, daran könnte es scheitern. Man müsste mancherorts, um das brennende Auto zu melden, wohl einen der von der SPD errichteten Leuchttürme besteigen, oder man gibt Rauchzeichen wie die Indianer, kein Feuer ohne Rauch.

Die Parteien sind also auf der Suche nach einem Lösungskonzept, alles in allem, keine große Hilfe. Hilft ein Blick in die Geschichte weiter?

Mehrere Jahrhunderte lang hieß die größte Stadt der Erde Babylon. Babylon war außerdem, soweit man weiß, die erste Stadt mit mehr als 200 000 Einwohnern. Berlin ist manchmal mit Babylon verglichen worden, vor allem wegen seiner lockeren Sitten. Beide Städte galten eine Weile als Inbegriff einer Weltmetropole.

Es gibt einige weitere Gemeinsamkeiten. Blütezeiten und Krisen wechselten sich bei Berlin und Babylon häufig ab, beide Städte wurden mehr als einmal erobert, aber rappelten sich immer wieder auf. Auch Babylon war multikulturell und besaß

reiches Stadtgrün. Einer der Parks, die vermutlich in Privat-
besitz befindlichen hängenden Gärten der Semiramis, galt, anders als der Tiergarten, sogar als Weltwunder. Mit ehrgeizigen
Bauprojekten aber hatte auch Babylon nicht immer Glück, der
Bau eines großen Turms scheiterte auf spektakuläre Weise.
Das Nachtleben von Babylon aber soll ähnlich erfolgreich und
ausschweifend gewesen sein wie das von Berlin. In der Offen-
barung des Johannes handelte sich Babylon deshalb den Titel
»Mutter der Huren und der schrecklichsten Dinge der Erde«
ein. Man muss dazu wissen, dass Homo-, Bi- und sonstige Sexualität in der Antike meist wohlgelitten war und »Hure« eine
Art Sammelbegriff für Menschen mit unangepasstem Lebenswandel.

In der Religion der Rastafari hat Babylon bis heute als
Symbol für Korruption und Dekadenz überlebt. Ähnlich wie
das West-Berlin der Mauerjahre wurde auch Babylon eine Zeit
lang von US-Truppen vor Plünderern beschützt, dies geschah
während des Irak-Krieges 2003. Da war in Babylon aber schon
nicht mehr viel zu holen. Im ersten oder vielleicht auch erst
im dritten Jahrhundert unserer Zeitrechnung haben sämtliche
Einwohner Babylon verlassen und sich in alle Winde zerstreut,
vielleicht aus Unzufriedenheit mit der Stadtverwaltung, man
weiß es ja nicht. Dass eine Stadt trotz vieler Sehenswürdigkeiten von den Bewohnern einfach aufgegeben wird, kommt in
der Geschichte tatsächlich hin und wieder vor. Die Inkastadt
Machu Picchu im heutigen Peru hatte ein ähnliches Schicksal.
Immerhin wäre das von seinen Bewohnern verlassene Berlin
auch in Zukunft ein Magnet für Touristen, Machu Picchu be-
weist es.

Zu den luxuriösen Besonderheiten des deutschen Föderal-
lismus gehört es, dass die Bundesländer in der Hauptstadt eine
Art Botschaft unterhalten. Damit spart man sich langes Ge-
maile und Dienstreisen, dafür fallen anderweitig beträchtliche

Kosten an, etwa für Bauten und Personal. Der ehemalige Leiter der baden-württembergischen Landesvertretung, Claus-Peter Clostermeyer, hat ein Papier zu Berlin vorgelegt. Er erinnert daran, dass Berlin unter den Bundesländern zu den mittelgroßen gehört, was die Bevölkerungszahl betrifft, es kommt gleich hinter Sachsen. Weniger Menschen als in Berlin leben in Bremen, dem Saarland, Mecklenburg-Vorpommern, Hamburg, Thüringen, Sachsen-Anhalt, Brandenburg und Schleswig-Holstein. In den Flächenländern gibt es eine meist gut funktionierende Struktur aus Landkreisen, Städten und Gemeinden, die in gewissen Bereichen schalten und walten dürfen. Berlin aber ist immer noch, wie vor hundert Jahren, eine »Einheitsgemeinde«, eine Stadt mit Bezirken.

Viel sei gewonnen, schreibt Clostermeyer, wenn die Bezirke mehr klare Kompetenzen bekämen, in denen sie ganz allein entscheiden dürfen, wie eine Stadt in Thüringen oder im Saarland – etwa über Grünflächen, Sportanlagen, Schulhäuser oder Straßenbeleuchtung. Die Bezirke bräuchten, wie Städte, eigene Einnahmequellen, zum Beispiel die Grundsteuer und, mindestens anteilig, die Gewerbesteuer. Symbol dieser Entflechtung könnten direkt gewählte Bezirksbürgermeister sein. Im Moment seien die Bezirke unterfinanziert. Für das, was anderswo Städte leisten, fehlt ihnen das Geld, obwohl sie formal für alles Mögliche zuständig sind. Ergebnis sei das berlintypische Schwarze-Peter-Spiel, ein schwer durchschaubarer Wirrwarr zwischen den Verwaltungsebenen, ein ständiges Hin- und Herschieben der Verantwortung. »Die Hauptverwaltung beruft sich auf die Zuständigkeit der Bezirke, diese verweisen auf fehlende finanzielle und personelle Mittel.« Und beide haben irgendwie recht, wie die Protagonisten in einer antiken Tragödie.

Hilft eine radikale Verwaltungsreform? Vielleicht. Fragt sich, wer in Berlin den Mut und die Tatkraft für eine solche

Reform aufbringen könnte. Und wer bereit sein könnte, Macht und Kompetenzen abzugeben. Macht kann sehr hilfreich sein, vor allem in einer Stadt, die sich an die Schmierkraft persönlicher Beziehungen gewöhnt hat, an die Heilwirkung des Telefonanrufs bei einem politischen Freund oder einer Freundin, daran, jemandem inmitten des Kompetenzdschungels einen Gefallen zu erweisen und mit Dankbarkeit rechnen zu dürfen, kurz, an all das, was man aus Reportagen über glücklose Staaten in Afrika oder Mittelamerika kennt.

Im Sommer 2019 gab es eine Umfrage des *Tagesspiegels* unter Verkehrsexperten. Was könnte Berlin tun, damit es auf den Straßen entspannter zugeht? Berlin wird morgens und abends, verstärkt montags und freitags von Pendlern geflutet, fast 350 000 sind es inzwischen. Sie kommen nicht nur aus dem benachbarten Brandenburg. Immerhin 13 000 reisen aus Bayern an, fast 20 000 aus Nordrhein-Westfalen. Am Ausbau der Regional- und S-Bahn-Verbindungen ins Umland führt, so die einhellige Expertenmeinung, kein Weg vorbei. Das größte Problem scheint dabei darin zu bestehen, dass der Bau neuer Strecken, schwierig genug und erfahrungsgemäß sehr langwierig, genauso wenig hilft wie eine erhöhte Zugfrequenz. Die Züge müssten nämlich nicht nur fahren, sie müssten auch pünktlich ankommen. Pendeln führt, so Anne Marit Wöhrmann vom »Bundesamt für Arbeitsschutz«, fast immer zu »Reizbarkeit und Erschöpfung«, zwei in Berlin wohlbekannte Seinszustände. Gelindert werde dies, wenn der Pendelnde »nicht immer befürchten muss, dass Busse und Bahnen sich verspäten« und er als Umsteigender seinen Anschluss verpasst.

Sind pünktliche Züge ein in absehbarer Zeit erreichbares Ziel? Die Erfahrung spricht dagegen. Vielleicht helfen flexible Arbeitszeiten. Die Arbeitszeit beginnt nach dieser Reform in Berlin grundsätzlich immer dann, wenn der Beschäftigte es geschafft hat, seinen Arbeitsplatz zu erreichen, fixe Arbeitszeiten gäbe es nicht. Die Behörden wären zwar zu den Stoßzeiten des Verkehrs personell ausgedünnt, könnten dafür aber 24 Stunden geöffnet sein, was ja auch bei etlichen Berliner Kneipen und Fitnessstudios der Fall ist.

Auf die Frage, welche deutsche Stadt das größte wirtschaftliche Entwicklungspotenzial besitze, kam es 2018 bei einer Umfrage zu bemerkenswert unterschiedlichen Ergebnissen. Befragte Bundesbürger sahen nur zu 8,6 Prozent Berlin vorne, weit hinter Leipzig, Frankfurt und München. Bei den befragten Berlinern aber stand Berlin mit 38 Prozent klar an der Spitze. Wenn es eines gibt, worauf man sich in Berlin verlassen kann, dann ist es der unerschütterliche Optimismus der Bevölkerung. Daran scheint es in Babylon gegen Ende gefehlt zu haben.

Als Berliner Unternehmer gefragt wurden, was genau sich in Berlin ändern müsse, war das Meinungsspektrum erstaunlich breit. Jede Person nannte etwas anderes. Die IHK-Präsidentin Beatrice Kramm fordert bessere Bildung, der Chef von Berliner Glas, Andreas Nitze, will eine bessere Verwaltung, Andrea Grebe von Vivantes mehr Investitionen, Rubin Ritter von Zalando bessere Englischkenntnisse, da immerhin könnten die Berliner Kellner helfen. In der Zusammenschau der Antworten ergibt sich als Fazit, dass beinahe alles sich ändern müsste, sonderlich hilfreich ist das auch nicht.

Der vorerst Letzte, der tatsächlich so etwas wie ein überzeugendes Grundsatzprogramm zur Lösung der Berliner Probleme formuliert hat, und das auch noch in einem einzigen Satz, war Klaus Wowereit. In seiner ersten Regierungserklärung, vom 28. Juni 2001, sagte Wowereit: »Wir brauchen einen Mentalitätswechsel der Politik in Berlin.« Bald darauf begann der nächste Immobilienskandal, Stichwort Tempodrom, und das BER-Desaster fing auch nicht viel später an. Aber an der Richtigkeit von Wowereits Satz ändert das natürlich gar nichts. Der Satz war goldrichtig, bloß viel zu kurz, korrekt hätte der

Satz lauten müssen: »Wir brauchen einen Mentalitätswechsel der Politik in Berlin, ich werde das nicht hinkriegen und will es eigentlich auch gar nicht, es ist gut, dass es mal gesagt wurde.«

Das Wort »Mentalitätswechsel« hat seitdem und ganz allmählich parteiübergreifend Karriere gemacht. Im Mai 2015, nach 14 Jahren, war es bei der FDP angekommen, Originalton ihres Vorsitzenden Christian Lindner: »Die erste Reform, die wir unserem Land empfehlen, ist eine Reform der Mentalität.« Als das Jahr 2015 es November werden ließ, forderte auch Wowereits Nachfolger Michael Müller einen Mentalitätswechsel, offenbar war das Wort in den zurückliegenden Jahren erfolgreich durch sämtliche Parteigremien gewandert. Man müsse »den Mut finden, unbequeme Wahrheiten auszusprechen, Verantwortung zu übernehmen und der Verwaltung die Möglichkeit lassen, unkonventionelle Lösungen zu finden.« Wer sich dieser Aufgabe nicht gewachsen fühle, so Müller, solle »Platz für andere machen«. Mit seiner Empfehlung, zurückzutreten, konnte er zu diesem Zeitpunkt unmöglich sich selber meinen, eher wohl die parteiinternen Rivalen. Bald darauf verlangte auch die Linke in Gestalt ihrer Senatorin Katrin Lompscher mehrfach einen Mentalitätswechsel, unter anderem im Juni 2017 und im Oktober 2018. Auch Benedikt Lux, Grüne, hat eine Idee: »Das Land Berlin muss jetzt den Mentalitätswechsel hinbekommen.«

Aber wie macht man das? Und woran erkennt man es? Der *Tagesspiegel* war, weil er durch und durch eine Berliner Zeitung ist, übertrieben optimistisch und meldete tatsächlich eines Tages: »Ein Mentalitätswechsel hat stattgefunden.« Dies geschah in der Ausgabe vom 31. Dezember 2009. Immer kann auch der *Tagesspiegel* nicht recht haben.

Mentalitäten sind die Verhaltensnormen einer sozialen Gruppe, sie werden vor allem durch Erziehung weitergegeben. Manchmal wird der Begriff »Mentalität« auch auf ganze

Nationen, Regionen oder Volksgruppen angewendet. Mentalitäten entstehen, weil sie den Menschen sinnvoll vorkommen und ihnen Vorteile bringen, nicht zuletzt den Vorteil, in der eigenen Gruppe kein Außenseiter zu sein. Sie können mit dem Klima zu tun haben, mit dem Leben an der Küste oder in den Bergen – dazu gibt es eine Studie! –, mit Religion, mit Stadt und Land, damit, zu einer unterdrückten oder einer dominanten Bevölkerungsgruppe zu gehören, mit kulturellen Traditionen, es gibt viele Faktoren. Weil die Mentalität tief in uns verankert ist und, als sie einst entstand, zu besseren Lebenschancen beigetragen hat, ändern sich Mentalitäten im Allgemeinen nur langsam, es sei denn in schweren Krisen. Die Mentalität der Deutschen wird da von Mentalitätsforschern gern als Beispiel genannt, sie scheint sich nach 1945 schneller als üblich geändert zu haben, natürlich nicht bei allen. Ähnliches gilt für die Franzosen nach der Revolution von 1789. Aber ein neues 1789 oder 1945 will man Berlin ja nun auch nicht wünschen, obwohl die Guillotinen weitgehend aus dem nachwachsenden Rohstoff Holz bestanden und die Menschen im Hungerwinter 1946/47 sich, notgedrungen, fast ausschließlich von regionalen Produkten ernährten.

Wie zäh Mentalitäten sind, erkennt auch, wer die alte Sowjetunion mit dem Russland von Wladimir Putin vergleicht. Die alte Mentalität muss sich für sehr viele Individuen als grundfalsch und für sie schädlich erwiesen haben, die neue Mentalität muss Vorteile bringen, damit hängt ein allmählicher Mentalitätswandel wohl meistens zusammen. Gute Vorsätze allein reichen dazu wahrscheinlich nicht, das hat man an Klaus Wowereit und der Berliner SPD gesehen. Folgt daraus, dass in Berlin erst mal alles viel schlechter laufen muss, damit ein Mentalitätswandel sich in den Augen der politischen Eliten wirklich lohnt? Gut möglich.

Aber so schlecht läuft es für diese Eliten nun auch wieder nicht. Haben zum Beispiel Misserfolge, Pleiten und Skandale für die Verantwortlichen in Berlin jemals wirklich schmerzhafte Folgen gehabt, abgesehen von einem gelegentlichen Rücktritt, auf den in der Regel eine sogenannte Anschlussverwendung in einem neuen Amt folgte oder in der Wirtschaft, wo eh besser bezahlt wird? Man sollte drohende Sanktionen stets abwägen gegen die zweifellos vorhandene Chance, bei Fehltritten nicht erwischt zu werden. Erst wenn diese Rechnung aus Sicht der Verantwortlichen negativ ausfällt, lohnt sich für sie ein Mentalitätswandel. Aber dafür, dass alles bleibt, wie es ist, können die Verantwortlichen ja einiges tun.

Auch das Leistungsprinzip wäre hilfreich. Wenn Leistung und Erfolg überdurchschnittlich belohnt werden, entstehen mächtige Anreize. Aber Berlin ist eine egalitäre Stadt, was fraglos auch seine guten Seiten hat. Das Leistungsprinzip wird hier traditionell kritisch gesehen, auch in der Bildungspolitik. Zuerst müsste man sich in Berlin sowieso darauf einigen, was genau unter »Leistung« und »Erfolg« zu verstehen ist, auch das dürfte schwierig sein. Besteht »Erfolg« darin, die Ansiedlung eines großen Unternehmens zu erreichen, oder darin, sie zu verhindern? Schon an dieser Frage scheiden sich in Berlin die Geister.

Berlin ist heute also genau die Stadt, die viele Berliner, womöglich die Mehrheit, sich gewünscht haben. Berlin ist ganz nah bei sich selbst, insofern braucht man überhaupt keine Lösung. Alles palletti.

Es gibt zurzeit vermutlich nur einen Menschen, der in kürzester Zeit Mentalitäten komplett umkrempeln kann. Er hat es mehrmals hingekriegt, er hat selbstzufriedene Schlaffis zu Schwerstarbeitern geformt, das Chaos geordnet und jeden Einzelnen besser gemacht. Alles läuft bei ihm wie am Schnürchen, und das Ergebnis dieser Transformation ist nicht etwa Langeweile, sondern großes Theater. Er fordert Anstrengung, trotzdem lieben ihn seine Untergebenen. Aber Jürgen Klopp, der Trainer des FC Liverpool, ist leider nicht verfügbar.

12

Zurück in die Zukunft

Wie geht es mit Berlin weiter?
Es gibt einen, der es weiß.

Diese Geschichte hört sich unwahrscheinlich an. Ich schwöre, sie ist Wort für Wort wahr.

Begonnen hat alles eines Abends im »Novo«, einer dieser Kreuzberger Traditionskneipen, die immer seltener werden. Wenn man sie betritt, schlägt einem eine Dunstwolke entgegen, aus Staub, aus Bier, aus den Millionen Zigaretten, die hier geraucht wurden. Auf dem Klo kleben Buttons, die zu einer Mai-Demo von 1993 aufrufen. Wenn plötzlich Brigitte Mira oder Rio Reiser zur Tür hereinkäme, würde das keinen wundern.

Diese Kneipen sind Zeitmaschinen. Und Museen der sozialen Bewegungen des zwanzigsten Jahrhunderts. Wer trifft sich hier? Ehemalige Hausbesetzer, ehemalige Punks, ehemalige Chefideologen, die es auf einen Lehrstuhl geschafft haben, gelegentlich auch ehemalige Stars und ihre ehemaligen Dealer. Manchmal gibt es noch »Futschi«, also Asbach, veredelt mit einem Schuss Cola. Das »Walhalla« in Moabit und das »Lentz« am Stuttgarter Platz spielen in der gleichen Liga.

In Berlin älter zu werden, ist angenehmer als anderswo. Berlin hat für jeden einen Lifestyle im Angebot, auch für Menschen, die sich weigern, alt zu sein und sich dementsprechend zu benehmen. Sie machen einfach immer weiter, wie Udo Lindenberg.

Ein Mann am Tresen fiel mir auf. Er war drahtig, mindestens 70, trug hautenge Jeans und einen weißen Pferdeschwanz. Dazu die unvermeidlichen Lederstiefel. Auf seinem Unterarm leuchtete ein raumgreifendes buntes Tattoo mit goldenen Sternen, zwischen denen ein silbernes Raumschiff kreuzte. Die Tätowierung war gut gemacht, sie schien tatsächlich zu fluoreszieren. Der Alte bemerkte meine Blicke.

»Ich bin der Spock.«

»Vom Raumschiff Enterprise, stimmt's? Urlaub auf Terra.«

»Genau. Ich bin hier hängen geblieben. Das Bier schmeckt besser als in Vulkanien.«

Wir kamen also ins Gespräch.

Ich sagte: »Schade, dass man nicht in die Zukunft oder die Vergangenheit reisen kann.«

»Geht doch. Einstein, Relativitätstheorie. Es ist möglich. Es ist sogar schon passiert. Der Kosmonaut Sergej Konstantinowitsch Krikaljow ist auf seinem Raumflug nachweislich eine 48stel Sekunde in die Zukunft gereist.«

»Eine 48stel Sekunde. Das haut mich jetzt aber um. Der Beweis dafür, dass es nie echte Zeitmaschinen geben wird, liegt doch auf der Hand. Wir bekommen nie Besuch aus der Zukunft.«

»Woher willst du das wissen, mein Junge?«

»Zeitreisende würden die Gegenwart verändern. Zum Guten, falls sie nett sind.«

»Ihr habt bloß alle zu wenig Fantasie. Hast du schon mal über die Möglichkeit von Paralleluniversen nachgedacht? Kann doch sein, dass die Menschen in Zukunft, so in 200 Jahren, vielleicht früher, mithilfe der Wissenschaft eine Art Götter werden und jeder in seine eigene, vergangene Welt reisen kann. Jeder immer nur in ein einziges Universum. Hübsch ordentlich. Aber ohne besonderes Equipment. Ohne Superkräfte. Und mit vor Reiseantritt blockiertem Gedächtnis, damit du nicht zu viel verraten kannst, technisches Know-how und so. Mind Control ist auf deren technischem Stand leicht machbar. Du kennst also die Zukunft deines Universums gar nicht. Also kannst du auch nicht gezielt die Geschichte verändern. Du hast keine Ausrüstung, außer der Zeitmaschine. Und du besitzt keine besondere Street Credibility.«

Spock zog an seiner Zigarette. »Ihr steht unter Naturschutz, sozusagen. Du verlässt ja auch ein Naturschutzgebiet hoffentlich so, wie du es angetroffen hast.«

Ich sagte: »Ein Einzelner ohne historisches Wissen könnte an der Zukunft nicht viel ändern, stimmt. Aber ohne Gedächtnis kommst du nicht zurück.«

»Deine Identität vergisst du nicht. Glaub mir, es funktioniert. Die verschiedenen Universen unterscheiden sich gar nicht so stark, wie man erwarten könnte. Hin und wieder wird einer von uns Präsident oder Superstar, aber was der oder die macht, liegt voll im Spektrum des Üblichen.«

Ich lachte. »Du musst hart gekifft haben, Spock. Warum bist du denn hergekommen?«

»Erfahrungshunger. Party machen. Billige Drogen, bei uns ist ja alles verboten. Kein Cybersex, sondern the real thing.«

»Oh Mann, du bist Sextourist? Berlin ist inzwischen eine Art Pattaya für Zeitreisende?«

»Party machen, hab' ich gesagt. Aber die wilden Zeiten sind vorbei für mich. Unsterblichkeit gibt's nicht mal für uns. Unsterblichkeit wäre nicht nachhaltig, verstehst du?«

»Klar. Und, gefällt's dir in Berlin?«

»Ihr habt's besser, als ihr denkt.«

Spock wirkte erstaunlich klar, obwohl er schon schwer einen im Tee haben musste, nach sieben, acht Futschis. Plötzlich sagte er: »Ich bin müde. Ich werd' meinen Trip bei euch ausklingen lassen. Ich hab' hier Enkel. Die sollen noch ein bisschen was haben von mir.«

Er kramte in seinem Rucksack und holte einen alten Radiowecker heraus. »Das ist mein Maschinchen. Der Adapter, sag ich jetzt einfach mal. Wie er gesteuert wird, kriegst du schon raus. Ich will das Ding loswerden. Es funktioniert nur noch dreimal, nicht öfter. Hab Spaß.«

»Und wenn ich es kaputt mache oder verliere?«

»Das passiert nicht. Verschenken kannst du es, siehste ja.«

»Wenn ich die ganze Sache öffentlich mache? Ich hab' Verbindungen zur Presse.«

»Dann vernichtet die Maschine sich selbsttätig. Technologisch sind wir relativ weit, weißte ja. Uns kann keiner was.«

Er stakste unsicher zur Tür, das konnte auch vom Alter kommen und nicht vom Alk. Ich rief ihm hinterher: »Wieso denn ein Radiowecker?«

»Unauffällig. Musst immer unterm Radar fliegen.«

Er griff zur Türklinke. »Noch was, es sind 20 Jahre eingestellt, ob vor oder zurück, fällt mir grad nicht ein.«

»Ey, das ist mir aber zu wenig! Ich will hundert Jahre!«

»Musste mit klarkommen.«

Was für ein Abend.

Am nächsten Morgen wurde ich tatsächlich von dem Radiowecker geweckt. Offenbar lief er mit Batterie. Acht Uhr 15, Spock war kein Frühaufsteher. Erfreulicherweise lief *Schwarz zu Blau* von Peter Fox, die beste Berlinhymne des frühen 21. Jahrhunderts. Besser kann man einen neuen Tag in Berlin nicht beginnen.

Guten Morgen Berlin,
du kannst so hässlich sein,
so dreckig und grau.
Du kannst so schön schrecklich sein,
deine Nächte fressen mich auf.

Dieser Text klingt erst mal deprimierend, bis auf das kleine, hier allerdings entscheidende Wort »schön« vor dem »schrecklich«. Der schnelle harte Beat arbeitet gegen den Text, so klingt kein Song, der einen runterziehen wird. Da muss noch was kommen. Aber erst mal kommen die Zeilen:

Überall liegt Scheiße, man muss eigentlich schweben.
Jeder hat 'nen Hund, aber keinen zum Reden.

Als ich das zum ersten Mal hörte, hatte ich keinen Hund, inzwischen schon. Diese Tiere können am frühen Morgen recht lästig sein, weil sie Gassi gehen möchten, besser gesagt, müssen. Erst winseln sie, dann beißen sie dich sanft in den Fuß, und sie sind moralisch im Recht. Wenn du einen Hund hast, darfst du dich von den Nächten nicht auffressen lassen. Berliner Hunde sind selbstbestimmt, fordernd und stark, wie die typische Berlinerin. Jetzt das Finale.

Feierabend für die Straßengangs.
Ein Hooligan liegt 'ner Frau in den Armen und flennt.
Diese Stadt ist eben doch gar nicht so hart, wie du denkst.

Na also. Doch nicht so hart. Ich habe Peter Fox, der eigentlich Pierre Baigorry heißt, mal kennengelernt. Sein Vater ist polnischer Abstammung, die Mutter eine französische Baskin, aufgewachsen in Barcelona. *Schwarz zu Blau* ist 2008 erschienen, also vor mehr als 30 Jahren, falls jetzt das Jahr 2040 war. Die Leute hörten also immer noch gern Oldies.

Meine Wohnung sah unverändert aus, wie beruhigend. Aber als ich mit dem Hund rausging, landete ich in einem anderen Berlin.

Nirgendwo parkten Autos. Gab es die etwa nicht mehr? Unmöglich, nach den paar Jahren. Die Straße war eine Fahrradstraße. Der türkische Späti war weg, der Fischhändler war weg, auch die kanadische Pizzeria gab es nicht mehr. Die Bäckerei war noch da. Ich kannte die Backwarenverkäuferin. Sie war damals ziemlich jung, jetzt waren wir fast gleichaltrig. Sie erkannte mich nicht, wie schade. Das Angebot hatte sich nicht sehr verändert, Pastel de Nata, Waffeln und Dreikornbrötchen gab es immer noch.

Bestimmte Dinge wusste ich nicht mehr. Meine Vergangenheit lag in dichtem Nebel. Wo arbeitete ich, und was? Hatte ich eine Familie? War die Wohnung wirklich noch so wie früher, oder kam es mir nur so vor? An den Hund hatte ich mich sofort erinnert, vielleicht weil er da war.

Ich ging zum Zeitungsladen. Auf dem Weg dorthin bemerkte ich, dass die meisten Räder E-Bikes waren. Die Läden sahen edel aus und teuer. Spätis gab es gar nicht mehr und auch keine Tags an den Wänden. Die Frau, die im Laden verkaufte, musste Amira sein, die Tochter der früheren Betreiber. Zigaretten suchte ich vergeblich. Wahrscheinlich verboten. Ich traute mich nicht zu fragen. Zeitungen gab es noch, aber wenige, und sie kosteten sechs Euro. »Liebhabereditionen«, sagte die Verkäuferin. Ob ich eine Seniorenregistrierung hätte, Ältere bekämen doch Sonderkonditionen. »Wissen Sie das nicht?«

»Ich war lange weg«, sagte ich entschuldigend. Amira sagte dazu nichts, sicher aus Taktgefühl. Vielleicht sah ich nach Knast aus.

»Sie können einen Reader kaufen. Neun neunzig.« Zum Glück hatte ich noch etwas Bargeld. »Das sind alte Euros«, sagte die Frau. »Die Währungsreform haben Sie wohl auch nicht mitgekriegt. Alte Euros sind leider nur dreißig Cent wert. Aber das macht nichts. Sie können mit dem Pupillenscanner zahlen.« Sie hob ein Gerät, das wie ein Handy aussah, und strich mir damit kurz über ein Auge. »Fertig.«

»Hurra, mein Konto gibt es noch.«

»Das ist nicht gesagt. Der Scanner speichert erst mal die Schulden, und das wird vom Bürgergeld abgezogen, beim nächsten Mal. Wenn Sie Geld verdienen, egal wo, egal wie, dann wird das auch automatisch mit den Ausgaben verrechnet. So läuft das heute.«

»Und wenn ich nicht arbeite und auf der Straße lebe?«

»Niemand tut das. Wenn Sie sich in den Park legen, sammelt das Amt Sie ein und Sie werden untergebracht, dann kommt auch automatisch das Bürgergeld, gut, oder? Irgendwann ist der Kredit aber alle, dann gibt es nur noch Essen und Unterkunft. Also, passen Sie auf, was Sie ausgeben.«

»Ich könnte betteln.«

»Oh nein, das ist verboten. Das ist menschenunwürdig. Sie werden eingesammelt, sagte ich doch. Betteln Sie besser nicht.«

Für einen Latte Macchiato würde meine Kreditlinie schon noch reichen. Ich fand ein Bistro, das nicht ganz so schick aussah wie die anderen. Getränke gab es an einem Automaten, der vorher das Auge abtastete. Ich las ein Schild: »Alkohol erst ab 20 Uhr und nicht für Angetrunkene.« Für Spock wäre dieses Universum ungeeignet, das war klar. Das Personal des Bistros bestand aus einem Mann, der neben dem Automaten schweigend auf seinem Stuhl saß und das Geschehen aufmerksam beobachtete, ein Wachmann, dem Typus nach. Der Personalmangel in der Berliner Gastronomie und die unhöflichen Kellner waren Geschichte. Der Kaffee war annehmbar.

Die Männer trugen keine Vollbärte mehr. Stattdessen schienen wieder Schnurrbärte angesagt zu sein. Die Mode erinnerte überhaupt an die Fünfziger-, Sechzigerjahre, Anzüge und Kostüme, viele Hüte. Vintage war Trumpf. Manche schauten sich Hologrammfilme an, die Handlung spielte sich dreidimensional auf den Bistrotischchen ab.

Ich lief Richtung Kottbusser Tor. Dort standen einige niedrige Stadtvillen, die genauso in München-Bogenhausen hätten stehen können, daneben einige sogfältig gegliederte, nicht zu klotzige Wohnanlagen mit Terrassen, auf denen Bäume wuchsen. Eine breite Fahrradstraße führte unter der U-Bahn entlang, die in Berlin manchmal auf Stelzen durch die Stadt gleitet. Alle U-Bahn-Wagen waren neu und fuhren, wie am Bahnhof zu lesen war, so energiesparend, dass ihr monatlicher Strombedarf dem durchschnittlichen Wochenverbrauch eines Toasters aus dem Jahre 2000 entsprach. Die älteren Häuser waren renoviert, im Erdgeschoss gab es verschiedene Ethno-Restaurants, in denen gepflegte schnurrbärtige Männer und Damen mit hochgesteckten Haaren und in Kostümen saßen. Diese Kostüme waren bestimmt fair produziert. Einige Damen trugen Kopftücher. Wenn man den Bahnhof betreten wollte, musste man eine gläserne Barriere überwinden, das ging wieder nur mithilfe eines Augenscans.

Was war in Berlin passiert? Woher dieser Reichtum, wie konnte so vieles sich in so kurzer Zeit verändert haben? Nun gut, das Berlin der Kaiserzeit hatte sich im Laufe von zwanzig Jahren auch stark verändert. Ganze Stadtteile waren um die Jahrhundertwende herum aus dem Boden gestampft worden. Aber wo waren die Armen, die Freaks? Und warum sah man keine Kinder?

Wen sollte ich fragen? Ich fuhr zum Roten Rathaus. Rund um das Rathaus wurde emsig an einem neuen Park gearbeitet, Arbeiter setzten junge Bäume. Im Foyer des Rathauses fand ich, was ich suchte. Es gab immer noch gedruckte Broschüren. In Großschrift und einfacher Sprache allerdings.

Was in Berlin passiert, bestimmt unsere Berliner Regierung. Unsere Regierung wird von unserem Abgeordnetenhaus gewählt. Alle unsere Parteien arbeiten zusammen, denn das ist besser so.

Aha, eine Allparteienkoalition. Hatten sich die Zustände irgendwie zugespitzt? Dazu fand sich in der Broschüre nichts. Doch, hier:

Früher war es nicht so schön in Berlin.
Wir haben Leute entlassen, die nicht gut
gearbeitet haben. Wie haben viel geredet.
Die bösen und dummen Leute sind jetzt alle
weg. Nur noch gute und kluge Leute sind da.
Das Leben in unserer Stadt ist einfach,
gerecht, sauber und schön.

Was genau wollten die damit sagen? Die einfache Sprache kam mir deutlich komplizierter vor als die schwierige Version.

Früher hat es oft Streit gegeben.

Alle Parteien hatten sich, wie ich es verstand, auf je eines ihrer Ziele konzentriert. Die einen auf Ökologie, eine andere auf Wirtschaftsförderung und die Ansiedlung zukunftsträchtiger Unternehmen, wieder eine andere auf Bürokratieabbau und eine Hightech-Verwaltung, wieder eine andere auf das Soziale. Sie versuchten offenbar, sich gegenseitig so wenig wie möglich in die Quere zu kommen. Für Konfliktfälle war ein Schiedsgericht aus Experten zuständig, die als unabhängig galten. Das Bauprogramm wurde über Schulden finanziert. Aber weil die Stadt boomte und die Verwaltungskosten gesunken waren, schien das zu funktionieren.

Über Opposition stand nichts in der Broschüre. Einige Berater der Regierung wurden vorgestellt, etwa ein Drittel stammte aus Singapur.

Ich stieg in eine Bahn ein. Von oben sah man, wie sauber Berlin inzwischen war. Es gab noch mehr Grün als früher, aber wo es früher wild wucherte, sah jetzt alles gepflegt und frisch gemäht aus. An den Kreuzungen standen oft Polizistinnen oder Polizisten, wie zufällig. Ich stieg ein paarmal aus, dabei merkte ich, dass die Stadt sich auch anders anhörte als früher. Kaum noch Gehupe. Auf den größeren Straßen fuhren Autos, sie machten keine Geräusche und waren nicht sehr zahlreich. In einigen von ihnen saß niemand am Steuer, die wurden wohl von einem Computer gelenkt. Die meisten Fahrzeuge gehörten allerdings Lieferfirmen, bei denen gab es noch Fahrer. Taxis waren in den verschiedensten Farben und Größen vorhanden. Das Gleiche galt für die Fahrräder und E-Roller, die sich an den Kreuzungen so stauten wie früher die Autos. Vermutlich musste man für Privatwagen eine Maut zahlen, sie musste teuer sein, sonst hätte es mehr von ihnen gegeben.

Als ich das Liniennetz studierte, fand ich mich nicht gut zurecht. Viele Bahnhöfe trugen neue Namen. Die Station »Afrikanische Straße« hieß inzwischen »Anna-Mugunda-Straße«, die Bismarckstraße war in »Joschka-Fischer-Straße« umbenannt, die »Bülowstraße«, einst einem preußischen General gewidmet, in »Am Alice-Schwarzer-Institut«, der Alexanderplatz in »Platz des Friedens«. Ich erinnerte mich daran, dass Zar Alexander mehrere Kriege geführt und eine Vierzehnjährige geheiratet hatte. Alexander war so was wie der Roman Polanski unter den russischen Zaren. Am Rosenthaler Platz, der immer noch so hieß, nahm ich die U 11, eine Linie, die es vor 20 Jahren nicht gegeben hatte. Ich fuhr Richtung Marzahn, um an der Allee der Kosmonauten auszusteigen. Sie hieß jetzt »Allee der Ökolog*innen«.

Hier sah es anders aus als in Kreuzberg. Die Plattenbauten trugen auf ihren Dächern riesige Sonnenkollektoren, aber die Häuser machten einen ziemlich schäbigen Eindruck, grau und mit Tags bedeckt. Überall parkten Autos, oft ältere Modelle, die ich noch kannte. Auf der Fahrbahn herrschte viel Betrieb und es wurde heftig gehupt. Auf den Bürgersteigen waren fliegende Händler unterwegs, einige trugen vor ihrem Bauch transportable Grills, auf denen Würste lagen. Buden oder Kioske sah ich nirgends. Ich dachte, es sei eine gute Idee, mit dem Hund eine Wurst zu teilen. Der Händler, ein alter Mann mit schlechten Zähnen, verlangte Bargeld, zehn neue Euro. Ich bot 30 alte an. Als wir noch diskutierten, tauchte in der Ferne ein Polizist auf. Der alte Mann erschrak sichtlich und verschwand samt Grill im nächsten Hauseingang.

Irgendwo musste ich jetzt wenigstens einen Kaffee auftreiben und Wasser für den Hund. Ich sah eine Art Kneipe, sie hatte sich zwischen zwei Plattenbauten gequetscht und hieß »Passivist«. Innen sah es aus wie früher. Vergilbte Vorhänge, Tapete, Plastikblumen auf den Tischen, dunkles Holz. Der Passivist war gut gefüllt, das Publikum sehr gemischt. Ein paar Alte, viele Junge, einige redeten türkisch, andere englisch, manche deutsch.

Am Tresen stand eine Frau und füllte Gläser. Sie betrachtete mitleidig meine Geldscheine und meine Garderobe, die für sie bestimmt nach Altkleidersammlung aussah. Dann schenkte sie aus einer Glaskanne Filterkaffee ein und reichte uns eine Schale Wasser.

»Hartes Leben gehabt, wa? Kriegst auch zwei alte Buletten für Fiffi und sein Herrchen. Geht alles aufs Haus.«

Sie hieß Doreen, war um die 50 und aß ganz bestimmt gerne selber Buletten.

»Ich komm aus der Vergangenheit.«

»Das erkennt man sofort, mein Hübscher.«

»Warum sieht es hier so anders aus als am Kottbusser Tor?«

»Wie, anders?«

Ich suchte nach einer Formulierung, die sie nicht kränken würde. »Weniger geleckt.«

»Du bist hier im Reservat.«

Ich erinnerte mich daran, dass vor 20 Jahren Marzahn gerade hip wurde, weil es billiger war. Hip sah es nicht mehr aus.

»Die meisten alten Häuser werden bald abgerissen«, sagte Doreen. »Hier kommen neue Nullenergiebauten hin. Viele sind schon weggezogen. Die, die sich's leisten konnten. Die leeren Wohnungen werden aufgebrochen und besetzt. Wie früher im Osten. Ganze Familien rücken an. Das dulden die.« Mit »die« schien die Regierung gemeint zu sein.

»Wo sollen die Leute denn hin, nach dem Abriss?«

»In Brandenburg entstehen neue Städte. Da kannst du die Mieten bezahlen. Die Verkehrsverbindungen sind besser geworden.«

»Klingt gut.«

»Ich bin mehr der Stadtmensch, Sweetheart. Der Passivist setzt auf den passiven Widerstand.«

»Aber es gab doch Mietbremsen und so was.«

»Wasser sucht sich immer seinen Weg«, sagte Doreen.

»Hier gibt's noch viele Autos. Benziner.«

»Die werden von den Besitzern immer wieder zusammengeflickt. Ersatzteile dürfen nicht mehr produziert werden. Es ist ein bisschen so wie früher in Havanna.«

Doreen musterte den Hund. »Pass auf mit Fiffi. Der hat keine Marke. Wenn ein Bulle das sieht, wird dir der Hund abgenommen und an eine A-plus-Familie vermittelt.«

»A plus?«

»Leute, die sich immer an die Spielregeln halten.«

»Ganz schön hart.«

»Diese Stadt«, sagte Doreen, »ist härter, als du denkst. Berlin kann so schön schrecklich sein.« Sie zündete sich eine Zigarette an.

»Aber Rauchen ist erlaubt.«

»Kommt drauf an, was. Ich hab' Monate gebraucht, um mich nach der Legalisierung auf Dope umzustellen. Marlboros kriegst du nur noch als illegale Importware. Die dauernden Nikotin-Razzien der Gesundheitsliga haben genervt.«

Ich sah mich um. Fast alle Gäste rauchten plötzlich Joints. Sie waren nicht selbstgerollt, sondern sahen aus wie Zigaretten.

»Ab 18 Uhr Feuer frei«, sagte Doreen. »Da sind sie streng. Ab 18 Uhr hat ganz Berlin gute Laune. Sonntags ohne Limit. Sonntags wird ja auch gewählt.«

»Die Verwaltung funktioniert.«

»Aber hallo.«

Ich wollte nach Hause. Aber eine Frage musste ich noch loswerden. »Man sieht keine Kinder.«

»Die sind alle von 8 bis 18 Uhr in Krippen, Kitas oder Schulen. Das ist Vorschrift. Die werden nämlich zu besseren Menschen erzogen, als wir zwei es sind. Dafür wird gesorgt.«

»Und die Babys?«

»Krippe ab der vierten Woche, Honey. Mutti und Vati dürfen nur am Wochenende ran, und nur, falls sie mindestens B plus sind.«

Als ich am nächsten Morgen aufwachte, spielte der Radiowecker ein Lied, das ich seit Ewigkeiten nicht gehört hatte. Es lief offenbar schon eine ganze Weile, die Sängerin war bereits bei der letzten Strophe angelangt.

Berliner sind sehr höflich. Ein Herr trat neulich mal
Einer Dame auf die Schleppe. Im Foyer war'n Mordsskandal.
»Können Sie nicht sehn, Sie Ochse!«
»Ja«, sagt der Herr, »ich kann's,
Aber warum haben Sie olle Kuh
So einen langen Schwanz?«
Wer schmeißt denn da mit Lehm,
Der sollte sich was schäm'!
Der sollte auch was ander's nehm'
Als ausgerechnet Lehm.

Claire Waldoff, wer sonst, der Berliner Superstar der Zwanzigerjahre. Ihre Stimme klang eher wie das Krächzen eines kranken
Vogels, also ähnlich wie die von Bob Dylan. Man erkennt beide
immerhin sofort. Hits hießen »Nach meene Beene is ja janz
Berlin verrückt« und »Hermann heester«. Trotz ihrer hetero-
normativen Texte war Waldoff relativ offen lesbisch. Begraben
lag sie in Stuttgart. Der Damenklub »Pyramide«, in dem sie und
die lasterhafte Tänzerin Anita Berger in den Zwanziger- und
frühen Dreißigerjahren verkehrten, womöglich sogar Marlene
Dietrich, befand sich in Schöneberg, Schwerinstraße 13. Ich hätte gestern auf dem Stadtplan nachschauen sollen, dachte ich,
was aus der Claire-Waldoff-Straße geworden ist, ob sie die auch
umbenannt haben. Claire Waldoff hat sich mit den Nazis halbwegs arrangiert, 1942 ist sie in Paris sogar zum Amüsemang
deutscher Soldaten aufgetreten.

Zum Glück waren zu Hause noch Cornflakes, H-Milch und
genug Hundefutter vorrätig. Das Verfallsdatum musste, nach
all den Jahren, längst verstrichen sein. Ich beschloss, ein stein-
hartes altes Brot zu toasten. Der Toaster schien kaputt zu sein.
Als ich im Bad das Licht anschalten wollte, merkte ich, dass es
keinen Strom gab. Der Wecker hatte eine Batterie aus Spocks
Welt, die funktionierte sicher zehntausend Jahre lang.

Ich ärgerte mich, weil ich immer noch nicht wusste, wie
ich dieses Ding einstellen oder steuern konnte. Spock hatte gesagt, dass ich es schon rauskriegen werde, dann war er schnell
abgerauscht. Aber ich konnte kein einziges Stellschräubchen
finden. Wurde die Maschine etwa mit dem Gehirn gesteuert?
Die Menschen der Zukunft waren eine Art Götter geworden,
Spocks Worte. Am liebsten wäre ich wieder in diesem unan-
genehmen Singapur-Verschnitt aufgewacht, nur, um mehr
darüber zu erfahren. Eine innere Stimme sagte mir, dass ich
woanders war.

Ich stand in der Haustür und traute meinen Augen nicht.

Die meisten Schaufenster waren mit Sperrholzplatten vernagelt. Ein Betrunkener lag vor dem Hauseingang und verbreitete interessante Duftnoten, der Hund beschnupperte ihn begeistert. Die Bäckerei war jetzt ein Nagelstudio. Der einstige Späti hieß »Club Manila«. Ich machte mich auf den Weg zum Kottbusser Tor. Die Müllberge waren das Erste, was auffiel, das Zweite die zahlreichen Katzen, die im Müll herumstöberten, große und kräftige Tiere. Sicher jagten sie Ratten. Ich fragte mich, wo die Dealer geblieben waren. Dann sah ich sie. Am Straßenrand parkten große schwere Wagen, die Modelle kannte ich nicht, einige davon waren golden lackiert. Die Seitenscheiben waren undurchsichtig. Neben jedem Wagen stand ein kräftiger Mann in Anzug. Wenn ein Kunde sich näherte, öffnete er die Tür.

Ich ging in den Bahnhof. Die Rolltreppe, die ich von früher kannte, war herausgerissen worden, man sah nackten Beton, das Absperrband hing zerfleddert herum. Auf der Betonschräge lagerten Jugendliche, einige tranken Bier, andere schliefen. Auch der Kartenautomat war kaputt. Unauffällig musterte ich die Wartenden, die bereits dicht an dicht standen. Parkas waren wieder modern. Viele Klamotten sahen aber so aus, als hätten ihre Besitzer sie aus einem Sammelcontainer gefischt. Die meisten Leute hier hatten wenig Geld, so viel war klar. Es wurde nicht viel geredet.

Als der Zug einfuhr und bremste, war ein kreischendes Geräusch zu hören, Funken sprühten. Die Wagen gehörten noch zu einer der Baureihen, die ich kannte. Sie waren alle überfüllt. Fast niemand konnte einsteigen.

Als der Zug ruckelnd wieder anfuhr, stieg aus der Menge ein gedämpftes Murren auf. Füße scharrten, manche der Älteren setzten sich auf den Boden, von den Sitzbänken war nur das Metallgerüst übrig. Ich fragte eine Frau nach dem nächsten Zug, Fahrpläne waren nirgends zu sehen. 30 Minuten. Eine Bettlerin auf Krücken kam auf mich zu. »Ich habe nur alte Euros«, sagte ich. Sie verstand nicht, was ich meinte. Ich gab ihr zwei Euro. »Das reicht nicht. Gib zehn.«

Ein paar Kinder mussten uns beobachtet haben. Sie kamen von allen Seiten und wurden immer mehr. Sie riefen: »Gib mir auch was«, »Ey, Mann, ich hab' Hunger« oder »Money, Money, Mister«, ich spürte Hände, die an mir zupften oder versuchten, mir in die Taschen zu greifen. Der Hund verkroch sich zwischen meinen Beinen.

Ich riss mich mit aller Kraft los und rannte mit dem Hund Richtung Ausgang. Die Kinder verfolgten mich nicht. Als ich mich umdrehte, sah ich, dass der Schwarm sich auf die Frau mit den Krücken gestürzt hatte, die in ihrer linken Faust das Zwei-Euro-Stück hielt. Mit der rechten Hand versuchte sie, die Kinder von sich wegzustoßen, aber es waren zu viele.

Ich beschloss, in Richtung Mitte zu laufen.

Nach und nach wurde die Gegend wohlhabender. Ich sah Hotels, einige kannte ich noch, und ein paar schick renovierte Häuser, die Fenster im Erdgeschoss und im Hochparterre waren vergittert. Vor den Häusern standen Männer und Frauen in Uniform, sie sahen nach privaten Wachdiensten aus. Sie waren bewaffnet. Hier war wohl einiges schiefgelaufen.

Der Weg zum Alexanderplatz war mir zu weit, wie ich bald spürte. Es gab noch Leihfahrräder, aber sie standen jetzt in Stahlkäfigen. Der Vermieter verlangte meinen Ausweis und gab ihn mir nach einem kurzen Blick zurück. Abgelaufen. Ich winkte nach einem Taxi. Die Taxis waren auffällig bunt und mit Tags verziert, meines trug außerdem die schon etwas verblasste Aufschrift »Be Berlin«. Als Ziel gab ich die Schloßstraße an, Charlottenburg. In dieser Gegend hatte ich mal gewohnt, nicht weit vom Lietzensee. In der Schloßstraße lebte lange mein Freund Michael, über einer Kneipe, die »Kastanie« hieß. Am Ernst-Reuter-Platz war eine Barriere aus Betonblöcken und

Stacheldraht aufgebaut. Sie wurde von Soldaten bewacht. Ein Soldat musterte mich. »Wo wollen Sie hin?«

Ich nannte meine alte Adresse, die mir zum Glück noch einfiel. Er besah meinen Ausweis. »Ich lebe schon lange im Ausland«, sagte ich vorsorglich, »deshalb hab' ich das Verlängern vergessen. Der Pass liegt im Hotel.«

»In Ihrem Alter werden Sie hoffentlich keine Dummheiten machen. Sie sind Kategorie B.«

Er bat mich auszusteigen. Dann bückte er sich und legte mir ein elastisches Band um den Knöchel. Ich hörte, wie der Verschluss klickte. »Wir finden Sie. Ausreise um spätestens 24 Uhr. Andernfalls könnte es Ärger geben.«

In Charlottenburg sah Berlin noch so aus, wie ich es kannte. Gründerzeitbauten, Vorgärten, Restaurants, ein breiter begrünter Mittelstreifen, auf dem Boule gespielt wurde.

Die »Kastanie« hieß jetzt »Alt Petersburg«. Ich las die Namen auf dem Klingelschild. Sie klangen russisch und chinesisch, einige skandinavisch oder arabisch. Dann entdeckte ich Michaels Namen.

Ich klingelte.

Es dauerte lange, bis er die Tür öffnete. Er ging mühsam, seine Haare waren weiß. Natürlich, er war jetzt zwanzig Jahre älter als ich. Es dauerte eine Weile, bis er mich erkannte. »Du siehst ja topfit aus im Vergleich zu mir.«

»Yoga.«

»Wo hast du so lange gesteckt?«

»Südamerika.«

Er lachte. Es dauerte immer nur wenige Minuten, bis wir wieder auf der alten Schiene waren, auch diesmal. Michael war vor Jahren zurück nach Berlin gezogen, weil seine Rente nicht reichte und ein alter Freund ihm eine Hausmeisterstelle besorgt hatte, die von der Verwaltung mit einer sehr billigen Wohnung honoriert wurde. Es war ausgerechnet seine alte

Zweizimmerwohnung, fast original. Die Verwaltung würde ihn rauswerfen, wenn er das Fegen, den Vorgarten und das Treppenputzen nicht mehr schaffte, und das würde bald sein. Aber er hatte eine Freundin, die erst süße 70 war und ihm half.

»Wie bist du angereist?«

»Geflogen.«

Er lachte wieder. »Du hat einen Privatjet?«

Der Flughafen befand sich seit Jahren in Reparatur. Die alten Probleme mit dem Brandschutz und der Entrauchung waren einige Zeit nach der Eröffnung wieder aufgetaucht, aber die Regierung hatte das vertuscht, anfangs erfolgreich. Sie hofften, das Problem still und heimlich lösen zu können. Dann hatte ein Arbeiter vergessen, sein Lötgerät auszuschalten. Der Brand brach glücklicherweise mitten in der Nacht aus, niemand starb, aber vom stolzen Airport BER war nicht mehr viel übrig. Das Feuer war sogar aus dem Weltall zu sehen und in seiner weltweiten medialen Strahlkraft nur mit dem Brand der Kathedrale Notre Dame zu vergleichen. Die Frage, wer für diese Katastrophe letztlich verantwortlich war, wurde nie geklärt.

»Tegel war bereits geschlossen. Es gibt in Berlin seit Jahren keinen Flughafen mehr. Die Züge sind ja auch sehr unzuverlässig. Sie stecken angeblich eine Milliarde nach der anderen in die Bahn, aber es tut sich nicht viel.«

»Es sind doch Touristen in der Stadt.«

»Und ob. Die Chinesen lieben es, ab Frankfurt das Taxi und dann ab Potsdam eine Pferdekutsche zu nehmen. Berlin erinnert sie an das China ihrer Großeltern. Auch, weil die Kanalisation oft überläuft, das ist für die eine olfaktorische Zeitreise. Und außerhalb der Zone sieht es fast aus wie auf den Bildern von Zille oder wie in den Twenties, Claire Waldoff. Es gibt Lokale, die angeblich illegal sind, wo du trinken und kiffen und sonst was machen darfst. Die Touristen lieben Berlin.«

»Was ist die Zone?«

»Das sagt man so. Offiziell heißt es ›innerstädtische Sondergebiete‹. Im Grunde haben sie Teile der Stadt aufgegeben. Außerhalb der Zone funktioniert fast nichts. Nicht mal die Stromversorgung. Die Zone funktioniert perfekt. Da gibt es alles. Ein paar wohlhabende Bezirke, Zehlendorf, Charlottenburg, Kladow und so, sind beinahe autonom. Die Leute bohren Brunnen und zapfen zum Heizen die Erdwärme an. Sie bezahlen Wachdienste, die alle Zufahrten kontrollieren, das ist nicht legal, aber es wird geduldet. Angeblich gibt es sogar Privatgefängnisse und private Gerichte. Darüber öffentlich zu reden, ist tabu.«

»Berlin bleibt duldsam.«

»In jeder Richtung. Sie wissen, dass sie ihre letzten Steuerzahler nicht verlieren dürfen.«

»Es hat doch vor 20 Jahren noch ganz gut ausgesehen. Lauter Start-ups.«

»Schwer zu sagen, was der entscheidende Faktor war. Klar, die Wirtschaftskrise in den 2020er-Jahren hat viele Firmen in die Pleite getrieben, Corona und so weiter. Das Know-how für die neuen Branchen lassen die Chinesen sich teuer bezahlen. Seit wir zur neuen Seidenstraße gehören, produzieren wir immerhin den billigen Tinnef, für den die Chinesen sich inzwischen zu fein sind. Den Mindestlohn musste die Regierung aber kräftig senken.«

»Das Große bleibt groß nicht und klein nicht das Kleine. Der Tourismus scheint noch zu laufen.«

»Ja, für die Touris ist alles schön billig. Der eklige Berliner Winter dauert keine Ewigkeit mehr, die Sommer sind dafür länger. Das Flussbad hat Saison bis Anfang Oktober, geh ruhig mal hin, leider ist der Eintritt zu teuer für unsereins.«

»Wie hat dieser Niedergang angefangen? Was ist passiert?«

»Berlin war halb kaputtgespart. Als sie kapiert haben, dass man damit zu weit gegangen ist, war auf einmal wirklich kein

Geld mehr da. Wirtschaftskrise. Sie mussten Schulden machen, um überhaupt nur das Nötigste zu finanzieren. Dann plötzlich wieder die hohen Zinsen. Sie hätten vielleicht Prioritäten setzen müssen, dazu hatte niemand den Mut. Jeder hat nur noch für seine spezielle Klientel gekämpft. Du musst die Familie bedienen, verstehst du? Es ist wie bei den Clans. Wir werden von Clans regiert. Das Flussbad gehört denen auch. Die Parteien haben nur Jasager hochkommen lassen. Uns haben sie verachtet.«

»Uns?«

»Leute, die nicht zur Familie gehören.«

»Gibt es keinen Widerstand?«

»Das ist gar nicht so einfach. Beim Betreten der Zone hast du bestimmt das Sicherheitsmodul bekommen. Das ist dieses Band um den Knöchel. Kannst übrigens damit duschen und baden.«

Michael zog eines seiner Hosenbeine hoch.

»Ich trage es auch. Man sagt, dass sie damit alles abhören. Mir ist das egal. Alte und Kinder bekommen es angeblich zur Sicherheit, um sie zu finden, falls sie sich verirrt haben, und zur Gesundheitskontrolle. Berufstätige kriegen das Band, damit sie die Erholungspausen einhalten und nicht zu unerlaubten Überstunden genötigt werden können. Frauen haben es, damit sie nicht belästigt werden, das Modul meldet Stress und Panik. Für jeden gibt es einen Grund, der human und plausibel klingt. Touristen müssen es nur tragen, falls ihr Hotel außerhalb der Zone liegt oder falls sie so unterfinanziert aussehen wie du. Natürlich auch wieder wegen der Sicherheit.«

Irgendwann erzählte ich von Spock. Irgendwann beschlossen wir, uns irgendwo irgendwie wiederzutreffen. Um 23 Uhr 55 passierte ich die Kontrollstelle.

Zu Hause schlief ich sofort ein, nachdem ich dem Hund die letzte Ration aus dem Vorratsschrank gegeben hatte.

Graue Häuser, ein Junkie im Tran,
es riecht nach Oliven und Majoran.
Zum Kanal an Ruinen vorbei,
dahinten das Büro der Partei.
Auf dem Gehweg Hundekot,
ich trink Kaffee im Morgenrot.

Der Oldiesender brachte Annette Humpe und ihre Band Ideal. Was war nun das wieder für ein Omen? Diesmal führte jedenfalls kein Weg zurück. Das hier war meine dritte Station. Die letzte. Hier musste ich bleiben für den Rest meiner Jahre.

Im Zeitungskiosk stand wieder lächelnd Amira. Es gab noch Zeitungen, obwohl ein paar vertraute Titel fehlten, mein Geld wurde auch akzeptiert. Ich sah neue Läden, aber auch ein paar, die ich kannte. Der Betreiber der kanadischen Pizzeria musste inzwischen schon ein wenig hüftsteif sein.

Ich lief durch das Viertel und suchte nach einem Ort, um mal wieder in Ruhe mein altes Blatt studieren zu können und dazu einen Cappuccino zu trinken. Die Zeitung hatte sich optisch verändert, das Format war jetzt etwas kleiner, die Buchstaben dafür größer. Ein paar Autorennamen sagten mir noch etwas.

Im Lokalteil stand etwas über die langen Wartezeiten an der BER-Gepäckausgabe. Bis zu drei Stunden, die Reisenden tobten und drohten mit Klagen. Die Wirtschaftssenatorin hatte eine Pressekonferenz gegeben, mit dem Kernsatz: »Berlin wird noch besser.« Der ADAC protestierte dagegen, dass für die neuen Lufttaxis weitere Parkplätze verschwinden sollten. In Schöneberg hatten Unbekannte zum ersten Mal ein Lufttaxi angezündet. Die Regierende Bürgermeisterin wurde kritisiert, weil sie bei ihrer Russlandreise eine Schachtel mit Blattgold verzierter Pralinen gegessen hatte, Geschenk des Moskauer Bürgermeisters, ohne sich dies vorher genehmigen zu lassen.

In Köpenick war eine neu erbaute Schule kurz vor der Eröffnung bis zum zweiten Stock in dem überraschenderweise sumpfigen Gelände versunken. Es gab Probleme mit dem neuen Berlinslogan »Berlin – The Big Easy«, weil angeblich schon irgendwelche Amis die Rechte an diesem Spruch besaßen. Die weltberühmten Coffeeshops im Görlitzer Park sollten geschlossen werden, wegen der klimaschädlichen Rauchemissionen. Die Dealer und ihre Kunden demonstrierten deshalb heute, erwartet wurden 30 000 Demonstranten. Beim Flussbad ging es nicht vorwärts, und das Tempelhofer Feld war versteppt. Es sollte nun entweder mit hitzeresistenten Bäumen bepflanzt oder mit Wohnungen bebaut werden, die Meinungen wogten hin und her, offenbar seit Jahren.

Eigentlich war alles wie immer.

Es war Mittag. Ich zahlte den Cappuccino und ging ins Novo. Nichts, absolut nichts hatte sich dort geändert, nicht mal die Handschrift auf der Kreidetafel mit den Drinks des Tages. Nein, doch etwas. An der Decke drehte sich gemächlich ein Ventilator und sorgte für eine leichte Brise. Die meisten Gäste waren jetzt um die 80. Meine Hoffnung erfüllte sich. Spock saß im Rollstuhl, aber es gab ihn noch. Seine dürren Beine zitterten leicht in ihren Shorts.

»Warum bist du nicht bei der Kifferdemo? Gehörst doch zur Zielgruppe.«

Er hielt ein krummes, erloschenes Etwas in der Hand, das schwer nach einem von gichtiger Greisenhand gerollten Joint aussah.

»Die Bullen werden das Verbot so oder so nicht umsetzen. Wir sind in Berlin, nicht in diesem scheiß Vulkanien.«

Seine spitzen Ohren waren deutlich zu sehen. Hier irritierte das niemanden. Er hatte mich sofort erkannt. »Wie war dein Trip?«

»Ein bisschen enttäuschend.«

»Der Wecker liest deine Wünsche. Stell dir einen Computer vor, der speichert, was du gern anklickst. Du steuerst ihn, ohne es zu merken. Manchmal hat man die falschen Wünsche. Am Ende landest du da, wo du wirklich hinwolltest. Ich dachte mir schon, dass du zurückkommst.«

»In dieses Chaos?«

»Manchmal«, sagte Spock, »ist das, was man hat, eben das Beste, was man kriegen kann.«

13

Evaluation

Die Autoren fragen sich, ob sie alles richtig gemacht haben,
und üben Selbstkritik.

LM: Sag mal, Harald, gibt es eigentlich etwas, das du gut findest an Berlin?

HM: Das ist natürlich die Frage, mit der wir uns auseinanderzusetzen haben. Kurze Antwort: ja, natürlich. Ich finde die Stadt als solche gut, und jetzt müssten wieder die Klischees aneinandergereiht werden, Kultur, viel Wasser, aufregend, Stadtluft macht frei und so weiter. Wir hacken ja nicht auf dieser unvergleichlichen Stadt herum, der besten in Deutschland, weil es wirklich die einzige Weltstadt ist – ups, wieder ein Klischee. Wir kritisieren nicht die Basis, sondern den Überbau, hier spricht der Exmarxist. Aber wenn ein Buch fertig ist, fragt man sich, was wohl die Kritiker sagen werden. Und genau das wird der Vorwurf sein, Berlin kommt bei uns zu schlecht weg. Wir sind zu motzig. Na ja, wir sind eben typisch Berlin. Das wäre meine Verteidigungsstrategie gegen diese Kritik. Frage an dich: Würdest du heute, ganz abgesehen vom Job, noch mal nach Berlin ziehen? Was hält dich hier? Der Job, wie gesagt, ist kein Argument.

LM: Das Beste an Berlin ist doch: Man muss nie wegziehen, um etwas Neues zu erleben. Berlin verändert sich in einem solchen Tempo, dass man in einem Leben gleich mehrere Städte kennenlernt. Wenn einem eine davon nicht gefällt, wartet man eben auf die nächste. Es kommen immer wieder neue Leute mit neuen Ideen, es gibt immer wieder etwas zu entdecken, meistens viel früher als in München, Hamburg, Frankfurt oder Köln. Langweilig wird's jedenfalls nie. Und dann ist Berlin für mich nach so vielen Jahren auch Heimat geworden, mit Freunden und Familie.

HM: Letzteres würde natürlich auch in Osnabrück passieren, wenn man da lange genug gelebt hat.

LM: Berlin ist mir total vertraut, und trotzdem entdecke ich immer wieder neue Orte, und dann denke ich: Wow, meine Stadt. Manchmal fahre ich nachts mit dem Fahrrad herum, am Gendarmenmarkt vorbei, durch die Oranienstraße, weiter zur Spree, und bin einfach glücklich. Was ich mir noch wünschen würde: dass Berlin am Meer liegt. Aber das kommt ja vielleicht auch irgendwann noch. Und was die Kritiker betrifft: Wenn die aus Berlin sind, werden sie natürlich motzen über das Buch! Alles andere wäre eine echte Enttäuschung. Oder ist das mit dem Gemecker vielleicht auch nur so ein Klischee, dem sich alle, also auch wir, irgendwie anzupassen versuchen?

HM: Dieses Fahrradgefühl kenne ich auch. Und wenn ich etwas an den Grünen loben kann, dann fällt mir, als einer von sogar mehreren Punkten, ihr Kampf für mehr und bessere Fahrradwege ein. Sie sollten halt nicht im Zickzack verlaufen, diese lustige Panne ist in Berlin ja mal passiert. Berlin hat auch dieses wunderbare Drumherum, in London oder Paris fährst du ewig durch eine hässliche Suburbia, bevor was Grünes kommt. Wir hatten mal eine Laube in Gatow, das Berliner Laubenleben ist auch etwas Schönes, die bizarren Aspekte dieser Lebensform kann man in einem Buch von Wladimir Kaminer nachlesen. Leider verschwinden immer mehr Laubenkolonien, unsere wurde in eine hässliche und teure Villenkolonie verwandelt.

LM: Ein klarer Fall von »Not in my backyard«. Baut überall, nur nicht da, wo es mich stört.

HM: Oha, voll erwischt. Manchmal sind diese Klagen berechtigt, manchmal nicht. Es ist halt schade, dass Berlin oft sehr unsensibel mit den Schätzen umgeht, die es hat. Wieso steht »Clärchens Ballhaus« nicht unter Denkmalschutz? Wieso werden die historischen Gaslaternen, von denen Berlin angeblich noch mehr hatte als jede andere Stadt in Europa, nach und nach durch moderne Leuchten ersetzt? Überall sonst würde man mit so etwas Reklame machen, vielleicht bauen die Chinesen ja demnächst eine Altberliner Straße mit Gaslaternen nach ...

LM: ... und irgendwann ist Berlin so normal wie alle anderen Städte.

HM: Wäre schade. Ich habe vor ein paar Monaten eine Titelgeschichte im *Stern* gelesen. Es ging darum, dass in Deutschland so wenig klappt. Umständliche Verwaltung, lange Bauzeiten, Anschluss in der Forschung an Zukunftstechnologien verloren, dito beim Bildungssystem et cetera. Das hat mich alles an Berlin erinnert, und ich habe mich gefragt, ob die Berliner Probleme wirklich Berliner Probleme sind. Oder ob sich hier, eigentlich nahe liegend für eine Hauptstadt, einfach nur allgemein deutsche Probleme in besonderer Zuspitzung darbieten. Was ist das Spezifische an Berlin?

LM: Ich glaube, der Grad an organisierter Unzuständigkeit ist in Berlin einmalig. Und das muss irgendwie ansteckend sein, die Urberliner sind ja hier eine Minderheit. Das fängt beim Regierenden Bürgermeister an, der nur über eine eingeschränkte Richtlinienkompetenz verfügt, und geht runter bis zum Verwaltungsangestellten, alle finden auf allen Ebenen irgendjemanden, der für Probleme ein kleines bisschen zuständiger ist als sie selbst. Aber wenn ihnen jemand reinreden will oder, noch schlimmer, einen Verbesserungsvorschlag macht, dann wird das wegen Kompetenzüberschreitung zurückgewiesen, aus Prinzip. Es sind also alle ein bisschen zuständig, und damit ist es niemand so richtig. Das meiste, was funktioniert, funktioniert nicht wegen, sondern trotz Politik und Verwaltung.

HM: Aber das hat ja auch etwas Gutes, oder?

LM: Na klar, es begründet einen großen Berlin-Mythos: Die Stadt wirkt weniger streng, irgendwie freier, liberaler. Aber es kippt halt auch immer wieder in persönliche und politische Formen der Verwahrlosung um, und deswegen ist Berlin auch härter als andere Städte. Oder siehst du das anders?

HM: Große Städte sind meistens hart. Wer Idylle will, muss aufs Dorf, oder mindestens nach Zehlendorf. Berlin hat auch weiche Knautschzonen, denk an Lübars.

LM: Frohnau!

HM: In Berlin sehe ich, neben der organisierten Unzuständigkeit, noch ein paar weitere Besonderheiten. Die New Yorker und die Pariser sind stolz auf ihre Stadt, das kann bis zur Arroganz gehen. Die Berliner sind viel unsicherer, die fühlen sich oft klein, und das macht sie manchmal zu aggressiven Angstbeißern. Um großzügig und gelassen und cool zu sein, muss man in sich ruhen. Berlin hat diese besondere Geschichte, die aus Diktaturerfahrungen, Terror, Krieg besteht, das merkt man bis heute. Die Stadt besteht nicht nur aus diesem sehr abwechslungsreichen Flickenteppich aus total verschiedenen Bezirken und Vierteln, sie besteht auch aus einem Flickenteppich aus Milieus, die nicht viel miteinander zu tun haben und oft auch nicht viel voneinander halten. Du kannst hier nicht nur in deinem Viertel leben wie in einem Dorf, du kannst auch in deinem Milieu leben, ohne es jemals wirklich zu verlassen. In kleineren Städten ginge das nicht so leicht. Was in Berlin fehlt, ist eine gemeinsame Identität, ein Bürgersinn, ein gemeinsames Projekt, ein Wir-Gefühl, nenne es, wie du willst. Das war ja die Berlin-These von Karl Scheffler in seinem berühmten Berlin-Buch von 1910, und sie stimmt immer noch, finde ich.

LM: Insofern schließt sich der Kreis.

HM: Das Verwaltungschaos bildet diesen Geist der Stadt perfekt ab, jeder ist sich selbst der Nächste, auch jede Verwaltungsinstanz denkt vor allem daran, selbst gut aus der jeweiligen Sache herauszukommen. Das zu lösende Problem ist dabei relativ egal. Wenn dir die Stadt egal ist, wenn dir die Menschen, die nicht zu deiner Peergroup gehören, egal sind, ist es natürlich sinnvoll, so zu handeln. Nicht mal die einzelnen Parteien haben ein gemeinsames Projekt, pausenlos Intrigen, Macht- und Flügelkämpfe. Vielleicht übertreibe ich.

LM: Macht nichts, übertreiben ist ja die Stärke von Berlin. Unter »Welthauptstadt des Universums« machen wir es hier nicht. Dabei ist das, was du beschreibst, ja eigentlich ein Meta-Dorf: lauter kleine, rebellische Einheiten, die zufällig hinter demselben Stadtschild siedeln. Die große Frage ist: Stimmt das überhaupt? Schotten sich die Gesellschaften in anderen Städten nicht viel mehr voneinander ab? Um in Hamburg als Hamburger anerkannt zu werden, muss der Stammbaum schon ziemlich tief wurzeln.

HM: In München muss man auch so reden können wie ein Münchner und Bier trinken.

LM: In Berlin reicht es, einmal an der richtigen Stelle »Schnauze!« zu sagen. Hier mischen sich die Szenen doch total. Hier triffst du den Manager, der dir morgens bei einer Pressekonferenz sein neustes Luxuswohnprojekt präsentiert hat, abends in einem linken Laden beim Konzert einer japanischen Underground-Band mit dem Bier in der Hand wieder. Die verschiedenen Communitys haben ihre Treffpunkte, aber ihre Mitglieder oder Angehörigen leben überall in der Stadt. Hier wird viel weniger Wert darauf gelegt, wie jemand aussieht oder wo jemand herkommt, hier ist viel wichtiger, was jemand kann oder will. Klar, es gibt Ausnahmen, die Straßenkreuzung vor der linksradikalen Hochburg in der Rigaer Straße wird ja nicht ohne Grund von den Aktivisten ohne jede Ironie »Dorfplatz« genannt. Aber ansonsten erwächst doch gerade aus der Verschiedenheit im Miteinander die Identität, die du vermisst. Das ist der eigentliche Kern des Freiheitsbegriffs dieser Stadt, um mal ein bisschen pathetisch zu werden. Oder meinst du, das ist die große Lebenslüge Berlins?

HM: Das ist jedenfalls eine sehr romantische Sichtweise. Dass an der Ampel die Drag Queen neben dem AfD-wählenden Reinickendorfer Hartz-IV-Empfänger steht, dann gehen beide natürlich bei Rot und werden gemeinsam vom Neffen eines homophoben Clanchefs in seinem Porsche überfahren, anschließend kommen sie ins selbe Krankenhaus und kriegen beide handfest Streit mit der behandelnden Ärztin, die aus Ecuador stammt und an Jesus glaubt, ja, das ist denkbar. Ob das schon eine Identität aus der Verschiedenheit stiftet? Diese Stadt hat einen Freiheitsbegriff, der vor allem die Freiheit der Gleichgesinnten und Gleichlebenden meint. Im Alltag funktioniert es meistens so halbwegs, das stimmt. Jedenfalls ist der Berlin-Mythos stark genug, um weltweit zu wirken, die Jugend der Welt glaubt an Berlin. Warum klaffen Selbstwahrnehmung und Fremdwahrnehmung bei Berlin so weit auseinander wie bei einem Psychiatriepatienten, der sich für ein Kaninchen hält, während er in Wirklichkeit ein promovierter Sinologe ist?

LM: Na ja, in Berlin ist es eher andersherum. Aber wenn man sich die Hymnen anhört, die anderswo auf Berlin gesungen werden, dann möchte man sich wirklich nicht vorstellen, wie es dort wohl aussieht. Es ist ja auch kaum zu fassen, was so alles über Berlin geschrieben wird, da erkennt man die eigene Stadt nicht wieder. Wir zwängen uns in übervolle Busse, quälen uns durch den Schienenersatzverkehr, lernen immer neue Arten von Betriebsstörungen bei der S-Bahn kennen, und dann steht in der Londoner *Times*: »Excellent public transport.«

HM: Wenn alles fahren würde und nix kaputt wäre, würd's beinahe stimmen.

LM: Wir erleben stark steigende Mieten und Wohnungspreise, spüren den Druck von Immobilienspekulanten, fürchten, uns die eigene Stadt nicht mehr leisten zu können, und bekommen gesagt: »Berlin is very affordable«.

HM: Im Vergleich zu London und Paris stimmt das ebenfalls.

LM: Wir wissen nicht, wohin mit den Kindern, stehen vor gesperrten Spielplätzen, hören, dass stadtweit 500 davon demoliert sind, und lesen in der *New York Times*: »Berlin is a playground paradise.«

HM: Verdammt, das stimmt ja auch, es gibt viele Playgrounds. Sie sind halt nur öfter mal gesperrt, dafür haben die Kneipen keine Sperrstunde. Ob man das abwechselnd machen könnte – an den geraden Tagen haben alle Spielplätze unbegrenzt offen und an den ungeraden die Kneipen?

LM: Wir stolpern über wild abgestellten Sperrmüll, lesen von Rattenalarm in heruntergekommenen Häusern, erkennen unter Tonnen von Tüten, Pappen und Flaschen nach den Wochenenden unsere Parks nicht wieder, und ausgerechnet New Yorks Ex-Sheriff Rudy Giuliani sagt: »Berlin is a very tidy city.« Da fragt man sich ja schon, wer hier die Wahrnehmungsstörung hat.

HM: Und man stellt radikal das eigene, womöglich viel zu positive Bild infrage, das man selbst bisher von New York hatte. In Wahrheit ist das vielleicht ein von rassistischen Kopfgeldjägern regiertes Straflager. Oder von Zürich, dem Armenhaus Europas, oder von Barcelona, seinen Bewohnern als Heimat des Rumpelfußballs und der verdorbenen Fischgerichte verhasst. Ach, es ist schon schön in Berlin, sogar Kritikusse wie wir finden hier ihr Auskommen, in Moskau müssten wir unter den Augen der Polizei Schnee schippen. Wenn ich einen Wunsch an die Berliner Politik frei hätte, nur einen einzigen, dann hieße er: mehr Ehrgeiz. Bringt doch mal wieder was richtig Tolles, Neues heraus, ein spektakulär schönes oder irres Bauwerk meinetwegen. Das größte Riesenrad der Welt! Ach so, das Riesenrad wurde ja bereits in Auftrag gegeben, das Geld der Investoren ist leider zum Teil in der Karibik verschwunden. Warum nicht endlich eine Städtepartnerschaft mit einer karibischen Metropole, wo da schon so viel Kohle aus Berlin hingeflossen ist. Was wäre dein Wunsch an Berlin, Lorenz?

LM: Berlin sollte nicht von seinem Erfolg verdorben werden.

HM: Wie Britney Spears zum Beispiel, deren Konzerte sollen stark nachgelassen haben, bei Madonna ebenfalls. Das Gegenmodell wäre dann wohl Bob Dylan, der von seinem Erfolg völlig unbeeindruckt zu sein scheint, sogar der Nobelpreis ist ihm egal. Auch seine Kritiker sind Bob Dylan egal. Das hieße doch aber, dass Berlin bleiben soll, wie es ist.

LM: Irgendwie schon. Das klingt seltsam, weil wir viel über Misserfolge erzählt haben, aber unter dem Strich ist Berlin trotzdem eine der weltweit attraktivsten Städte.

HM: Das heißt, wir finden uns ab?

LM: Das heißt, wir kritisieren, was kritisiert werden muss, und erfreuen uns an dem großen Rest, der großartig ist ...

HM: ... und über den wir vielleicht zu wenig geschrieben haben.

LM: Das wäre dann ein anderes Buch. Hundert Lobreden auf Berlin, von denen, sagen wir mal ...

HM: ... dreißig ...

LM: ... neunundneunzig rechtzeitig fertig wurden.

Quellen

Kapitel 1

Clauss, Ullrich, und Niemeyer, Maren: »Wie die DDR im ›Burgfrieden‹ unterging«, *Die Welt*, 09.11.1999

Eulenburg, Albert: »Nervenhygiene in der Großstadt«, *Die Woche*, 4. Jg., Nr. 9/10, 01.03.1902

Fahrun, Joachim: »Wie dem Berliner Olympia-Bärchen das Grinsen verging«, *Berliner Morgenpost*, 04.02.2007

Maroldt, Lorenz: »Berliner Koalition: Die verprasste Chance«, *Der Tagesspiegel*, 11.01.2002

Matthes, Günter: *Menschen, Macht und Meinung. Betrachtungen eines Journalisten aus vier Jahrzehnten.* Argon Verlag, Berlin 1990

Meyer, Michael: »Der ungeplante Mauerfall«, in: *Projektbeschreibung »Anhalter Straße 7«*, Deutschlandfunk (Erstsendung am 07.11.2019), www.competitionline.com/de/projekte/69197 (23.04.2018)

Berlin – Schicksalsjahre einer Stadt, rbb, 1996

Rutschky, Michael: *Erfahrungshunger. Ein Essay über die siebziger Jahre.* Kiepenheuer & Witsch, Köln 1980

Spannagel, Lars: »Berlin verändert das Gehirn«, *Der Tagesspiegel*, 15.01.2018

»Wie Angela Merkel den Mauerfall fast verschwitzte«, *www.sueddeutsche.de/Politik*, 17.05.2010

Kapitel 2

Bezirksamt Friedrichshain-Kreuzberg: *Handlungskonzept Görlitzer Park*, Mai 2016

Finanzverwaltung: *Vorlage über Außenstände an den Hauptausschuss*, 2016.

Fischer, Joschka: »Emotional bin ich in Frankfurt hängengeblieben«, *Frankfurter Allgemeine Zeitung*, 28.09.2017

Garrelts, Nantke: »Das Rollkofferkommando«, *Der Tagesspiegel*, 19.08.2017

Gürgen, Malene: »Wie hältst du‹s mit dem Kapitalismus?«, *die tageszeitung*, 04.10.2017

Hasselmann, Jörn: »Der Wonnemonat begann friedlich«, *Der Tagesspiegel*, 02.05.2017

Institut der deutschen Wirtschaft: *Hauptstädte in Europa*, 11.10.2017

Koch-Klaucke, Norbert: »Hebammenmangel: Elterninitiative rät Schwangeren von Berlin-Besuchen ab«, *Berliner Zeitung*, 11.07.2017

Loy, Thomas: »Computerpanne: Softwarefirma weist Schuld zurück«, *Der Tagesspiegel*, 04.11.2016

Scheffler, Karl: *Berlin. Ein Stadtschicksal* (1910), Suhrkamp, Frankfurt/Main 2015

Schriftliche Anfrage zum Krankenstand bei Polizei, Feuerwehr und Verwaltung IV von Marcel Luthe (FDP), Drucksache 18/21738 (25.11.2019)

Schriftliche Anfrage zum Ausfall der Rolltreppe am U-Bahnhof Brandenburger Tor von Stephan Schmidt (CDU), Drucksache 18/11193 (04.05.2017)

Schmidl, Karin: »Friedrichshain-Kreuzberg: Grüne suchen zwei neue Stadträte«, *Berliner Zeitung*, 27.11.2016

Villinger, Christoph: »Szenen einer Staatspartei«, *die tageszeitung*, 18.11.2016

Vogt, Sylvia/Vieth-Entus, Susanne: »Schulen sind nicht feuerfest«, *Der Tagesspiegel*, 17.02.2017

Wedekind, Olaf: »Ein bisschen Porno ist okay: Polizeischüler wird Beamter«, *B.Z.*, 19.02.2017

Zuschriften von LeserInnen an *Tagesspiegel Checkpoint*

Kapitel 3

Alberti, Stefan: »Banken-Skandal: Berlin kann den Schirm zuklappen«, *die tageszeitung*, 13.11.2018

Anker, Jens/ Jahn, Olaf: »Wer tötete den Aubis-Kronzeugen?«, *Die Welt*, 03.05.2002

van Bebber, Werner: »In Berlin hat der Filz Tradition«, *Der Tagesspiegel*, 20.03.2016

Betschka, Julius: »Die Akte Florian Schmidt«, *Der Tagesspiegel*, 21.01.2020

»Anklage gegen Sarrazin und Strieder«, *Der Spiegel*, 14.09.2004

»Bettgeflüster«, *Der Spiegel*, 10.05.1965

»Der Paulus von Potsdam«, *Der Spiegel*, 26.06.1997

»Er war eben kaputt«, *Der Spiegel*, 30.09.1974

»Kopf hinhalten. Finanzaffäre erschüttert den Berliner Senat«, *Der Spiegel*, 15.12.1980

»Nichts weiter an«, *Der Spiegel*, 27.09.1971

»Die Schnaps-Idee«, *Der Spiegel*, 03.03.1986

»Volle Deckung. Star-Architekt Garski wieder in Haft«, *Der Spiegel*, 17.12.1984

»Schüsse in der Tiefgarage«, *Der Tagesspiegel*, 28.09.2005

Heidtmann, Jan: »In Kreuzberg laufen die Sachen anders«, *Süddeutsche Zeitung*, 23.01.2020

Kimmel, Elke: *West-Berlin, Biographie einer Halbstadt*. Christoph Links Verlag, Berlin 2018

Kirschey, Peter: »Schwein Oscar trägt eine gewisse Mitschuld. Aufstieg und Fall der Irene Moessinger«, *neues deutschland*, 08.01.2008

Martenstein, Harald: »Mit den Waffen einer Frau«, *Der Tagesspiegel*, 17.05.1998

Matthies, Bernd: »Der Mann aus dem Sumpf«, *Der Tagesspiegel*, 22.08.2003

Matthies, Bernd: »Sumpfiges Ende einer Ära«, *Der Tagesspiegel*, 12.01.2006

Moessinger, Irene: *Berlin liegt am Meer*. Kiepenheuer & Witsch, Köln 2018

Nawross, Joachim: »Im Wüstensand versickert«, *Die Zeit*, 09.01.1981

Peter, Erik: »Kommunisten auf Shoppingtour«, *die tageszeitung*, 12.08.2019

Rietzschel, Antonie: »Partypolizei aus Berlin wird vom G-20-Einsatz zurückgeschickt«, *Süddeutsche Zeitung*, 27.06.2017

Rose, Mathew D.: *Berlin, Hauptstadt von Filz und Korruption.* Droemer Knaur, München 1997

Rose, Mathew D.: *Eine ehrenwerte Gesellschaft. Die Berliner Bankgesellschaft.* Transit Verlag, Berlin 2003

Sontheimer, Michael: »Berliner Sumpf: Strieders letzte Tage«, *Der Spiegel*, 06.04.2004

Sontheimer, Michael: »Das ist der Berliner Sumpf«, *Die Zeit*, 31.01.1986

Sontheimer, Michael: »Ein Mann von mittlerer Größe«, *die tageszeitung*, 04.11.2019

Stark, Holger: »Die Macht der Netze«, *Der Tagesspiegel*, 30.12.2000

»Polizei: Es wurde getrunken, getanzt, gepinkelt und, ja, scheinbar auch gebumst«, www.stern.de (22.06.2017)

»Paar hatte angeblich Sex auf Cheops-Pyramide«, *www.stern.de* (10.12.2018)

»G-20-Einsatz: Keine Strafe für Berliner Party-Polizisten«, *www.welt.de* (05.07.2018)

Zawatka-Gerlach, Ulrich: »Klaus Landowsky juristisch rehabilitiert«, *Der Tagesspiegel*, 05.01.2015

Zawatka-Gerlach, Ulrich: »Die Kosten belasten Berlin noch heute«, *Der Tagesspiegel*, 10.02.2011

Zawatka-Gerlach, Ulrich: »Senat lehnt Volksbegehren gegen den Bankenskandal ab«, *Der Tagesspiegel*, 03.02.2004

Kapitel 4

Görke, André: »Debatte um Stadionhymne«, *Der Tagesspiegel*, 26.08.2018

Hasselmann, Jörn: »Bilanz der Silvesternacht in Berlin«, *Der Tagesspiegel*, 01.01.2020

Ide, Robert: »Ein sehr großes Familientreffen«, *Der Tagesspiegel*, 20.12.2019

Priefer, Carsten/Lamprecht, Roberto: »Frank Zander wütet gegen neue Stadion-Hymne«, *B.Z.*, 27.08.2018

Theweleit, Klaus: *Männerphantasien.* 2 Bände. Roter Stern/Stroemfeld, Frankfurt/Main, Basel 1977/1978

Twitteraccount »polizeiberlin«

www.bvg.de/weilwirdichlieben

www.frank-zander.de

Kapitel 5

Abendschau (rbb): Sendung vom 05.09.2019

Bauer, Katja: »Kreuzberger Mischung de luxe«, *Stuttgarter Zeitung*, 26.08.2011

Biedermann, Jochen (@derjochen), Tweet am 21.02.2018, 13:57 Uhr, twitter.com/derjochen/status/966295818507571200

Breher, Nina: »Viele Senatoren wollen sich die Finger nicht verbrennen«, *Der Tagesspiegel*, 22.10.2019

Freiberger, Harald/Radomsky, Stephan: »Keine Immobilien mehr an Ausländer? So einfach ist das nicht«, *Süddeutsche Zeitung*, 27.08.2018

Grossmann, Eric: »Getting to Know Berlin, Germany's Capital of Cool«, Mansion Global, www.mansionglobal.com/articles/getting-to-know-berlin-germany-s-capital-of-cool-122419

www.eBay.de, Anzeige 110 834 3 091

Hipp, Ann-Kathrin: »Sind Sie ein echter Berliner?«, *Der Tagesspiegel*, 22.09.2019

Högl, Eva/Wegner, Kilian/Zado, Julian: »Berlin könnte eine eigene Mietpreisregulierung einführen«, *Der Tagesspiegel*, 18. 01. 2019

»Karl Lagerfeld zieht es nach Hause«, *Stuttgarter Zeitung*, 07. 12. 2017

Kwasniewski, Nicolai/Seibt, Philipp: »Die Miet-Gewinnmaschine«, *Der Spiegel*, 19. 11. 2018

Lehmann, Hendrik/Liebetrau, Niklas: »›Wir müssen uns davon verabschieden, dass Berlin für alle bezahlbar bleibt‹. Interview mit Carsten Brückner«, *Der Tagesspiegel*, 23. 11. 2018

Leister, Annika: »Stephan von Dassel über Straßenstrich in Berlin: ›Wohnmobile wären eine Möglichkeit‹«, *Berliner Zeitung*, 23. 09. 2019

Leitbild-Dokumentation der Stadt Berlin: »Berlin bleibt anders« (April/Mai 2019)

Mallwitz, Gudrun: »Mehr Schäden durch Wildschweine«, *Berliner Morgenpost*, 23. 03. 2018

»Mann pinkelt von Jannowitzbrücke auf Schiff«, *Der Tagesspiegel*, 21. 06. 2019

Maroldt, Lorenz: »Friedrichshain-Kreuzberg ist nicht in Sherwood Forest«, *Der Tagesspiegel*, 19. 01. 2020

Rada, Uwe: »›Ich benutze Geschichte wie einen Spiegel‹. Interview mit Paul Spies«, *die tageszeitung*, 26. 10. 2017

Renner, Tim (@rennersen): Tweet am 21. 09. 2018, 11.07 Uhr, *twitter.com/rennersen/status/1043064191752515586*

Rosendahl, Iris: »›Musik ist kein Lärm! Berlin entwickelt sich zu Schwabylon‹«, *B.Z.*, 08. 06. 2019

Rövekamp, Marie: »›Ein Umzug wäre der Anfang vom Sterben‹«, *Der Tagesspiegel*, 15. 01. 2019

Schmidt, Florian: »Schäumende Kräfte«, Facebook-Eintrag (11. 08. 2019), www.facebook.com/florian.schmidt.33449/posts/10219194528192379

Schönball, Ralf: »Eine Vision für das Berlin von 2050«, *Der Tagesspiegel*, 13. 10. 2017

Schriftliche Anfrage zur Bestandsbewirtschaftung der Deutschen Wohnen von Gabriele Gottwald (Die Linke) und Harald Gindra (Die Linke), Drucksache 18/17662 (25. 01. 2019)

Schröter, Tilman: »Kiezkneipe ›Meuterei‹ solidarisiert sich mit CDU«, *Der Tagesspiegel*, 20. 01. 2020

www.immobilienscout24.de, Anzeige von Dendom Real Estate, 04. 04. 2019

www.wunderflats.com/de

www.humboldtforum.org/de

Zawatka-Gerlach, Ulrich: »Wirksames Instrument gegen Leerstand«, *Der Tagesspiegel*, 24. 05. 2019

Zuschriften von LeserInnen an *Tagesspiegel Checkpoint*

Kapitel 6

Abbou, Daniel: »›Alles kommt raus‹«, *prmagazin*, April 2016

»›Entweder das Ding fliegt oder ich fliege‹«, *Süddeutsche Zeitung*, 14. 01. 2013

Appenzeller, Gerd: »Die Schmierenkomödie um den Flughafen BER«, *Der Tagesspiegel*, 09. 05. 2012

Anzeige einer Zahnarztpraxis, *BER aktuell*, Oktober 2017

»BER-Chef Lütke Daldrup: ›Ein Flughafen ist nie fertig‹«, *B.Z.*, 19.05.2017

Bobke-von Camen, Manfred/Lütke Daldrup, Engelbert: »In unserer Region. Auf ein Wort«, *Nachbarn. Wir in der Flughafenregion*, September 2018

»Bund glaubt an BER-Eröffnung 2018«, *die tageszeitung*, 17.03.2017

Der Postillon (@Der_Postillon): Tweet am 08.10.2019, 15:14 Uhr, twitter.com/der_postillon/status/1181588559435894786

»Der Regierende Müller zum BER: ›Es kann auch 2018 sein‹«, *B.Z.*, 03.12.2016

Fahrun, Joachim: »Ex-Technik-Chef: ›Beim BER geht es nicht um Fertigstellung‹«, *Berliner Morgenpost*, 16.02.2019

Fahrun, Joachim/Mallwitz, Gudrun: »Zu spät, zu klein, zu teuer – Plan B für den BER gefordert«, *Berliner Morgenpost*, 23.09.2015

Faulenbach da Costa, Dieter: Mail an *Tagesspiegel Checkpoint*

»Flughafen übergibt Wildpferde an Gemeinde«, *Berliner Morgenpost*, 28.10.2019

Flughafengesellschaft Berlin-Brandenburg: Newsletter-Werbung (18.09.2017)

Fröhlich, Alexander: »Druck auf BER-Chef wegen Eröffnungsdatum wächst«, *Der Tagesspiegel*, 13.04.2019

Görke, André: »›Ein Flughafen sollte 24 Stunden offen sein‹«, *Der Tagesspiegel*, 09.03.2014

»›Ich akzeptiere es nicht, wenn die Welt über diese Baustelle lacht‹«, *Handelsblatt*, 27.04.2018

Klesse, Anne: »Es geht um Verantwortung«, *Rotary Magazin*, 01.07.2018

Kosing, Alfred/Dörge, Rolf (u. a.): *Weltall, Erde, Mensch: ein Sammelwerk zur Entwicklungsgeschichte von Natur und Gesellschaft*. Verlag Neues Leben, Berlin 1971

Kurpjuweit, Klaus »Der Flughafen muss zum TÜV«, *Der Tagesspiegel*, 25.11.2011

Laudenbach, Peter: »Bumm! Interview mit Dieter Faulenbach da Costa«, *brand eins*, Januar 2018

Maroldt, Lorenz: »›Jeden Tag mehr Vertrauen in das Gelingen‹. Interview mit Engelbert Lütke Daldrup«, *Tagesspiegel Checkpoint*, 07.03.2020

Maroldt, Lorenz: »Mehdorn im Anflug. Veteranentreff im BER-Ausschuss«, *Der Tagesspiegel*, 23.11.2018

Meck, Georg: »Die Lufthansa rät: BER abreißen!«, *Frankfurter Allgemeine Zeitung*, 17.03.2018

Metzner, Thorsten: »Wird die BER-Eröffnung schon wieder verschoben?«, *Der Tagesspiegel*, 17.11.2018

Metzner, Thorsten: »›Wir planen doch keine Mondlandung‹«, *Der Tagesspiegel*, 22.01.2017

Metzner, Thorsten: »So verdienen die Firmen am BER-Desaster«, *Der Tagesspiegel*, 23.11.2017

Metzner, Thorsten: »Am BER hilft nun sogar der Klimawandel«, *Der Tagesspiegel*, 11.03.2016

Metzner, Thorsten: »›Nicht so viel quatschen über den BER – das Ding fertig bauen‹«, *Der Tagesspiegel*, 11.01.2016

Mitteilung des Sprechers der Flughafen Berlin Brandenburg GmbH Hannes Hönemann an *Tagesspiegel Checkpoint*

Münster, Justus: o.T., *BER aktuell*, November 2017

Neumann, Peter: »›Der schlimmste Flughafen, den ich jemals besucht habe‹«, *Berliner Zeitung*, 09.01.2020

Neumann, Peter: »BER: Flughafenkoordinator Lütke Daldrup im Interview darüber, wie der BER zu retten ist«, *Berliner Zeitung*, 09.06.2016

Persönliche Einladung zur Eröffnung des Flughafens Berlin-Brandenburg am 03.06.2012

Pressekonferenz 08.05.2012 zur Verschiebung der Eröffnung des Flughafens Berlin-Brandenburg am 03.06.2012, *www.youtube.com/watch?v=IpUzuL9Cry0*

Pressemitteilung der Flughafen Berlin Brandenburg GmbH: »BBI Airport: a unique, historic opportunity for Berlin and Brandenburg« (09.03.11)

rbb|24 (@rbb24): Tweet am 12.02.1018, 16.47 Uhr, *twitter.com/rbb24/status/963077194875658240*

Solms, Viktoria: »Am BER sind auch noch 1063 Bäume falsch gepflanzt worden«, *Berliner Morgenpost*, 09.01.2013

Tagesschau20Jahre (@TagesschauVor20): Tweet am 03.08.2019, 23 Uhr, twitter.com/TagesschauVor20/status/1157758112507617280

Tagesspiegel Checkpoint, 24.11.2014

Thiko: »Mit einem Augenzwinkern: Flughafen Leipzig stichelt in Berlin gegen den BER«, *Leipziger Volkszeitung*, 03.03.2019

Törne, Lars von: »Hartmut Mehdorn: ›Wir werden fertiger und fertiger‹«, *Der Tagesspiegel*, 05.06.2014

Verkehrsinformationszentrale Berlin: »Aktuelles« am 25.06.2018

»›Wir eröffnen im zweiten Halbjahr 2017‹. BER-Chef Karsten Mühlenfeld beim Business Breakfast«, www.vbki.de/wir-er%C3%B6ffnen-im-zweiten-halbjahr-2017

»Wowereits wohlwollende Worte«, *Der Tagesspiegel*, 08.01.2013

Wolff, Jochen: »Berlins Bürgermeister: ›Der BER eröffnet 2020. Hoffe ich‹«, *SUPERillu*, 04.04.2019

Zawatka-Gerlach, Ulrich: »Erinnerungslücken bei Ex-Aufsichtsrat Frank Henkel«, *Der Tagesspiegel*, 07.06.2019

Zuschrift eines Lesers an *Tagesspiegel Checkpoint*

Kapitel 7

Abendschau (rbb), 09.01.2018

Beikler, Sabine: »Berliner CDU will keine Begegnungszonen mehr«, *Der Tagesspiegel*, 13.06.2017

Beikler, Sabine: »Der grüne Trump von Kreuzberg«, *Der Tagesspiegel*, 02.10.2019

Benn, Sören: »Bürgermeister vom Prenzlauer Berg antwortet Dobrindt«, *Die Welt*, 06.01.2018

»Berlin Liveticker« der *B.Z.*: »›Deutschland ist nicht der Prenzlauer Berg‹« (07.10.2019)

Berliner Zeitung, Facebook-Post am 05.07.2019, www.facebook.com/berlinerzeitung/photos/a.149351328412133/335771822757541 1/?type=3&theater

Bezirksamt Lichtenberg, »Zahlen und Fakten«, www.berlin.de/ba-lichtenberg/ueber-den-bezirk/zahlen-und-fakten/

Dassler, Sandra: »Geschlossene Gesellschaft plant Feier zum DDR-Geburtstag«, *Der Tagesspiegel*, 10.10.2019

Hauptstadtportal »Berlin.de«
zum Bezirk Lichtenberg,
www.berlin.de/special/
immobilien-und-wohnen/
stadtteile/903811-768874.gallery.
html?page=1

Haak, Sebastian: »Die Legende vom
Massenmörder«, *Leipziger
Volkszeitung*, 22.02.2019

Henning, Ulrike: »Henriette Lustig«,
www.FemBio.de

Hofmann, Laura: »Mittes Bürger-
meister kann sich Sex-Boxen am
Tempelhofer Damm vorstellen«,
Der Tagesspiegel, 19.07.2019

Hofmann, Laura: »Von Dassel
findet das Humboldt-Forum
›grausig‹ – zumindest architek-
tonisch«, *Tagesspiegel Leute Mitte*,
09.01.2019

Ide, Robert (@ichgruessesie):
Tweet am 06.11.2017, 01.17 Uhr,
twitter.com/ichgruessesie/
status/927328981908623360

Kleine, Claudia: »Moskau an
der Spree«, *Der Tagesspiegel*,
14.06.2018

Leister, Annika: »Stephan von Dassel
über Straßenstrich in Berlin:
›Wohnmobile wären eine Möglichkeit‹«, *Berliner Zeitung*, 23.09.2019

Liebert, Juliane: »›Es leben inzwi-
schen sehr viele unangenehme
Menschen hier.‹ Interview mit
Rammstein-Keyboarder Flake«,
Süddeutsche Zeitung, 22.01.2018

Manning, James: »The 50 Coolest
Neighbourhoods in the World«,
Time Out, 17.09.2019

Maroldt, Lorenz/Zawatka-Gerlach,
Ulrich: »Den Regierenden Bürger-
meister ärgert ein Halteverbot«,
Der Tagesspiegel, 14.07.2017

Martenstein, Harald: »Ratlos in Reinickendorf«, In: *Der Tagesspiegel*,
29.07.2007

Matthies, Bernd: »Berlin bereitet
Kopfschmerzen«, *Der Tagesspiegel*,
05.09.2018

Matthies, Bernd: »Der schlaue
Möbelpacker«, *Der Tagesspiegel*,
21.08.2014

PM Deutsche Bahn: »Hier sorgt
auch ›Teufel‹ für Sicherheit.
Neue S-Bahnwache Ostkreuz«

Salmen, Ingo: »›Wir brauchen festen
Belag auf allen Straßen‹«,
Der Tagesspiegel, 15.12.2018

Stark, Florian: »So starb der größte
Serienmörder der Geschichte«,
Die Welt, 13.08.2018

Tagesschau (ARD), 25.09.2017

Tourismusportal »VisitBerlin.de«
zur Rummelsburger Hafenküche,
www.visitberlin.de/de/
hafenkueche-rummelsburg

Veranstaltungsreihe »Müller vor Ort«
des Regierenden Bürgermeistes
von Berlin

Zuschriften von LeserInnen an
Tagesspiegel Checkpoint

Kapitel 8

Appenzeller, Gerd: »So könnte die
Zukunft Tegels aussehen«, *Der
Tagesspiegel*, 07.11.2018

Auer, Kristina: »Radweg nach
Nirgendwo«, *Prenzlauer Berg Nachrichten*, 03.01.2019

Auflistung der Störungen im Berliner
Nahverkehr: Internetpräsenz der
Berliner S-Bahn, Zuschriften von
LeserInnen an *Tagesspiegel Check-
point*, Tweets und Facebookposts,
Content der BVG-Kampagne,
Tagesspiegel »Berliner Liste«

BVG-Kampagne »Weil wir dich lieben«: Facebook-Post »Achtung, Verwechslungsgefahr!«, 12.07.2017, www.facebook.com/weilwirdichlieben/photos/a.755913324503852/1383875458374299/?type=3&theater

Hasselmann, Jörg: »Rechtsabbiegender Lkw tötet Radfahrerin«, *Der Tagesspiegel*, 24.01.2018

Kiesel, Robert: »›Wir möchten, dass die Menschen ihr Auto abschaffen‹«, *Der Tagesspiegel*, 28.02.2019

Kleine Anfrage »Sogenannte ›Bier-Bikes‹ in Friedrichshain-Kreuzberg« von Pascal Striebel (Die Grünen), SA/189/V (21.05.2018)

Koalitionsvereinbarung zwischen Sozialdemokratische Partei Deutschlands (SPD) Landesverband Berlin und DIE LINKE Landesverband Berlin und BÜNDNIS 90/ Die Grünen Landesverband Berlin für die Legislaturperiode 2016–2021, S. 42

Öffentliche Ausschreibung PPrBln 199_19 EU

Täubert, Katja (@KatjaTaeubert), Tweet am 18.08.2018, 08.46 Uhr, twitter.com/KatjaTaeubert/status/1030707562348535808

»Visit Berlin: ›Bierbikes und Junggesellenabschiede sind grauenhaft‹«, RBB Inforadio, 31.01.2018

Rosendahl, Iris: »Hollywood-Held Hugh Jackman sieht Rot – und radelt weiter«, *B.Z.*, 15.05.2019

Schriftliche Anfrage zu Grünphasen von Lichtsignalanlagen und Fußgängerstrategie von Franziska Becker (SPD), Drucksache 18/20982 (08.09.2019)

Schriftliche Anfrage »1 Jahr Mobilitätsgesetz – Zur Umsetzung des Berliner Mobilitätsgesetzes (XII): ›Jeht wat mit dem Radverkehr in Berlin‹?« von Sven Kohlmeier (SPD), Drucksache 18/20992 (15.08.2019)

Schriftliche Anfrage »1 Jahr Mobilitätsgesetz – Zur Umsetzung des Berliner Mobilitätsgesetzes (VI) – Fahrradabstellanlagen: ›Jeht wat mit dem Radverkehr in Berlin‹?« von Sven Kohlmeier (SPD), Drucksache 18/20254 (15.07.2019)

Schriftliche Anfrage »Verrichtungsboxen, eine Alternative zum Straßenstrich?« von Katrin Vogel (CDU), Drucksache 18/20104 (01.07.2019)

Schriftliche Anfrage zur Fußverkehrsstrategie des Berliner Senats von Kristian Ronneburg (Die Linke), Drucksache 18/17041 (12.11.2018)

Schriftliche Anfrage zur Trennung von Ampelphasen von Andreas Statzkowski (CDU), Drucksache 18/16915 (30.10.18)

Schubert, Thomas: »Tempo 10 in Pankow. Polizei kapituliert vor Rasern«, *Berliner Morgenpost*, 14.12.2019

Weil wir dich lieben (@BVG_Kampagne): Tweet am 03.01.2018, 13:46 Uhr, twitter.com/bvg_kampagne/status/948535975700987905

Willard, Paul (@pwillard72): Tweet am 22.02.2018, 20.40 Uhr, twitter.com/pwillard72/status/966759648295604229

»Wir bitten um Entschuldigungen«: Durchsage der S-Bahn im Bahnhof Zoo (06.07.2017)

Zawatka-Gerlach, Ulrich: »Warum die Verkehrslenkung Berlin aufgelöst wird«, *Der Tagesspiegel*, 08.11.2018

Zitate der BusfahrerInnen: Zuschriften von LeserInnen an *Tagesspiegel
Checkpoint*, Tweets und Facebook-
posts, Content der BVG-Kampagne, *Tagesspiegel* »Berliner Liste«

Kapitel 9

Brief des Landgerichtspräsidiums
an die Justizverwaltung
(Oktober 2017)
»Das ist das neue Anti-Terror-Pan-
zerfahrzeug der Berliner Polizei«,
B.Z., 14.11.2018
Fröhlich, Alexander: »Note Mangel-
haft für Berliner Polizeischule«,
Der Tagesspiegel, 24.06.2018
»Hausbesetzungswetter«,
die tageszeitung, 01.10.2019
Huld, Sebastian: »Lieber nicht in
die Shisha-Bar«, *Der Tagesspiegel*,
13.10.2018
Jacobs, Stefan: »Kein gefährlicher
Eingriff in den Straßenverkehr«,
Der Tagesspiegel, 19.02.2018
Jost, Bruno: Abschlussbericht des
Sonderbeauftragten des Senats für
die Aufklärung des Handelns der
Berliner Behörden im Fall Amri,
10.10.2017
Kensche, Christine: »Wie Berliner
Autonome ihren Nachbarn das
Leben zur Hölle machen«,
Die Welt, 26.08.2018
Kraetzer, Ulrich/Nejezchleba, Martin:
»Gewalt an der Rigaer 94 hat einen
neuen Höhepunkt erreicht«, *Berli-
ner Morgenpost*, 27.08.2019
La femme qui rit (@tikerscherk):
Tweet am 04.10.2019, 18.55
Uhr, twitter.com/tikerscherk/
status/1180164455461769216
Liveblog zur Eröffnung der
69. Berlinale.

Mai, Dominik: »Künstler Scott
Holmquist fordert Denkmal für
afrikanische Drogendealer in
Berlin-Kreuzberg«, *Berliner
Zeitung*, 13.07.2016
Markus Lanz (ZDF), Interview mit
Ralph Knispel (03.07.2019)
Müller-Neuhof, Jost: »Polizisten
könnten künftig kleiner werden«,
Der Tagesspiegel, 18.10.2017
Nowak, Peter: »Pupsegal!«,
die tageszeitung, 06.09.2017
Piontek, Helena: »Berliner Drogen-
fahnder ernten 525 Pflanzen – auf
Landesgrundstück«,
Der Tagesspiegel, 05.07.2019
Salmen, Ingo: »So marode ist
die Biesdorfer Polizeiwache«,
Tagesspiegel Leute Marzahn-Hellers-
dorf, 14.01.2020
Schriftliche Anfrage zu Nebentätig-
keiten der Polizeikräfte von Marcel
Luthe (FDP), Drucksache 18/
11782 (12.07.2017)
Seyfried, Gerhard: *Freakadellen
und Bulletten*, Edition Ahrend &
Wegner, Bonn 1979
www.tagesspiegel.de/kultur/
berlinale-2019-die-69-berlinale-
ist-eroeffnet/23954814.html
(07.02.2019)

Kapitel 10

Álvarez, Sonja/Dassler, Sandra/
Hönike, Christian: »Bis zu 5000
Euro Bußgeld für Schafgriller von
Friedrichshain«, *Der Tagesspiegel*,
09.05.2018
Antrag der Jusos für den Parteitag im
November 2017
Backes, Julia: »Auf dieses Gerät
wartet Berlin seit Tagen,
Wochen, Monaten, Jahren«, *B.Z.*,
03.07.2018

Becker, Peter von: »Wie mir Berlin mal einen Radparkplatz verkaufen wollte«, *Der Tagesspiegel*, 11.11.2018

Beikler, Sabine/Hoffmann, Kevin P./Hubschmid, Maris: »Bewerbung beim Land Berlin ›dauert immer sehr lang‹«, *Der Tagesspiegel*, 19.10.2017

Bericht aus dem Bezirksamt Tempelhof-Schöneberg an den BVV-Verkehrsausschuss von Stadträtin Christiane Heiß (März 2017)

Berliner Straßengesetz, § 11 Abs. 2

Bezirksamt Mitte (@BA_Mitte_Berlin): Tweet am 10.09.2019, 10.26 Uhr, twitter.com/BA_Mitte_Berlin/status/1171339240980058112

Brühl, Caroline: »Schuttcontainer: Bezirk zeigt sich beim Rechnungshof an«, *Berliner Morgenpost*, 06.03.2019

BVV Friedrichshain-Kreuzberg, Drucksache DS/0738/V

Carsten, Andreas (@papamachtdas): Tweet am 09.04.2019, 16.08 Uhr, twitter.com/Papamachtdas/status/1115617380913295360

Fleischhauer, Jan: »Das Venezuela Deutschlands«, *Der Spiegel*, 16.08.2018

Görke, André: »Bauarbeiten erst 2020? Frust am Heerstraßen-Radweg«, *Tagesspiegel Leute* Spandau, 07.05.2019

Hofmann, Laura: »Solche Weicheier sollten nicht über Berlin urteilen!«, *Der Tagesspiegel*, 08.09.2018

Internetpräsenz von Slogan Werbung Marketing Consulting GmbH, www.slogans.de (Zugriff 09.04.2019)

Jericho, Dirk: »Dildo-Logo ist nicht sexistisch: Mitte hat jetzt eine Werbejury«, *Berliner Woche*, 08.03.2018

Kiesel, Robert/Vieth-Entus, Susanne: »Wir sind technisch kurz hinter der Karteikarte«, *Der Tagesspiegel*, 06.04.2020

Kleine Anfrage »Anfrage zur Anfrage zu Anfragen« von Katharina Mayer (Die Linke), 0520/V (21.12.2018)

Kleine Anfrage zu Bauschuttcontainern im Bezirk von Pascal Tschörtner (FDP), 0281/5 (15.06.2018)

Kleine Anfrage zu Ausnahmegenehmigung für Schankvorgärten von Roland Schröder (SPD), KA-0140/VIII (21.06.2017)

Leitbild-Dokumentation der Stadt Berlin: »Berlin bleibt anders« (April/Mai 2019)

Liveblog zur Eröffnung der 68. Berlinale, www.tagesspiegel.de/kultur/liveblog-zur-berlinale-die-trauen-sich-was/20969214.html (15.02.2018)

Markus Lanz (ZDF), Interview mit Michael Müller (18.09.2019)

Martenstein, Harald: »Was ist Ihre sexuelle Orientierung?«, *Der Tagesspiegel*, 17.09.2017

Mitteilung des Bezirksamts Mitte zum Start der Jury für die Bestimmung diskriminierender Werbung (März 2018)

Neff, Benedict: »Die Katastrophe der Deutschen Bahn – und warum die Deutschen den Zustand ihres Landes an der Klimaanlage ablesen«, *Neue Zürcher Zeitung*, 24.08.2018

Nittel, Michael: »Kunstrasenplatz-Posse«, *Berliner Woche*, 26.08.2019

Poschardt, Ulf: »Is' mir egal«, *Die Welt*, 21.08.2018

Pressekonferenz Jahresbilanz Senat mit Michael Müller, Ramona Pop, Klaus Lederer (27.11.2017)

Reuter, Ernst: o.T., *Der Tagesspiegel*, 12.11.1947

Schriftliche Anfrage zur Förderung des Fußverkehrs von Kristian Ronneburg (Die Linke), Drucksache 18/17538 (16.01.2019)

Schriftliche Anfrage zur Umgestaltung des Nollendorfplatzes von Frank Zimmermann (SPD), Drucksache 18/15291 (07.06.2018)

Schriftliche Anfrage zur Ampelanlage Heiligenseestraße/Konradshöher Straße von Stephan Schmidt (CDU), Drucksache 18/12234 (06.09.2017)

Schriftliche Anfrage zur Durchsetzung von Leinenzwang für Hunde in den Müggelheimer Forsten II von Tom Schreiber (SPD), Drucksache 18/12048 (24.07.2017)

Schriftliche Mitteilung der Verkehrsverwaltung zum Dieselfahrverbot in der Leipziger Straße an Tagesspiegel Checkpoint (13.12.2019)

Schubert, Thomas: »Anwohner lassen den Gleimtunnel sperren«, *Berliner Morgenpost*, 09.01.2019

Schulze, Tobias (@Tobias_Schulze): Tweet am 19.02.2019, 15.38 Uhr, twitter.com/Tobias_Schulze/status/1097868029004791808

Stewart, Rachel: »Berlin: 9 Reasons Why the German Capital City Isn't Very German At All«, *Deutsche Welle*, www.dw.com/en/berlin-9-reasons-why-the-german-capital-city-isnt-very-german-at-all/av-51124476 (06.11.2019)

Straßen- und Grünflächenamt Pankow, Antwort an die Initiative Arnswalder Platz, 05.04.2018

Tagesspiegel Checkpoint (@TspCheckpoint): Tweet am 04.08.2019, 11.44 Uhr, twitter.com/TspCheckpoint/status/1157950472600399873

Tomiak, June (@junomaerz): Tweet am 16.07.2017, 16.04 Uhr, twitter.com/junomaerz/status/886602430951157761

Zawatka-Gerlach, Ulrich: »Neuer Stadtrat – nur als ›Sahnehäubchen‹«, *Der Tagesspiegel*, 11.04.2019

Ziller, Stefan: Drucksache 18/15172

Zuschriften von LeserInnen an *Tagesspiegel Checkpoint*

Kapitel 11

»Berliner CDU will Autobrandstifter per App stellen«, www.rbb24.de, 20.12.2019

»Beschluss: Wachsendes Grün für die wachsende Stadt«, 02.08.2019, www.gruene-fraktion.berlin.de

Betschka, Julius: »Linke will Stadtmarketing stoppen«, *Der Tagesspiegel*, 05.09.2019

Bockenheimer, Johannes C.: »Berlin, Hauptstadt der Pendler«, *Der Tagesspiegel*, 06.02.2019

Bockenheimer, Johannes C.: »Was sich in der Hauptstadt ändern muss«, *Der Tagesspiegel*, 29.01.2018

Burguière, André: *Mentalitäts-Geschichte*. Wagenbach, Berlin 1987

Clostermeyer, Claus-Peter: »Die Berliner Bezirke brauchen mehr Macht«, *Der Tagesspiegel*, 23.12.2017

»Entwurf des Berichts der Kommission politische Handlungsfelder«, 25.10.2019, www.spd.berlin.de

»Lindner: Deutschland braucht einen Mentalitätswechsel«, *LNOnline*, 16.05.2015

»Müller fordert Mentalitätswechsel in der Flüchtlingskrise«, www.welt.de (12.11.2015)

Oates, Joan: *Babylon*. Gondrom-Verlag, Bindlach 1990

Rieken, Bernd: *»Nordsee ist Mordsee«. Sturmfluten und ihre Bedeutung für die Mentalitätsgeschichte der Friesen.* Waxmann, Münster 2005

Schweitzer, Eva C. (Hg.): *Unser West-Berlin. Lesebuch von der Insel.* Berlinica Publishing, Berlin 2019

Vitzthum, Thomas: »Die zweite Zerstörung des großen Babylon«, www.welt.de (19.06.2008)

»Washington History«, www.dcvote.com

www.afd.berlin.de

www.dchistory.com

www.dielinke.berlin.de

www.fdp-berlin.de

Kapitel 12

Bemmann, Helga: *Claire Waldoff.* Ullstein, Frankfurt/Main, Berlin 1994

Marinaccio, Dave: *Alles, was ich im Leben wirklich brauche, habe ich von Star Trek gelernt.* Heyne, München 1995

Mauer, Stefan: »Demokratische Autokratie«, *Handelsblatt*, 27.10.2011

Roth, Sylvia: *Claire Waldoff – Ein Kerl wie Samt und Seide.* Herder, Freiburg 2016

Senzel, Holger: »Singapur. Daumenschrauben für das Internet«, www.tagesschau.de (09.05.2019)

Stoppe, Sebastian: *Unterwegs zu neuen Welten. Star Trek als politische Utopie.* Büchner-Verlag, Darmstadt 2014

Kapitel 13

Álvarez, Sonja: »Eine Stadt, die Graffiti zulässt, ist nicht unter Kontrolle. Interview mit Rudolph Giuliani«, *Der Tagesspiegel*, 09.06.2016

Frary, Mark: »How Berlin Became the Capital of Cool«, *The Times*, 14.04.2018

Gradovska, Eva: »Cost of Living In Berlin 2020 – Complete Guide For Expats And Students«, destinationscanner.com/ cost-of-living-in-berlin-complete-guide-for-expats-and-students/

Kaminer, Wladimir: *Mein Leben im Schrebergarten*. Goldmann, München 2007

Martenstein, Harald: »Berlin, oh weh!«, *Die Zeit*, 13.09.2012

»Kassen voll, Land kaputt!«, *Stern*, 46/2019

Winger, Anne: »What Makes Berlin a Playground Paradise«, *The New York Times*, 01.06.2016